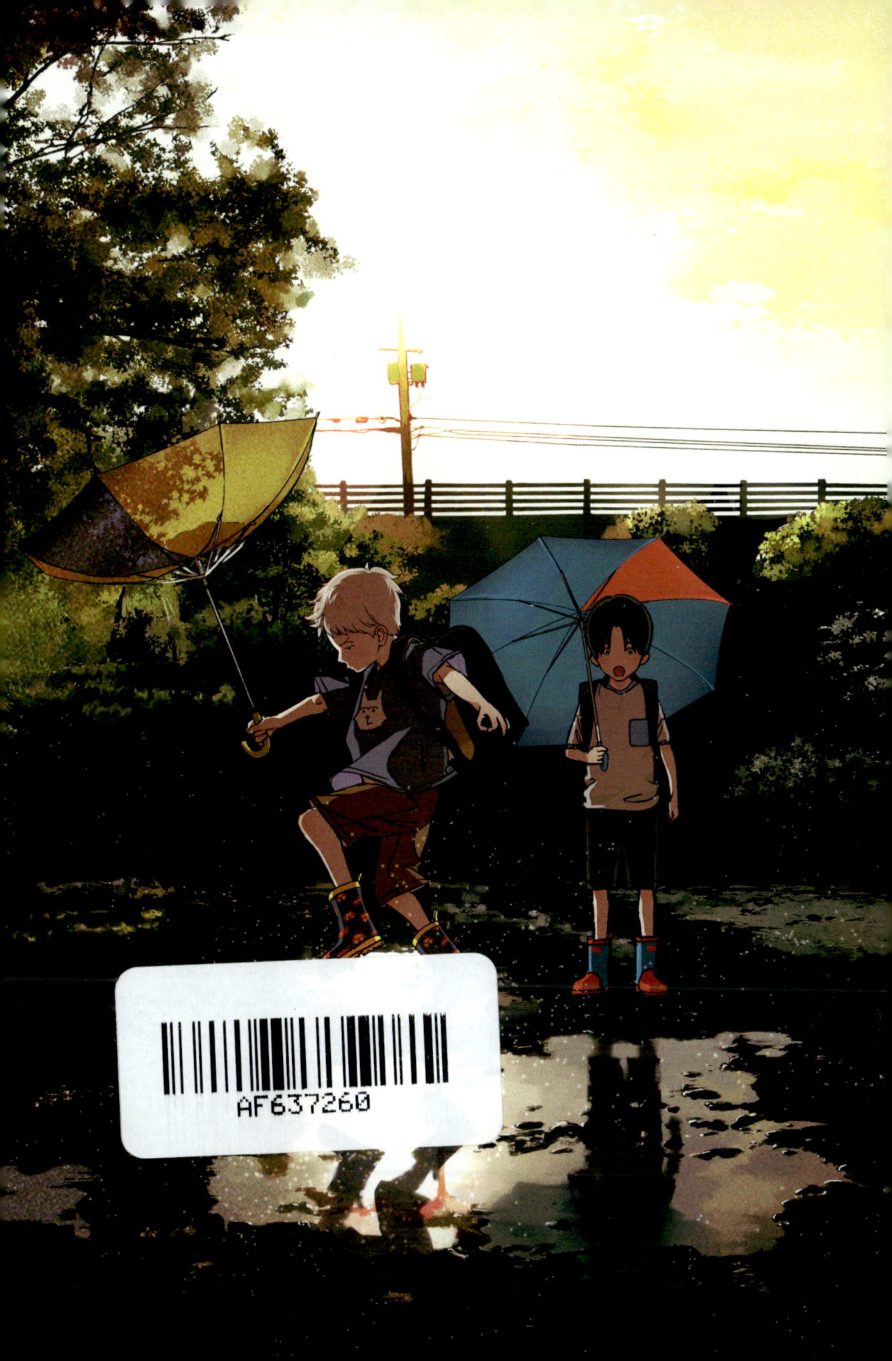

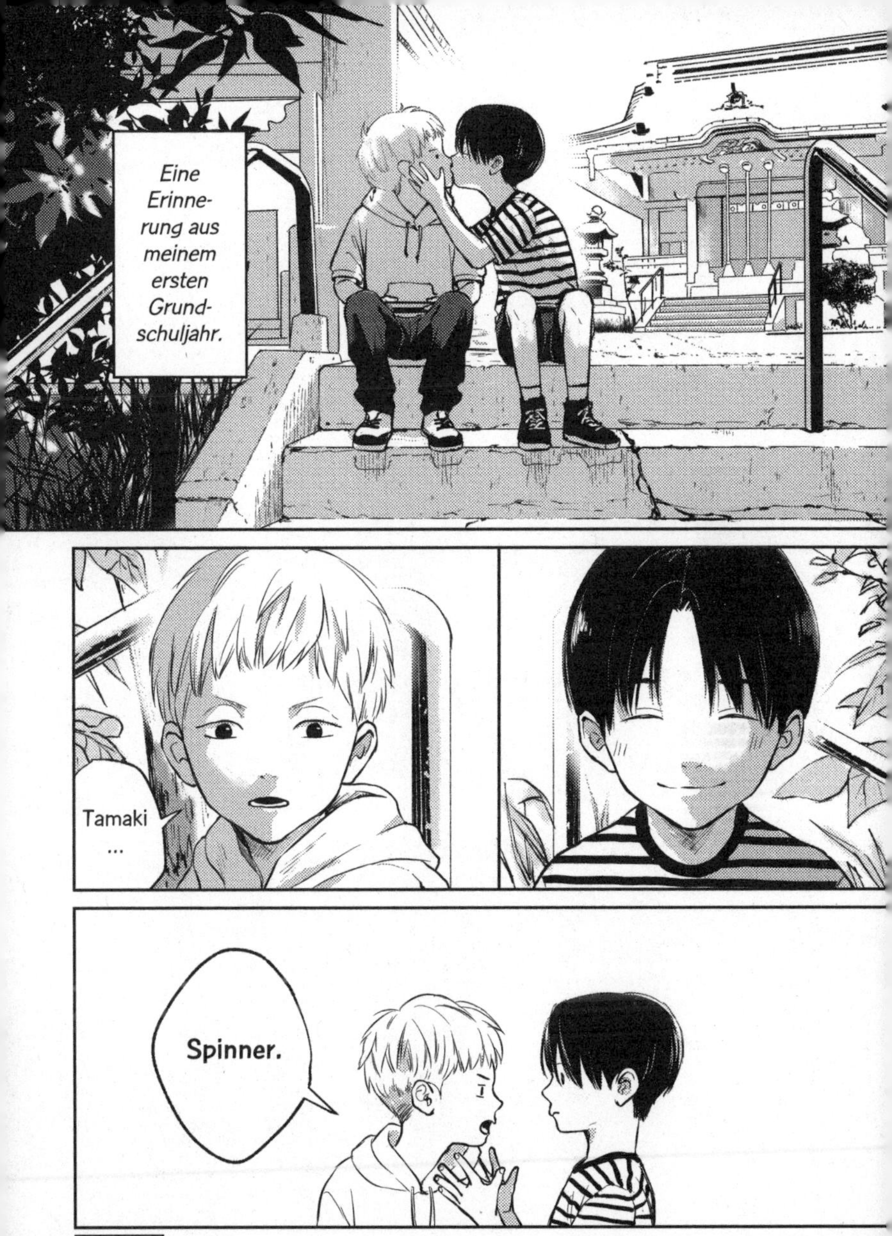

Kapitel 1

Es tut mir so leid, Tamaki.
Der Spinner war ich.

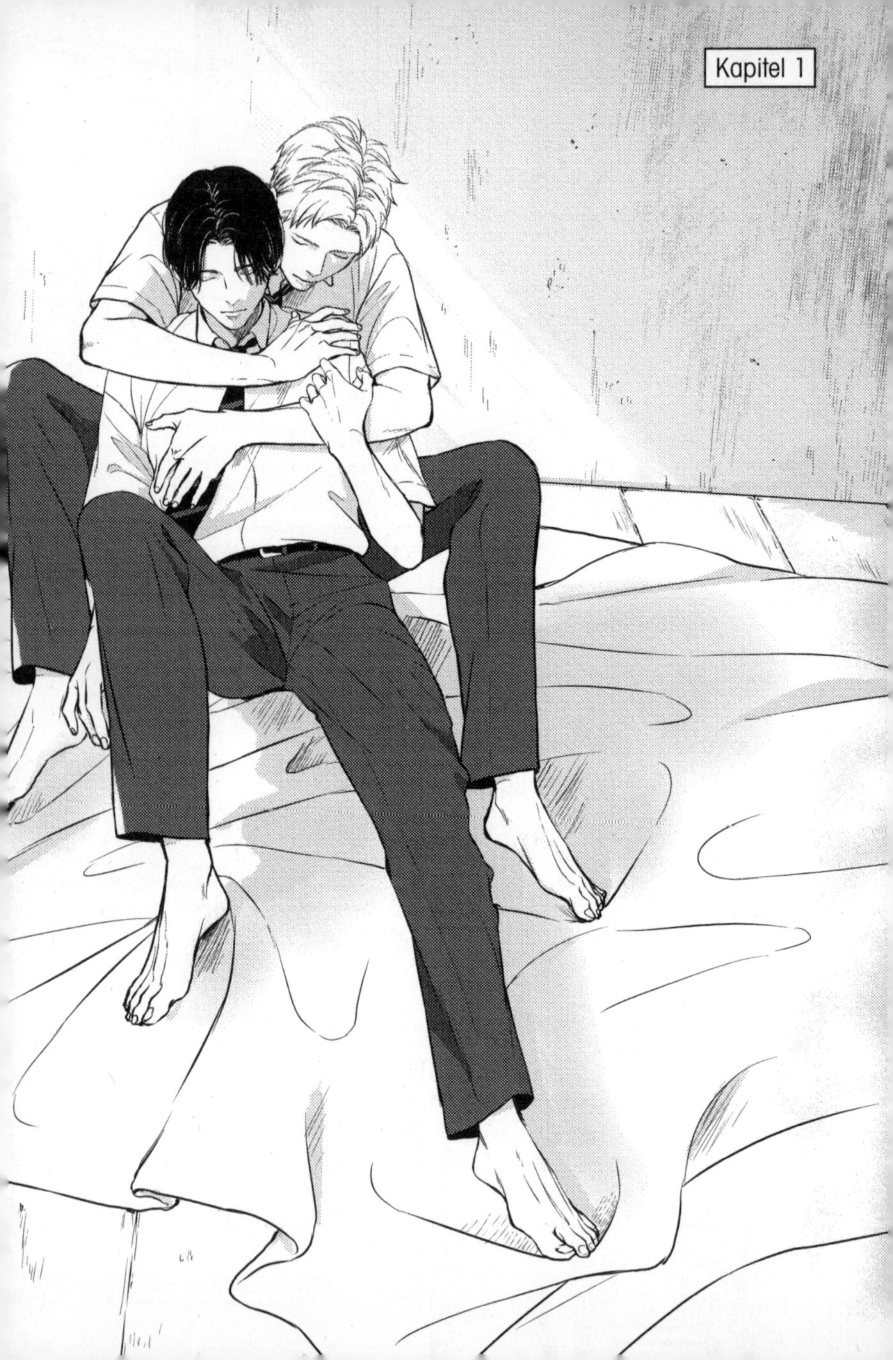
Kapitel 1

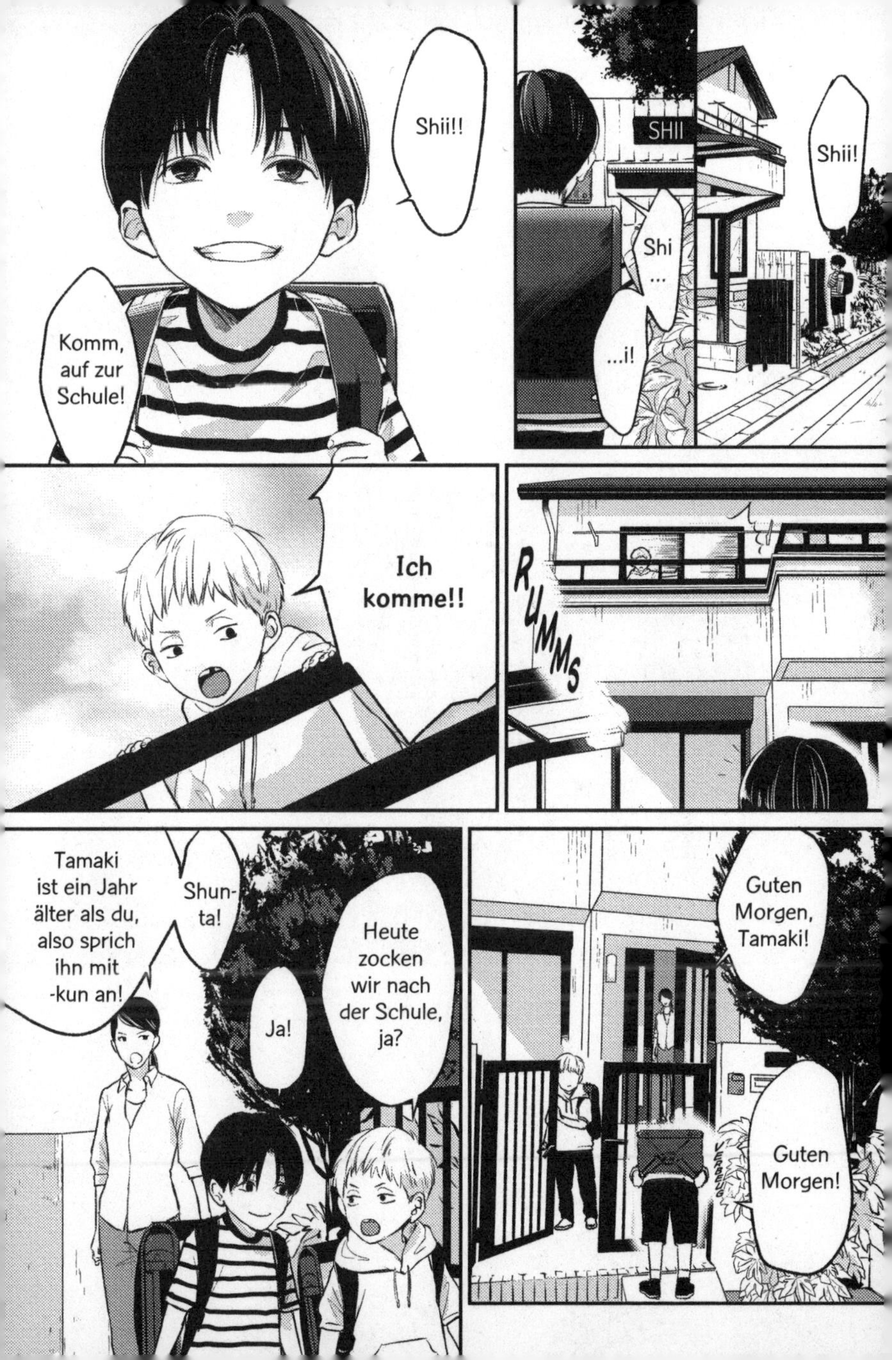
SHII
Shii!
Shi ...
...i!
Shii!!
Komm, auf zur Schule!
RUMMS
Ich komme!!
Guten Morgen, Tamaki!
VERBEUG
Guten Morgen!
Heute zocken wir nach der Schule, ja?
Ja!
Shun-ta!
Tamaki ist ein Jahr älter als du, also sprich ihn mit -kun an!

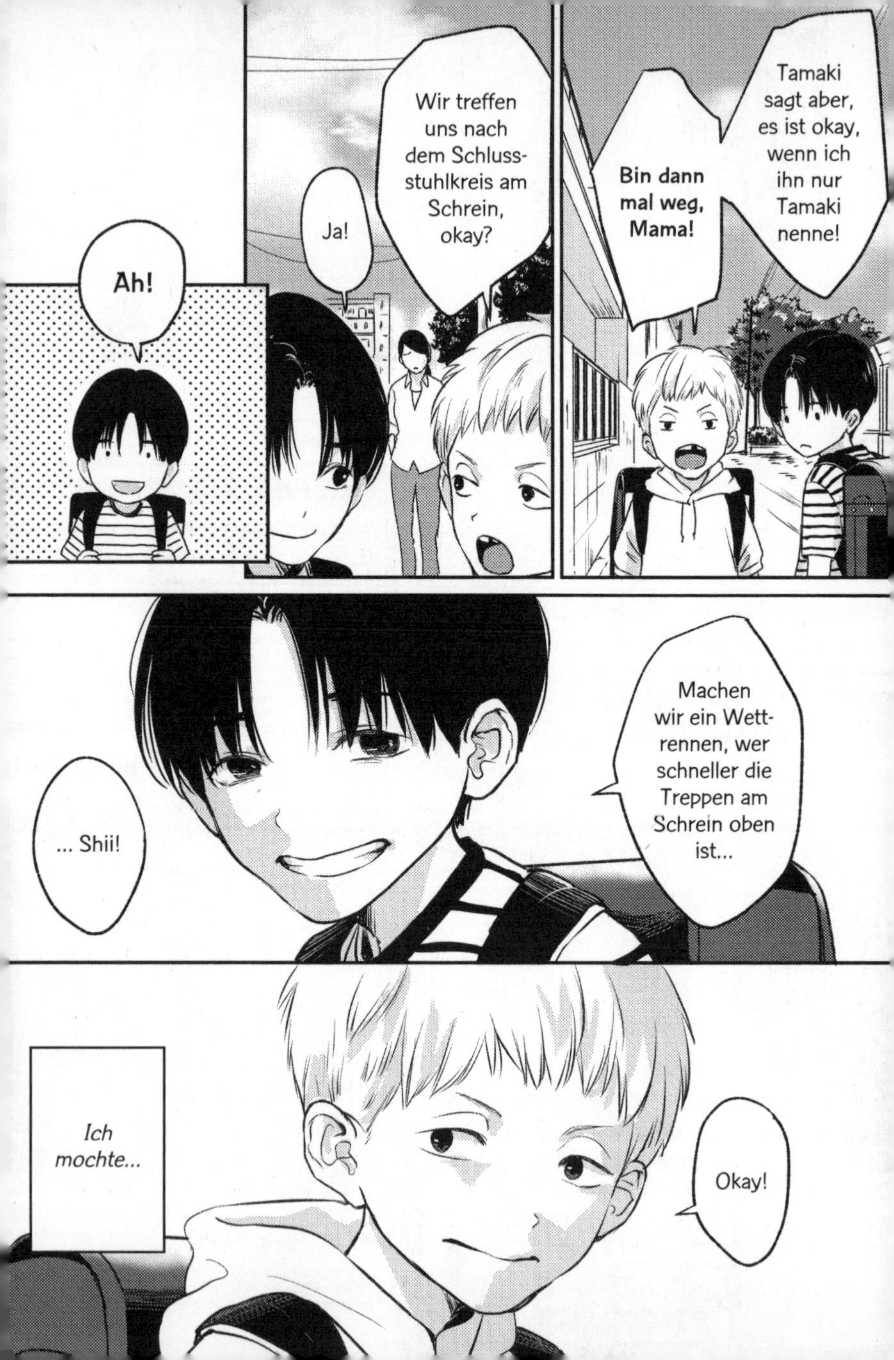
Tamaki sagt aber, es ist okay, wenn ich ihn nur Tamaki nenne!
Bin dann mal weg, Mama!
Wir treffen uns nach dem Schluss-stuhlkreis am Schrein, okay?
Ja!
Ah!
Machen wir ein Wett-rennen, wer schneller die Treppen am Schrein oben ist...
... Shii!
Okay!
Ich mochte...

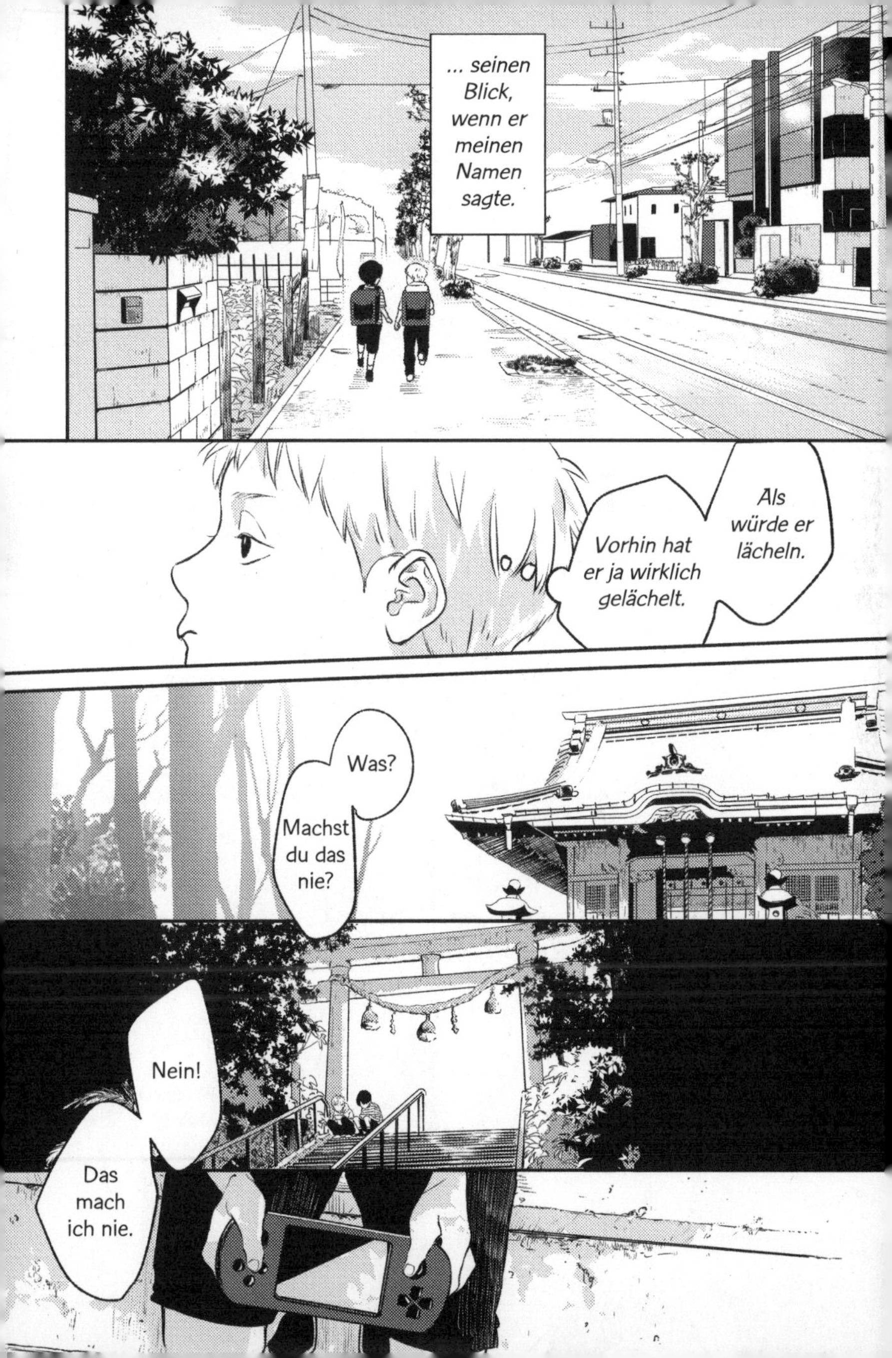
... seinen Blick, wenn er meinen Namen sagte.
Als würde er lächeln.
Vorhin hat er ja wirklich gelächelt.
Was?
Machst du das nie?
Nein!
Das mach ich nie.

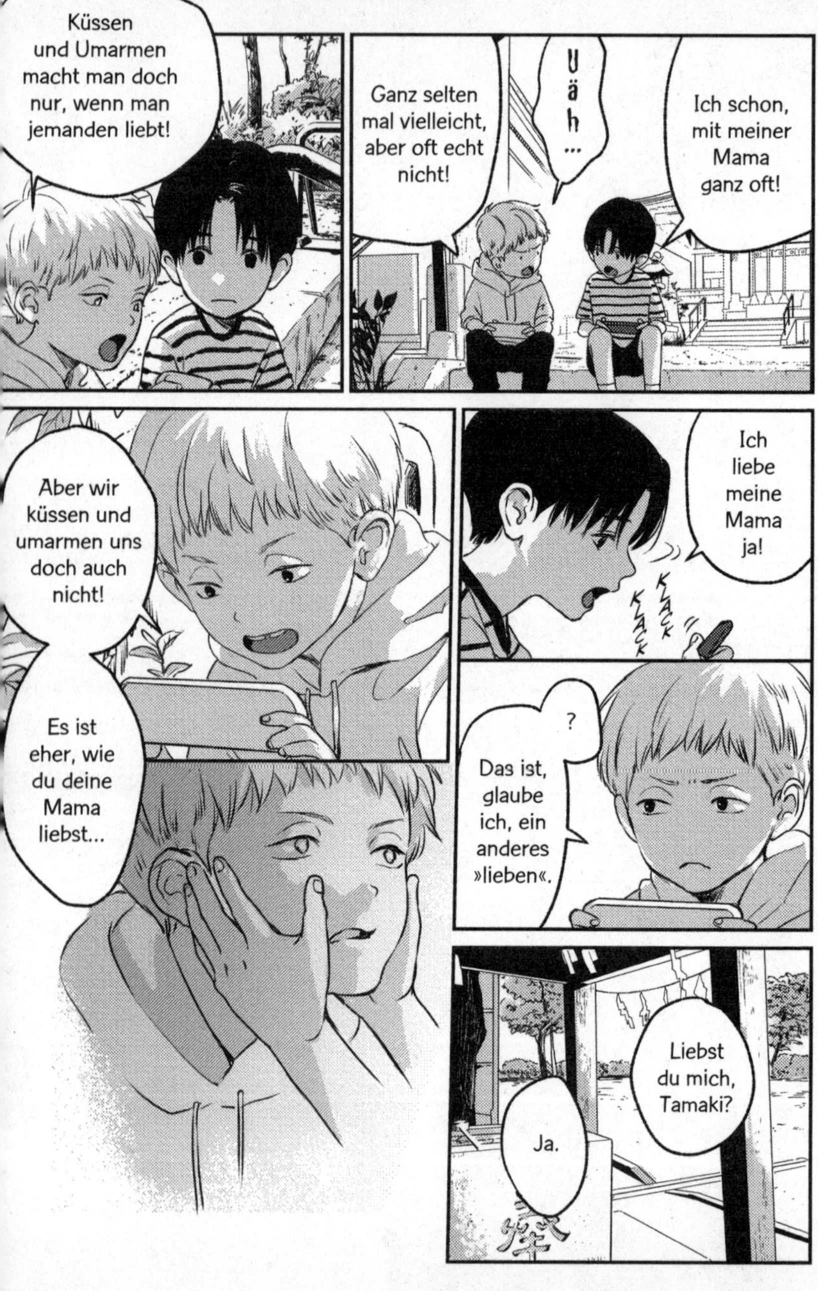
Ich schon, mit meiner Mama ganz oft!
Uäh ...
Ganz selten mal vielleicht, aber oft echt nicht!
Küssen und Umarmen macht man doch nur, wenn man jemanden liebt!
Ich liebe meine Mama ja!
KLACK KLACK
Aber wir küssen und umarmen uns doch auch nicht!
?
Das ist, glaube ich, ein anderes »lieben«.
Es ist eher, wie du deine Mama liebst...
Liebst du mich, Tamaki?
Ja.

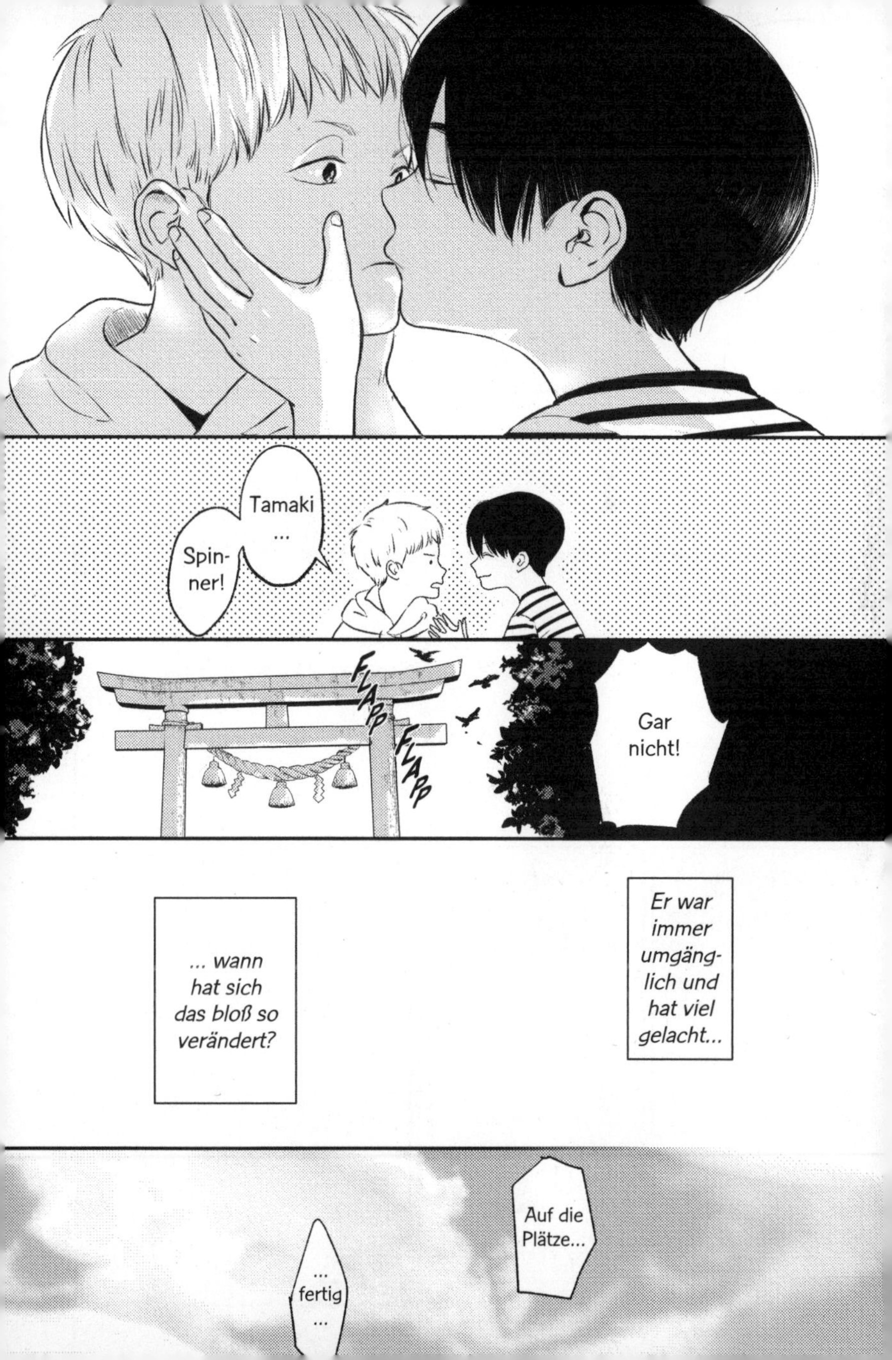
Tamaki ...
Spinner!
FLAPP FLAPP
Gar nicht!
Er war immer umgänglich und hat viel gelacht...
... wann hat sich das bloß so verändert?
Auf die Plätze...
... fertig ...

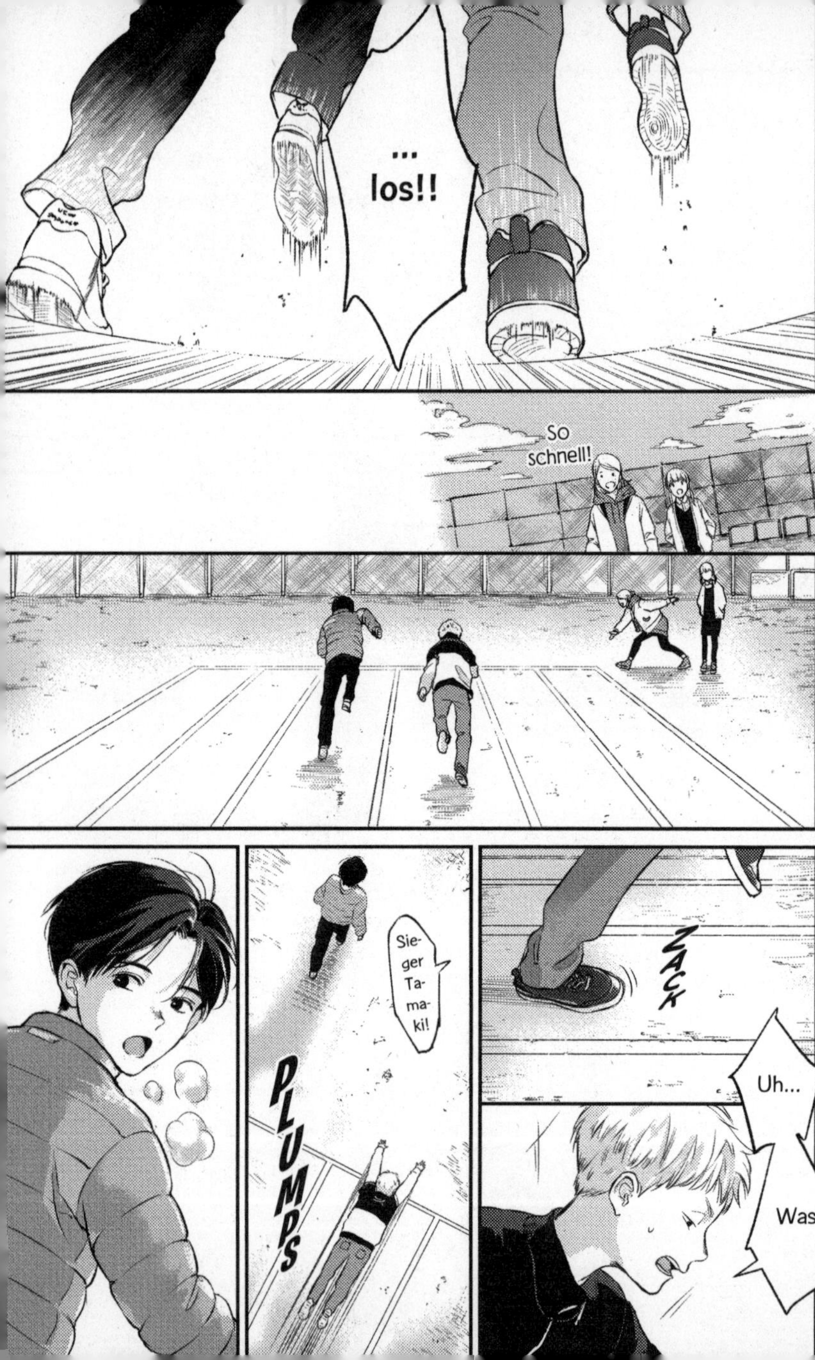
... los!!
So schnell!
Sieger Tamaki!
ZACK
PLUMPS
Uh...
Was?!

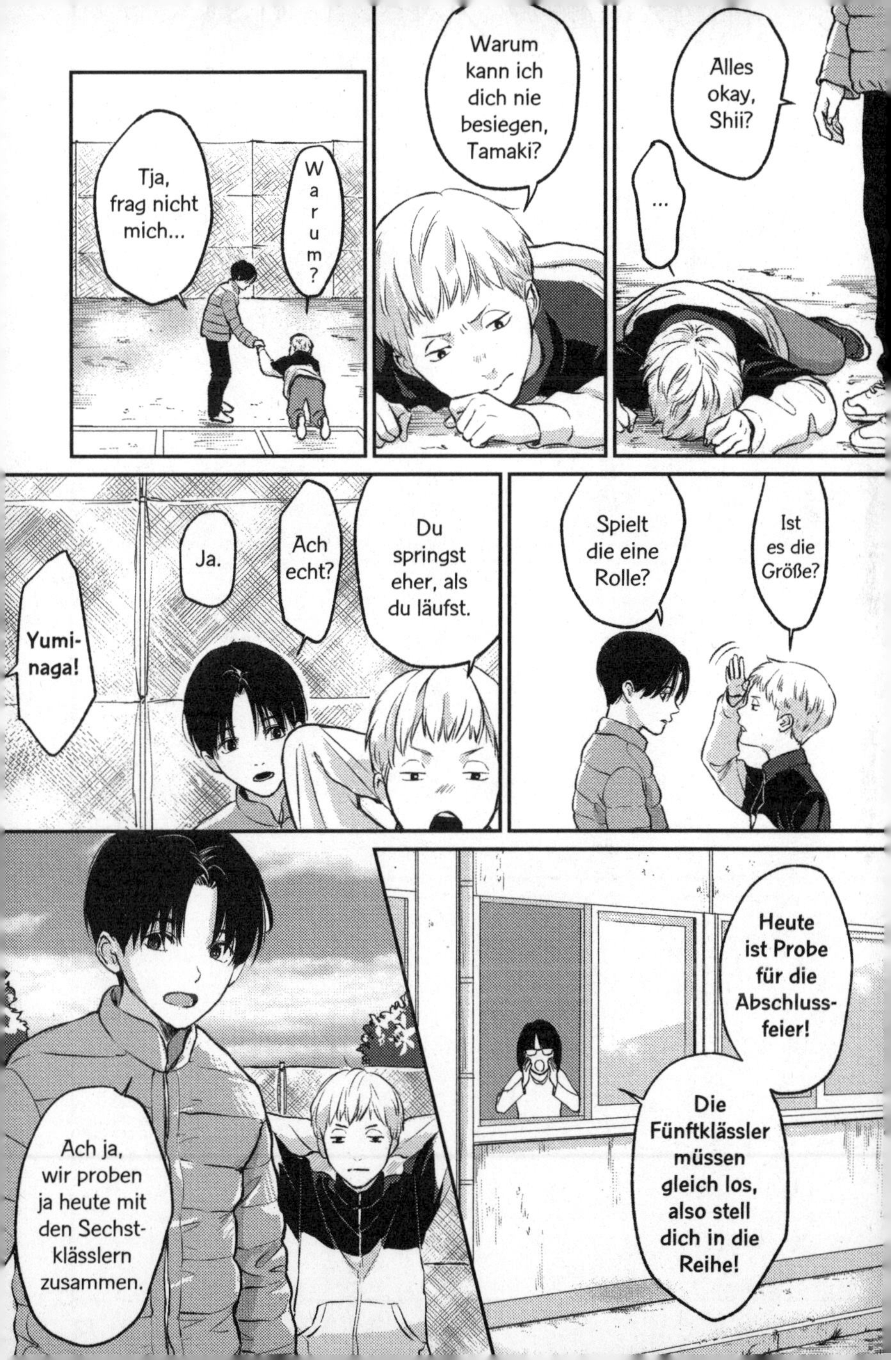
Alles okay, Shii?
...
Warum kann ich dich nie besiegen, Tamaki?
Warum?
Tja, frag nicht mich...
Ist es die Größe?
Spielt die eine Rolle?
Du springst eher, als du läufst.
Ach echt?
Ja.
Yumi-naga!
Heute ist Probe für die Abschluss-feier!
Die Fünftklässler müssen gleich los, also stell dich in die Reihe!
Ach ja, wir proben ja heute mit den Sechst-klässlern zusammen.

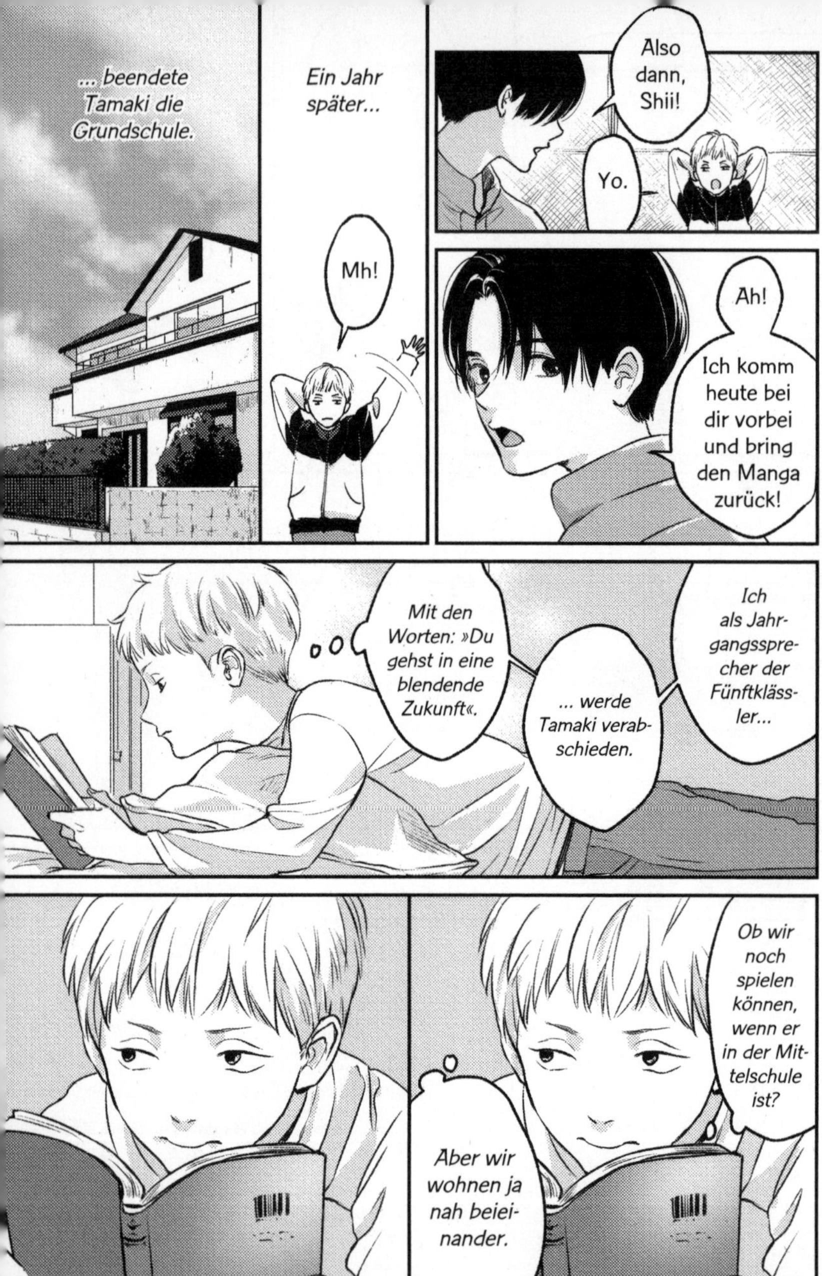
Also dann, Shii!
Yo.
Ah!
Ich komm heute bei dir vorbei und bring den Manga zurück!
Ein Jahr später...
Mh!
... beendete Tamaki die Grundschule.
Ich als Jahrgangssprecher der Fünftklässler...
... werde Tamaki verabschieden.
Mit den Worten: »Du gehst in eine blendende Zukunft«.
Ob wir noch spielen können, wenn er in der Mittelschule ist?
Aber wir wohnen ja nah beieinander.

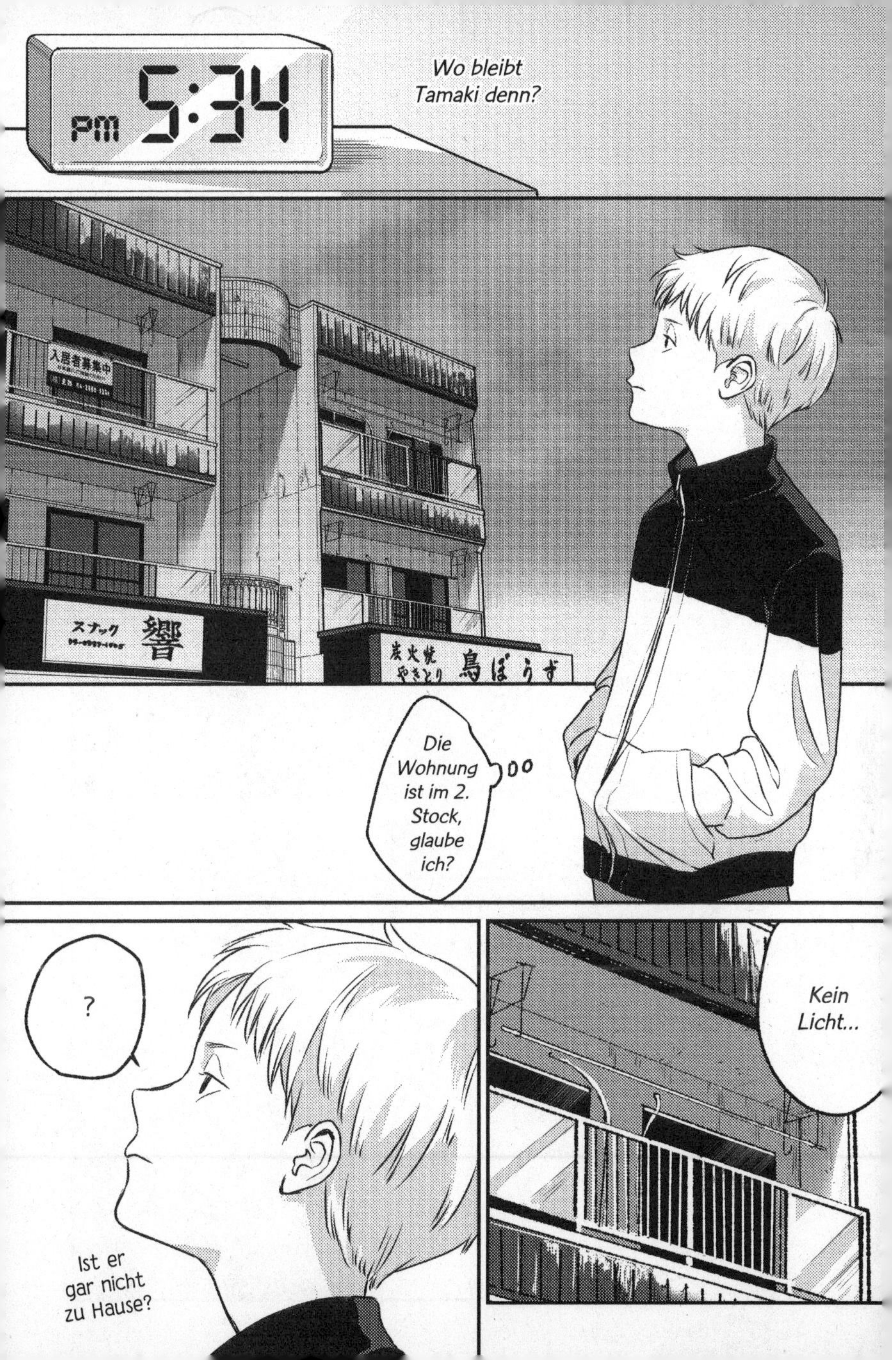
PM 5:34
Wo bleibt Tamaki denn?
入居者募集中
スナック
響
炭火焼
やきとり
鳥ぼうず
Die Wohnung ist im 2. Stock, glaube ich?
Kein Licht...
?
Ist er gar nicht zu Hause?

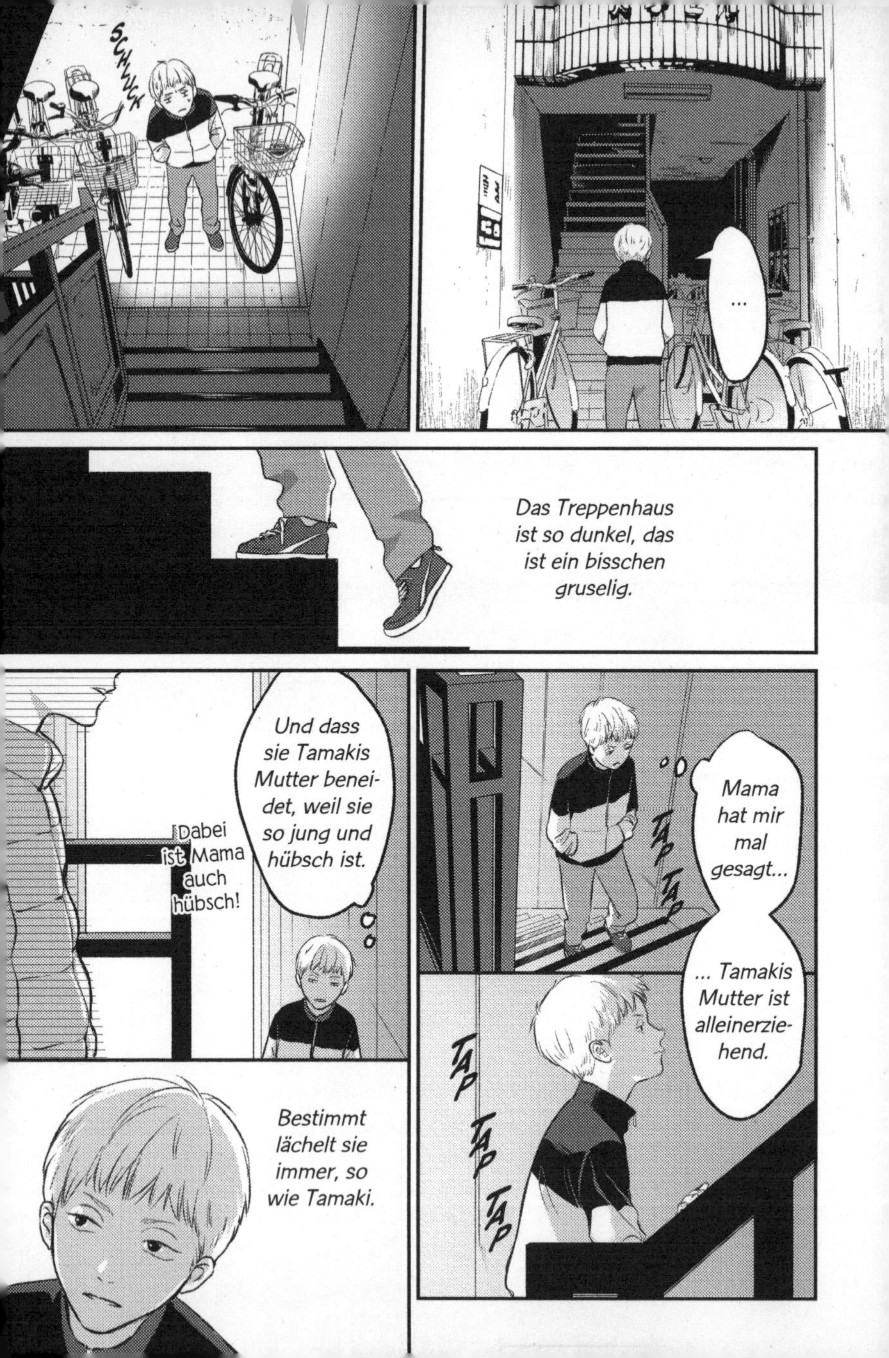
...
SCHLUCK
Das Treppenhaus ist so dunkel, das ist ein bisschen gruselig.
Mama hat mir mal gesagt...
TAP TAP
... Tamakis Mutter ist alleinerziehend.
TAP TAP TAP TAP
Und dass sie Tamakis Mutter beneidet, weil sie so jung und hübsch ist.
Dabei ist Mama auch hübsch!
Bestimmt lächelt sie immer, so wie Tamaki.

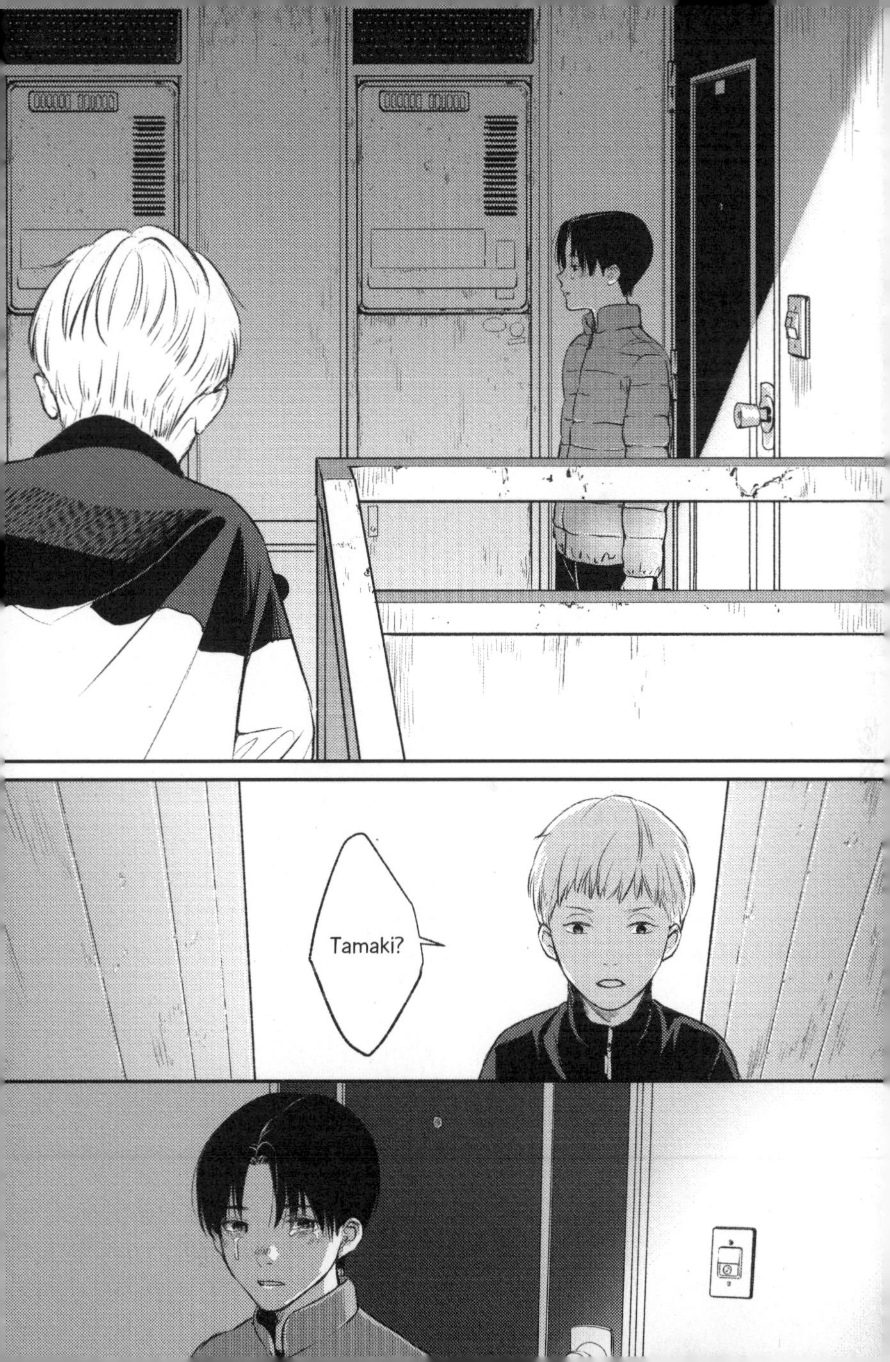
Tamaki?

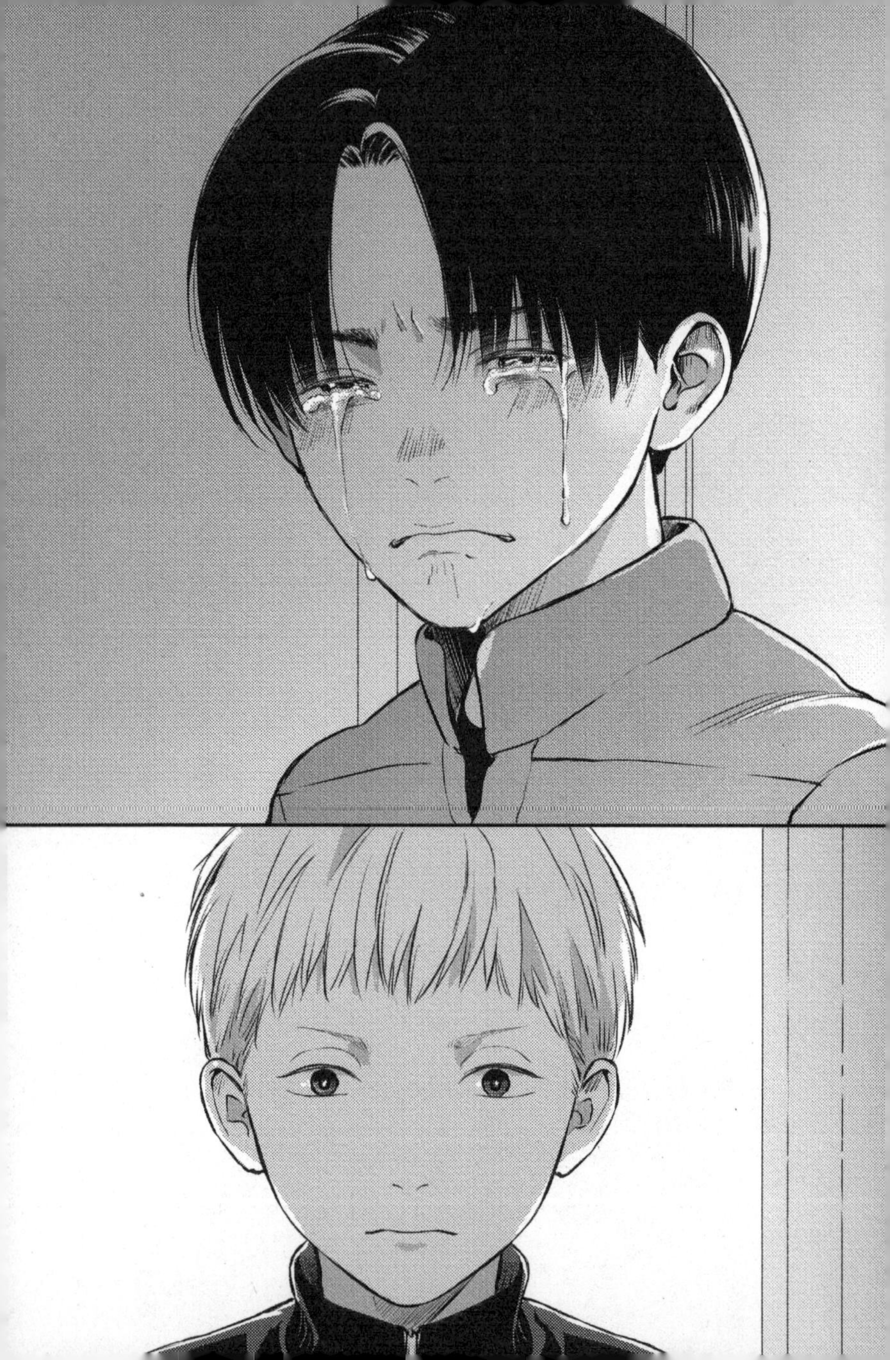

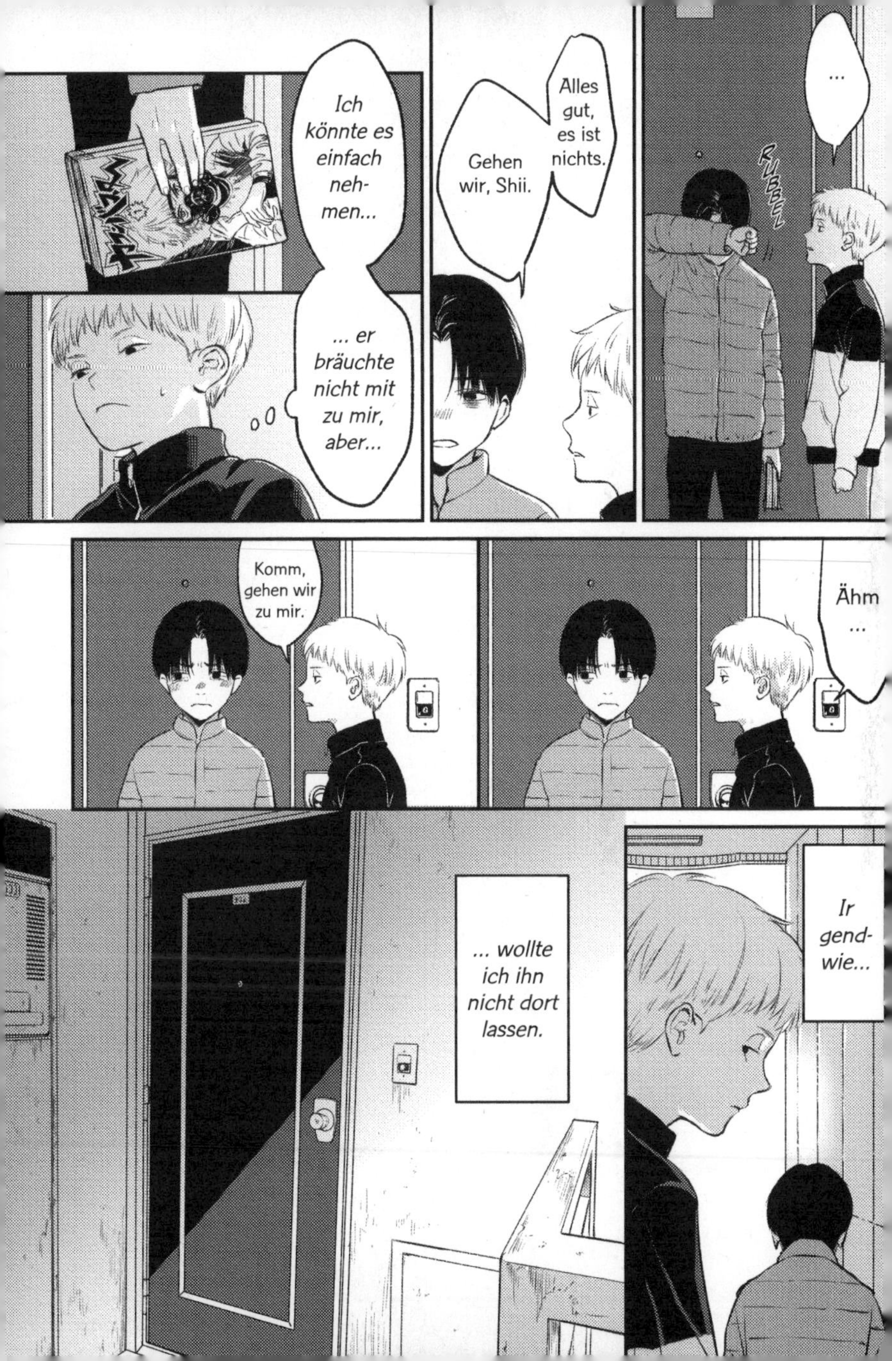
...
RUBBEL
Alles gut, es ist nichts.
Gehen wir, Shii.
Ich könnte es einfach nehmen...
... er bräuchte nicht mit zu mir, aber...
Ähm ...
Komm, gehen wir zu mir.
Irgendwie...
... wollte ich ihn nicht dort lassen.

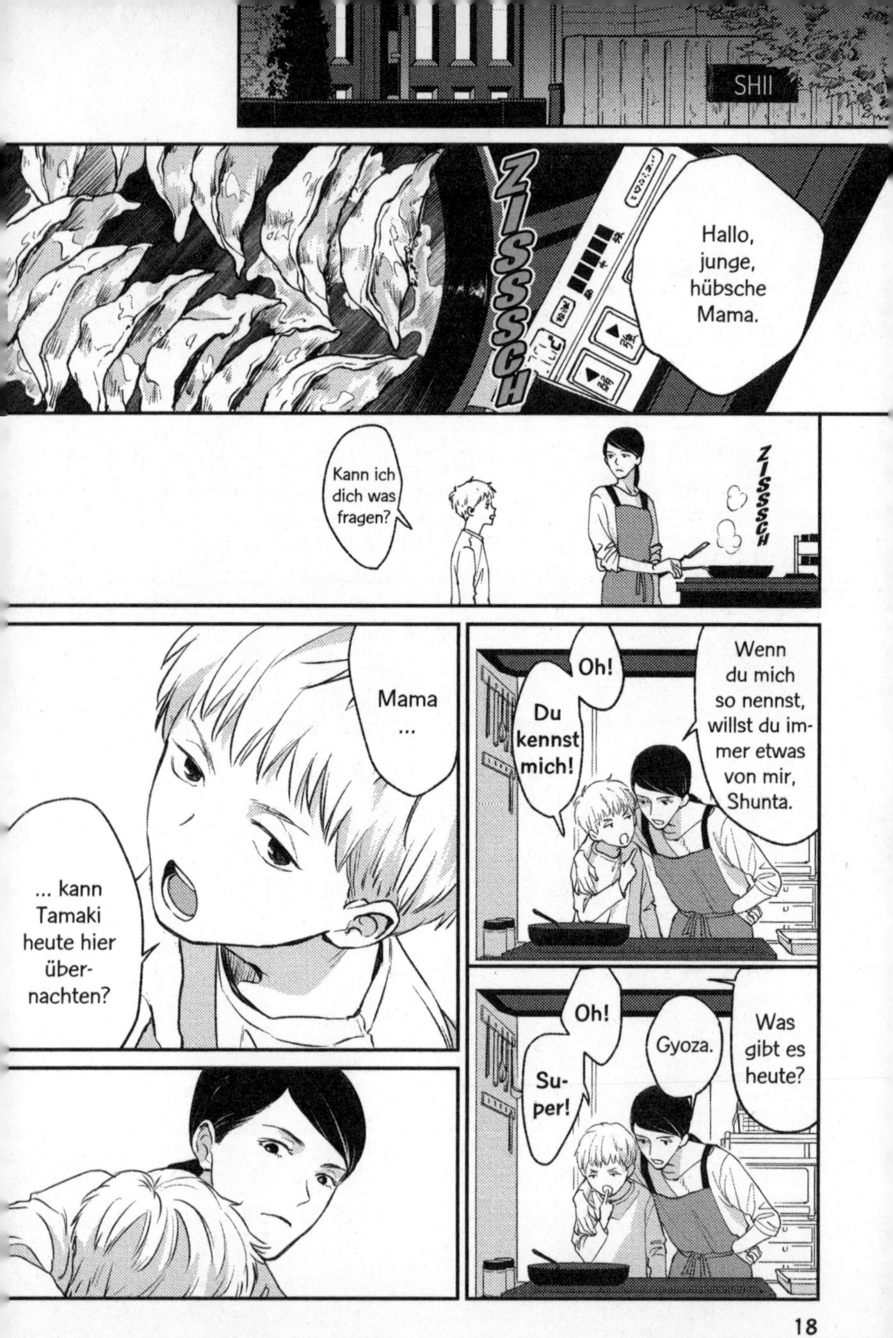
SHII
ZISSSCH
Hallo, junge, hübsche Mama.
ZISSSCH
Kann ich dich was fragen?
Wenn du mich so nennst, willst du immer etwas von mir, Shunta.
Oh!
Du kennst mich!
Was gibt es heute?
Gyoza.
Oh!
Super!
Mama ...
... kann Tamaki heute hier übernachten?

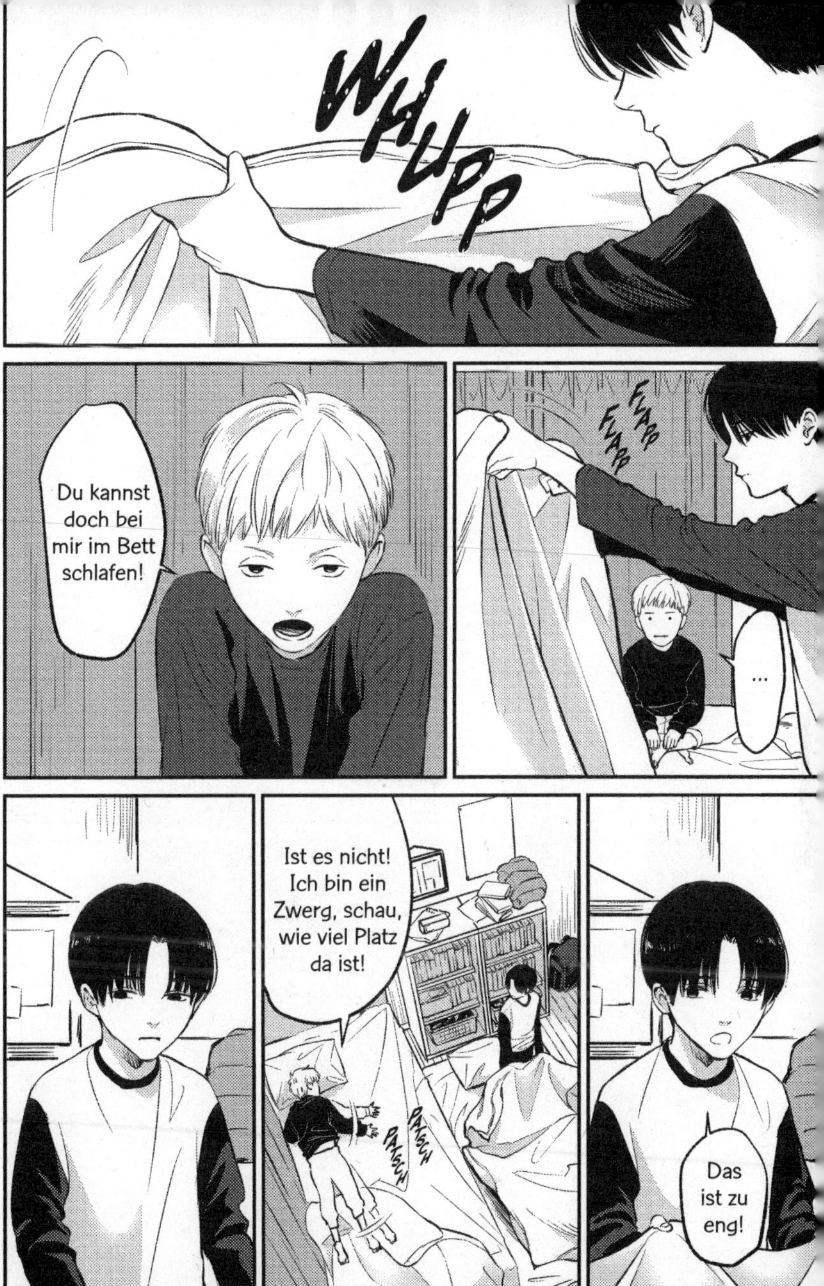
WHUPP
FLAPP FLAPP
...
Du kannst doch bei mir im Bett schlafen!
Das ist zu eng!
Ist es nicht! Ich bin ein Zwerg, schau, wie viel Platz da ist!
PATSCH PATSCH

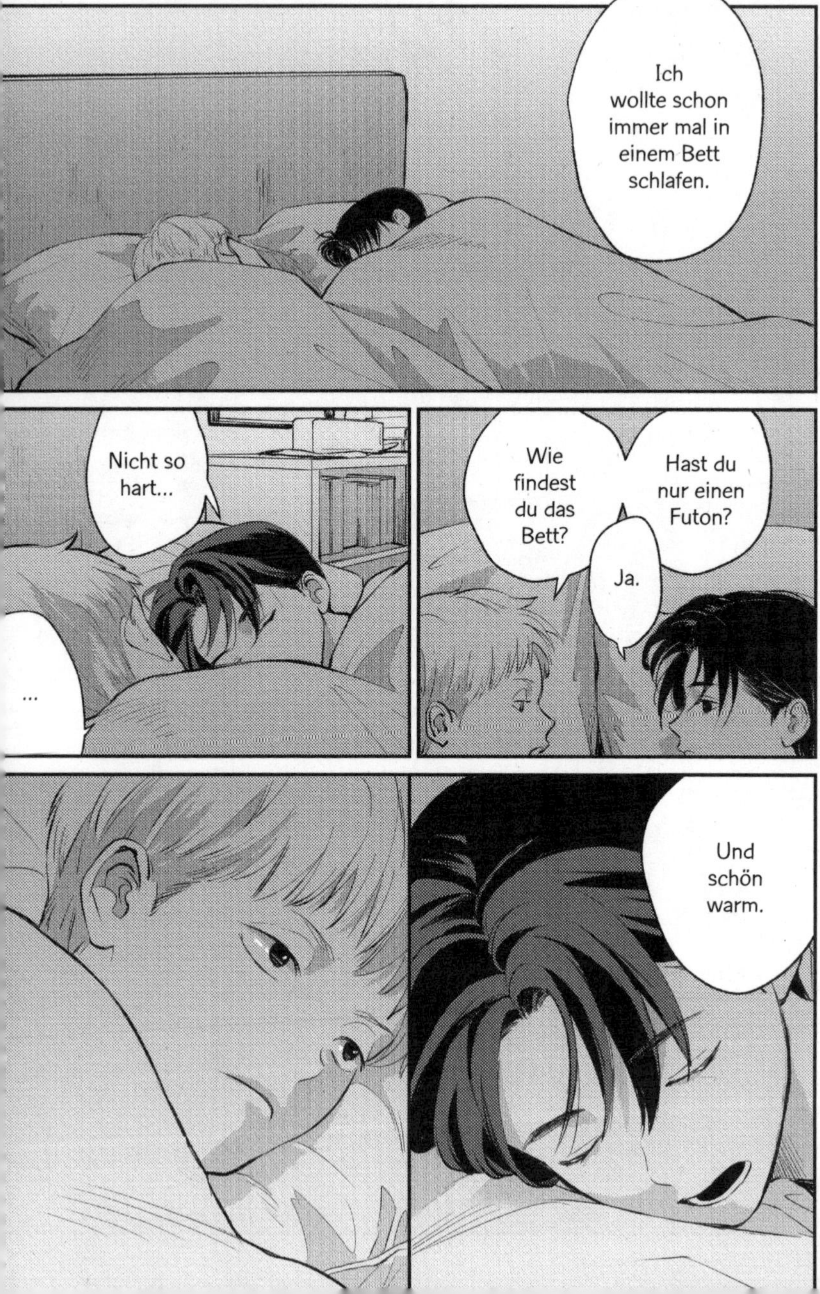
Ich wollte schon immer mal in einem Bett schlafen.
Hast du nur einen Futon?
Ja.
Wie findest du das Bett?
Nicht so hart...
...
Und schön warm.

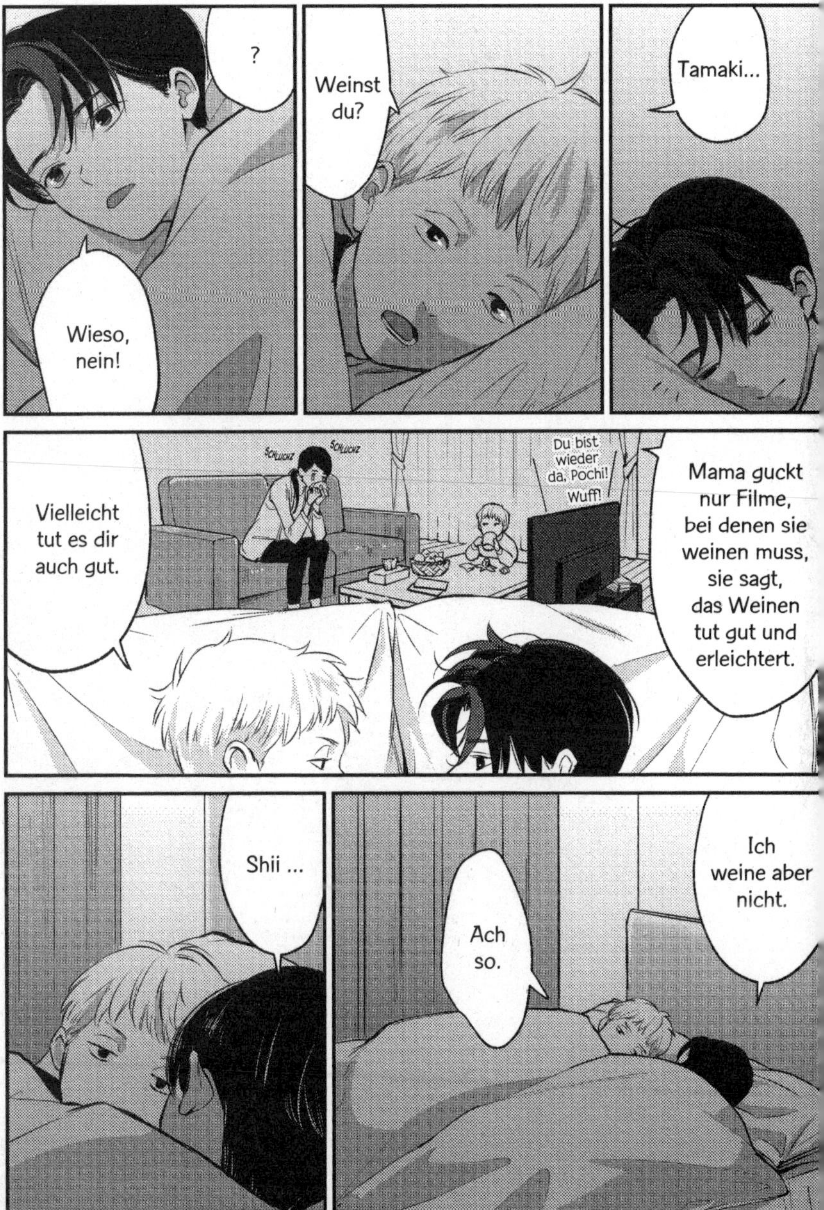
Tamaki...
Weinst du?
?
Wieso, nein!
Mama guckt nur Filme, bei denen sie weinen muss, sie sagt, das Weinen tut gut und erleichtert.
Du bist wieder da, Pochi!
Wuff!
SCHLUCHZ
SCHLUCHZ
Vielleicht tut es dir auch gut.
Ich weine aber nicht.
Ach so.
Shii ...

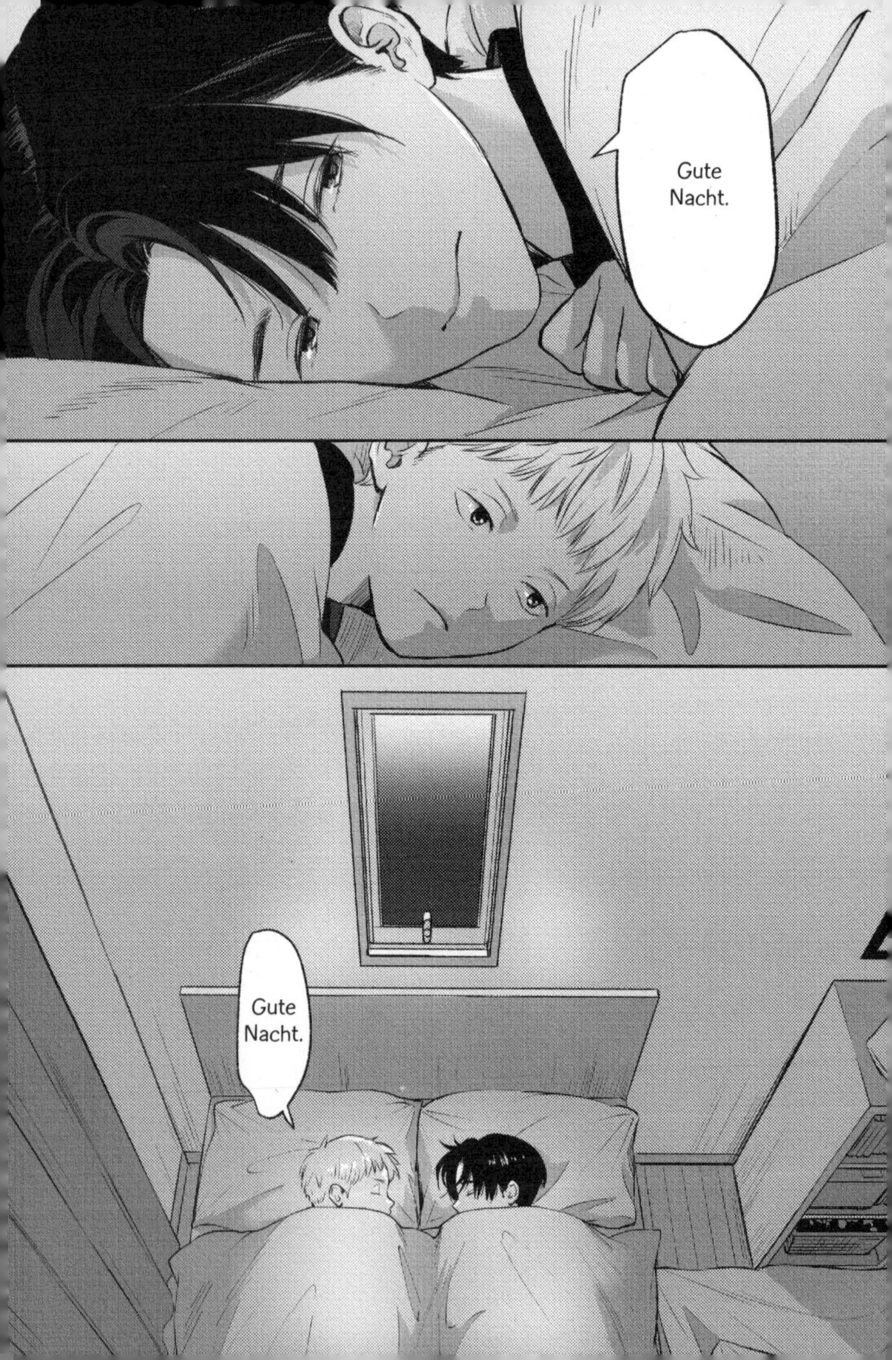
Gute Nacht.
Gute Nacht.

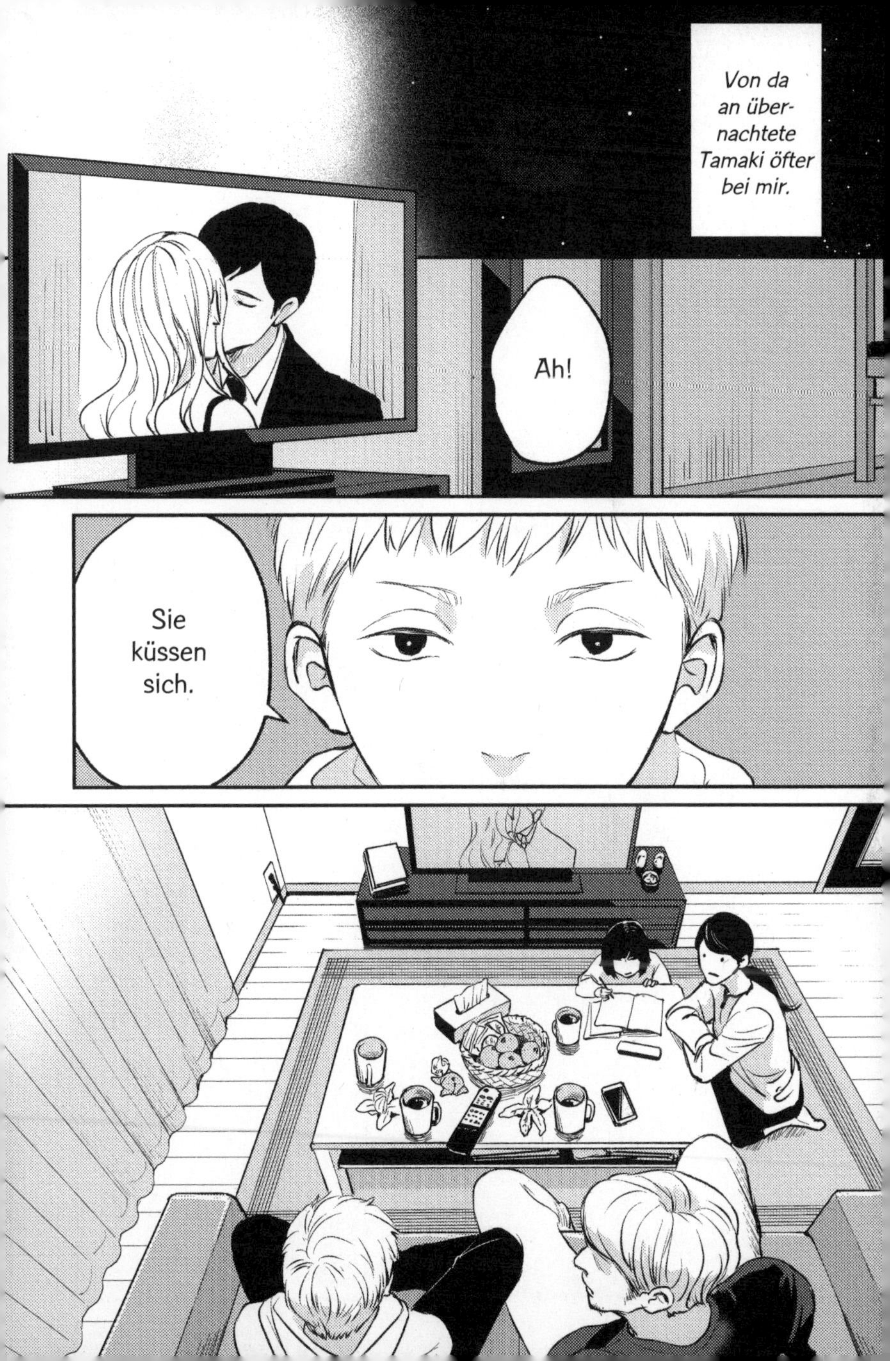

Von da an über-nachtete Tamaki öfter bei mir.
Ah!
Sie küssen sich.

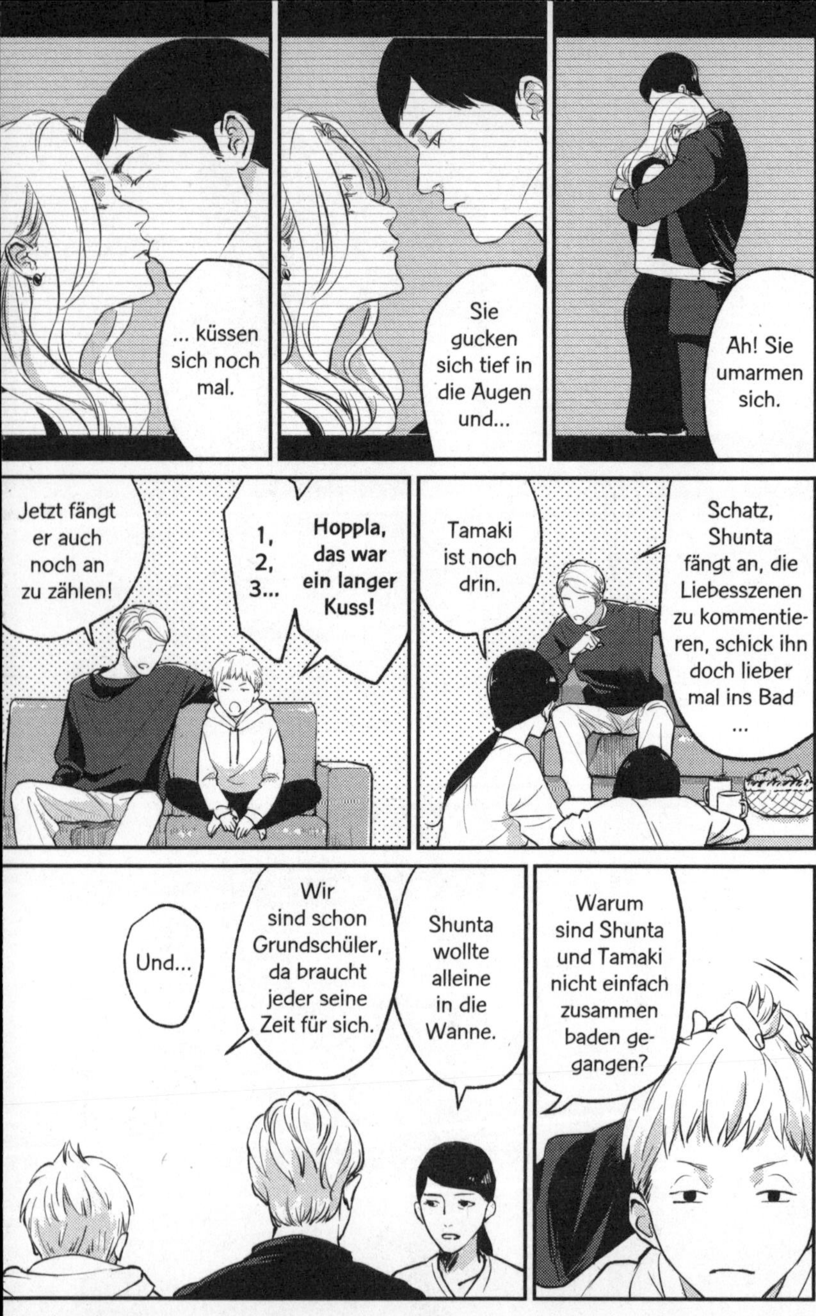
Ah! Sie umarmen sich.
Sie gucken sich tief in die Augen und...
... küssen sich noch mal.
Schatz, Shunta fängt an, die Liebesszenen zu kommentieren, schick ihn doch lieber mal ins Bad ...
Tamaki ist noch drin.
Hoppla, das war ein langer Kuss!
1, 2, 3...
Jetzt fängt er auch noch an zu zählen!
Warum sind Shunta und Tamaki nicht einfach zusammen baden gegangen?
Shunta wollte alleine in die Wanne.
Wir sind schon Grundschüler, da braucht jeder seine Zeit für sich.
Und...

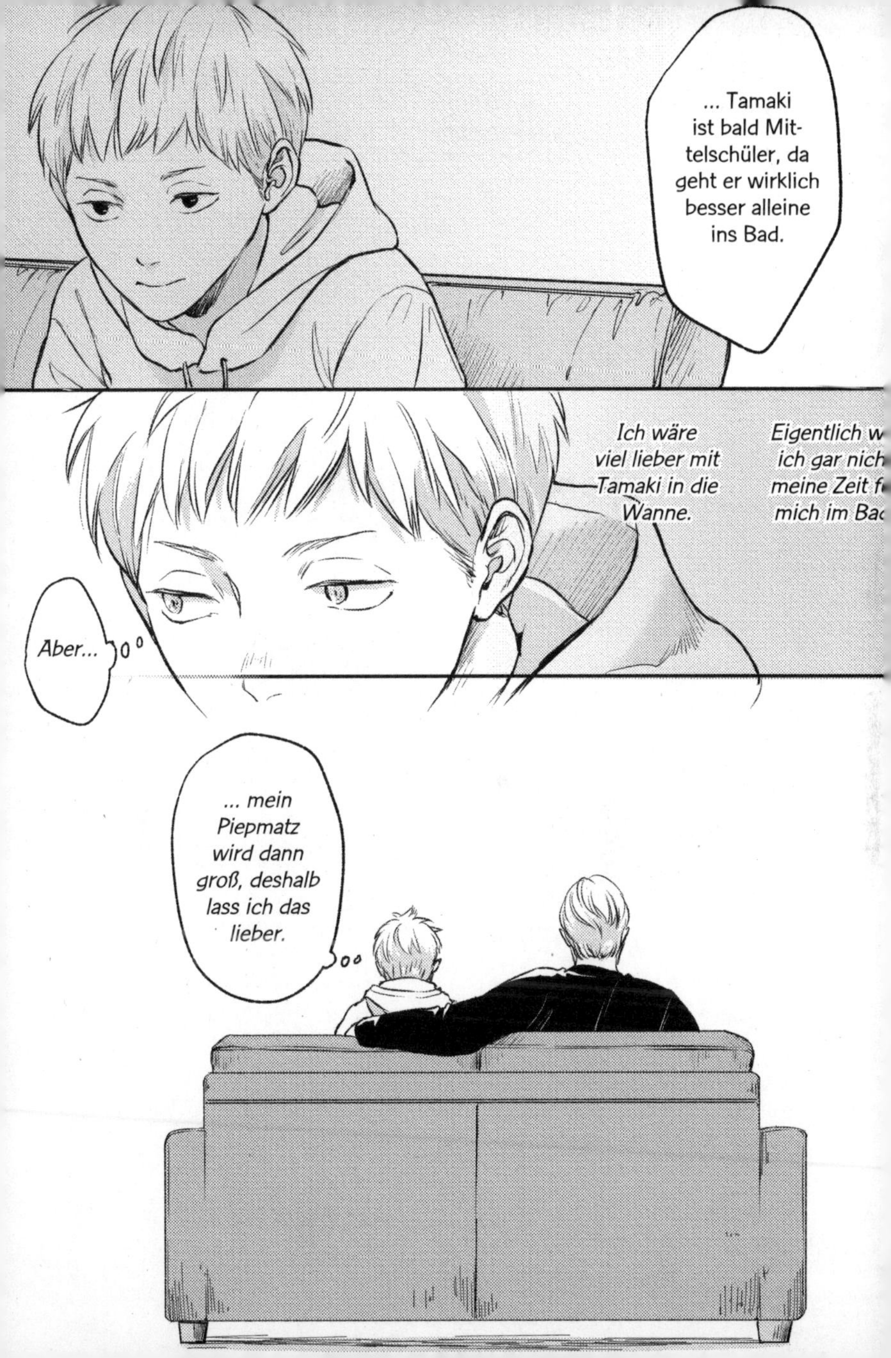
... Tamaki ist bald Mittelschüler, da geht er wirklich besser alleine ins Bad.
Eigentlich w ich gar nich meine Zeit f mich im Ba
Ich wäre viel lieber mit Tamaki in die Wanne.
Aber...
... mein Piepmatz wird dann groß, deshalb lass ich das lieber.

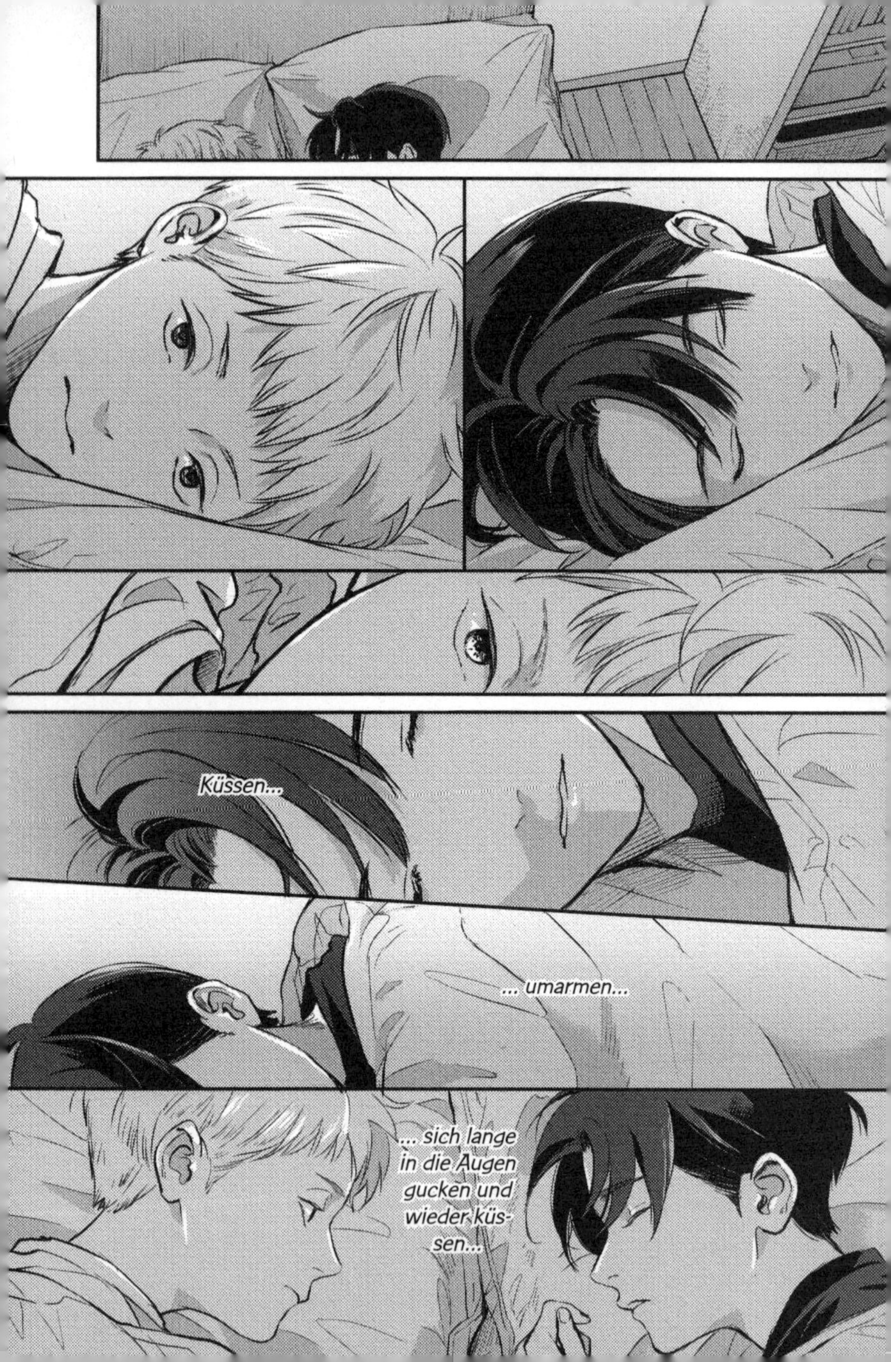
Küssen...
... umarmen...
... sich lange in die Augen gucken und wieder küs-sen...

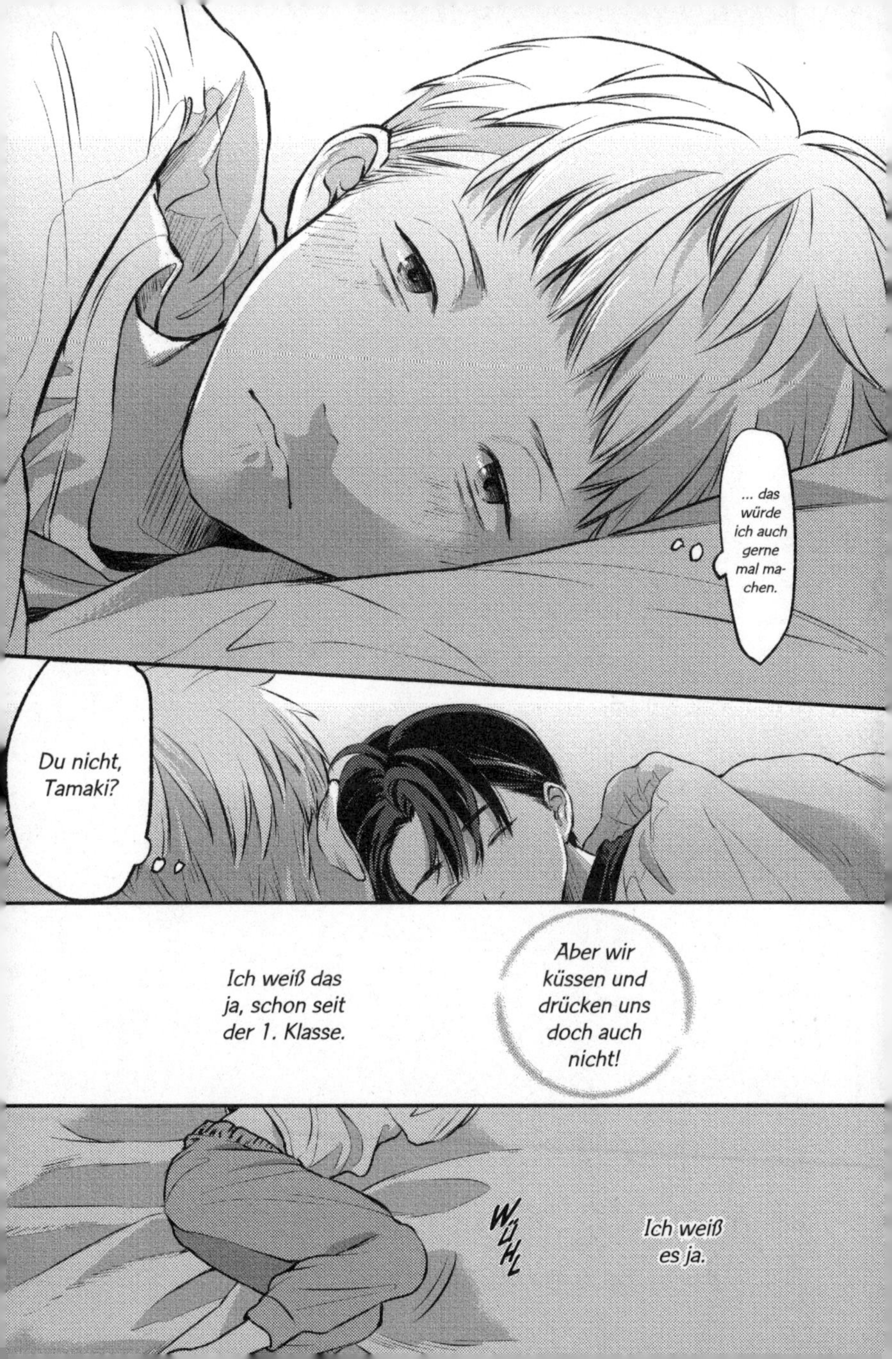
... das würde ich auch gerne mal machen.
Du nicht, Tamaki?
Aber wir küssen und drücken uns doch auch nicht!
Ich weiß das ja, schon seit der 1. Klasse.
Ich weiß es ja.

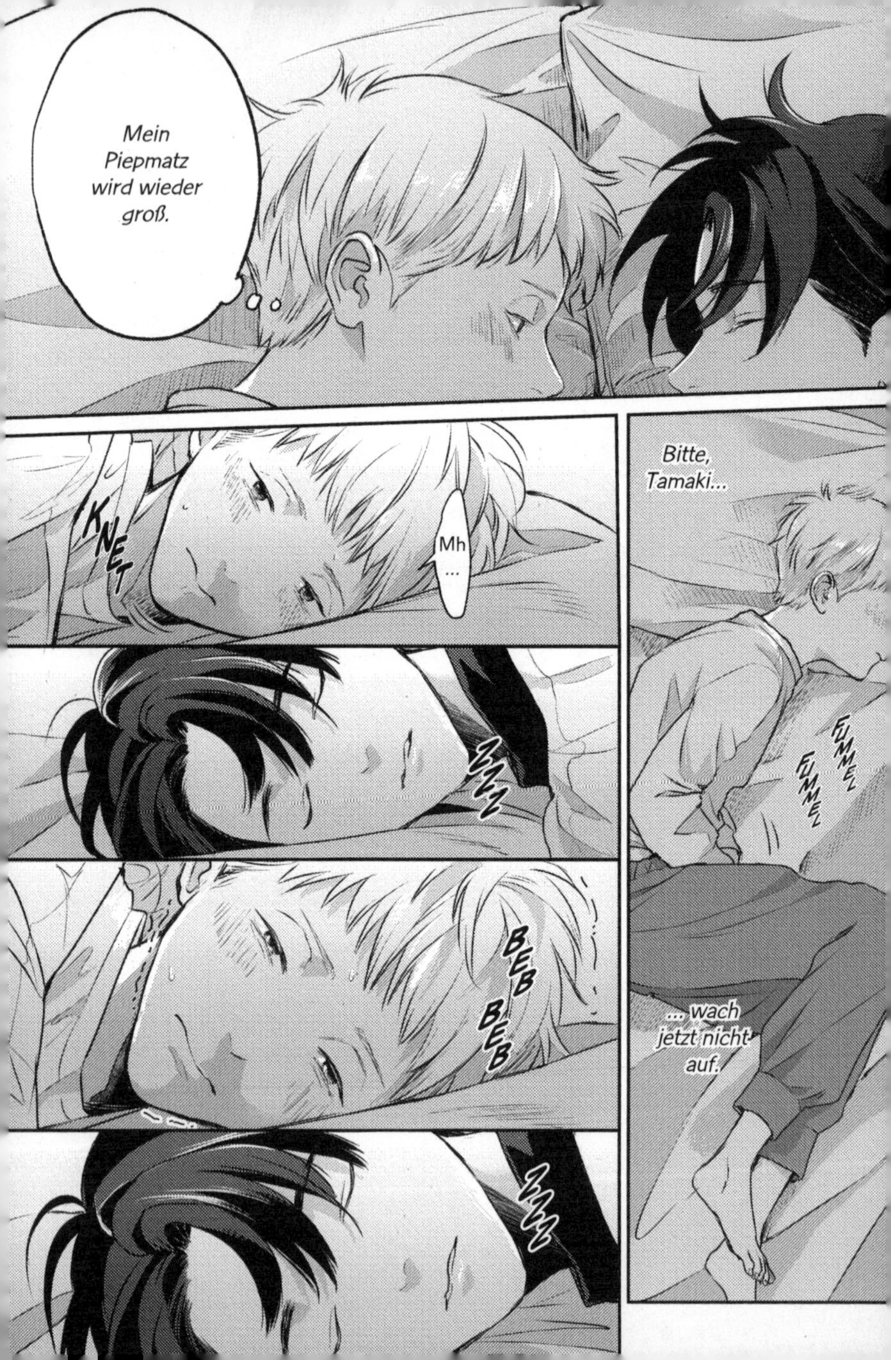
Mein Piepmatz wird wieder groß.
Bitte, Tamaki...
KNET
Mh ...
FUMMEL FUMMEL
ZZZ
... wach jetzt nicht auf.
BEB BEB
ZZZ

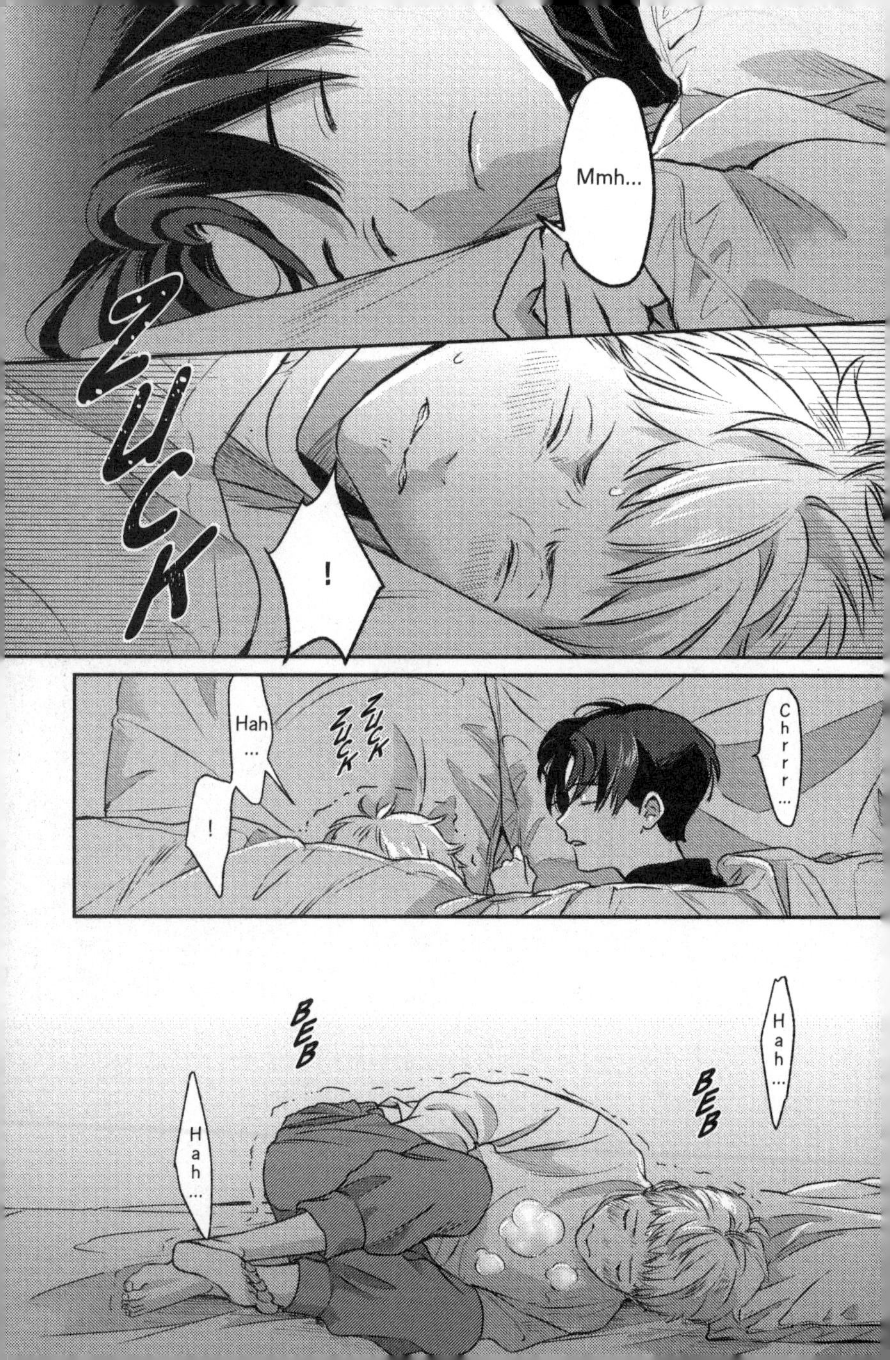
Mmh...
ZUCK
!
Chrrr...
ZUCK
ZUCK
Hah...
!
Hah...
BEB
BEB
Hah...

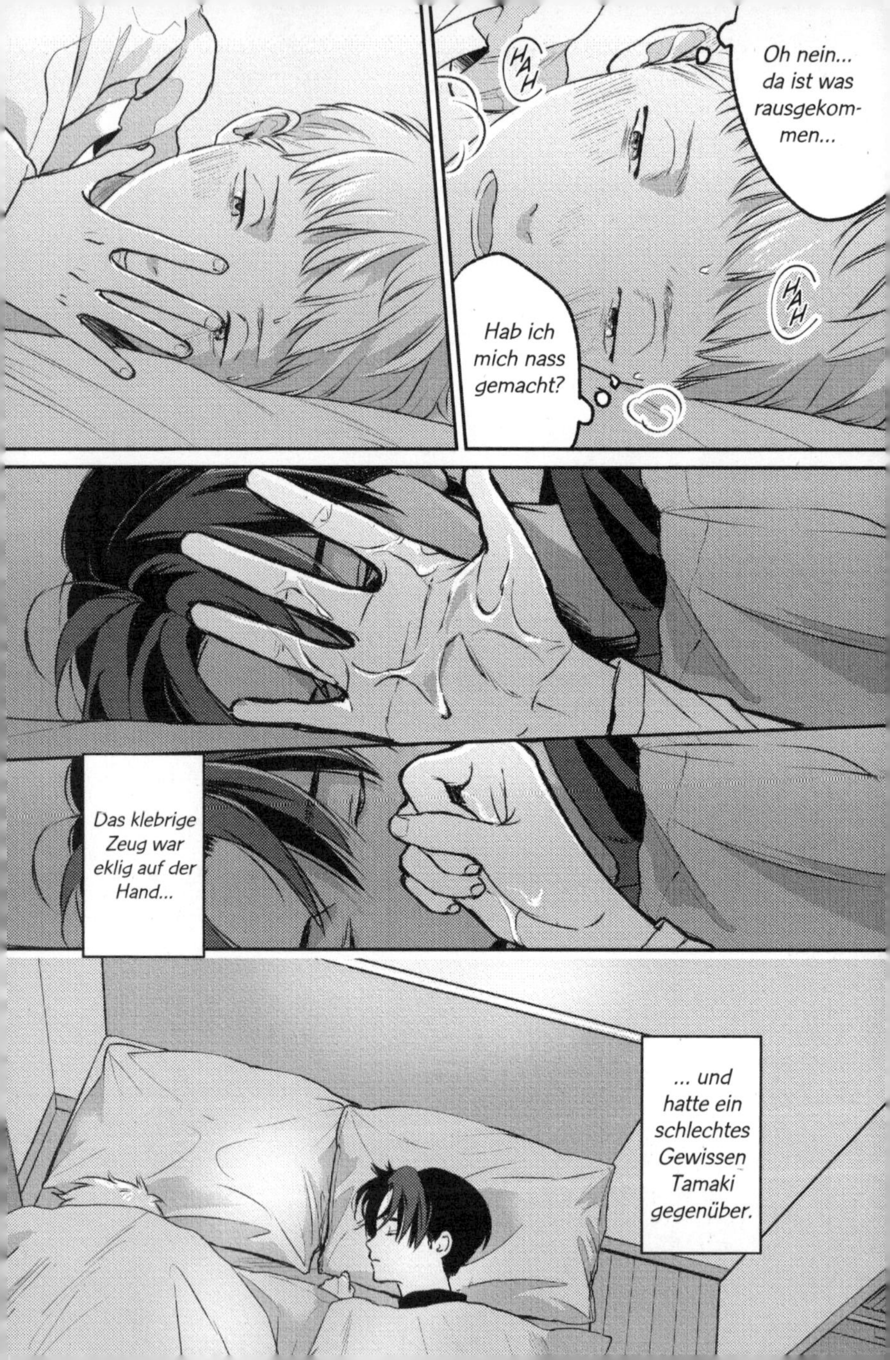
Oh nein... da ist was rausgekommen...
HAH
HAH
Hab ich mich nass gemacht?
Das klebrige Zeug war eklig auf der Hand...
... und hatte ein schlechtes Gewissen Tamaki gegenüber.

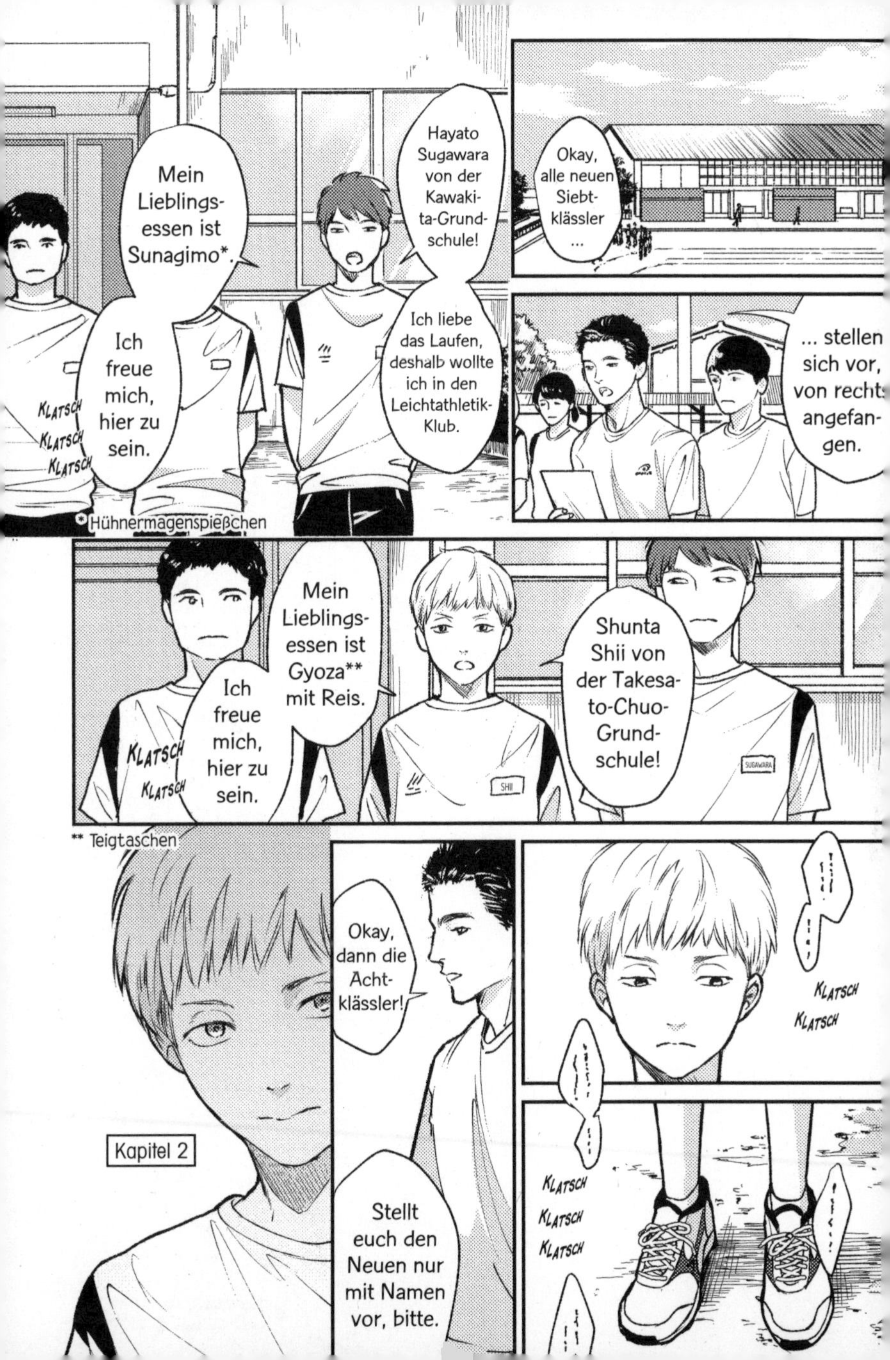
Okay, alle neuen Siebtklässler ...
... stellen sich vor, von rechts angefangen.
Hayato Sugawara von der Kawakita-Grundschule!
Ich liebe das Laufen, deshalb wollte ich in den Leichtathletik-Klub.
Mein Lieblingsessen ist Sunagimo*.
Ich freue mich, hier zu sein.
KLATSCH KLATSCH KLATSCH
* Hühnermagenspießchen
Shunta Shii von der Takesato-Chuo-Grundschule!
SUGAWARA
SHII
Mein Lieblingsessen ist Gyoza** mit Reis.
Ich freue mich, hier zu sein.
KLATSCH KLATSCH
** Teigtaschen
KLATSCH KLATSCH
Okay, dann die Achtklässler!
Stellt euch den Neuen nur mit Namen vor, bitte.
KLATSCH KLATSCH KLATSCH
Kapitel 2

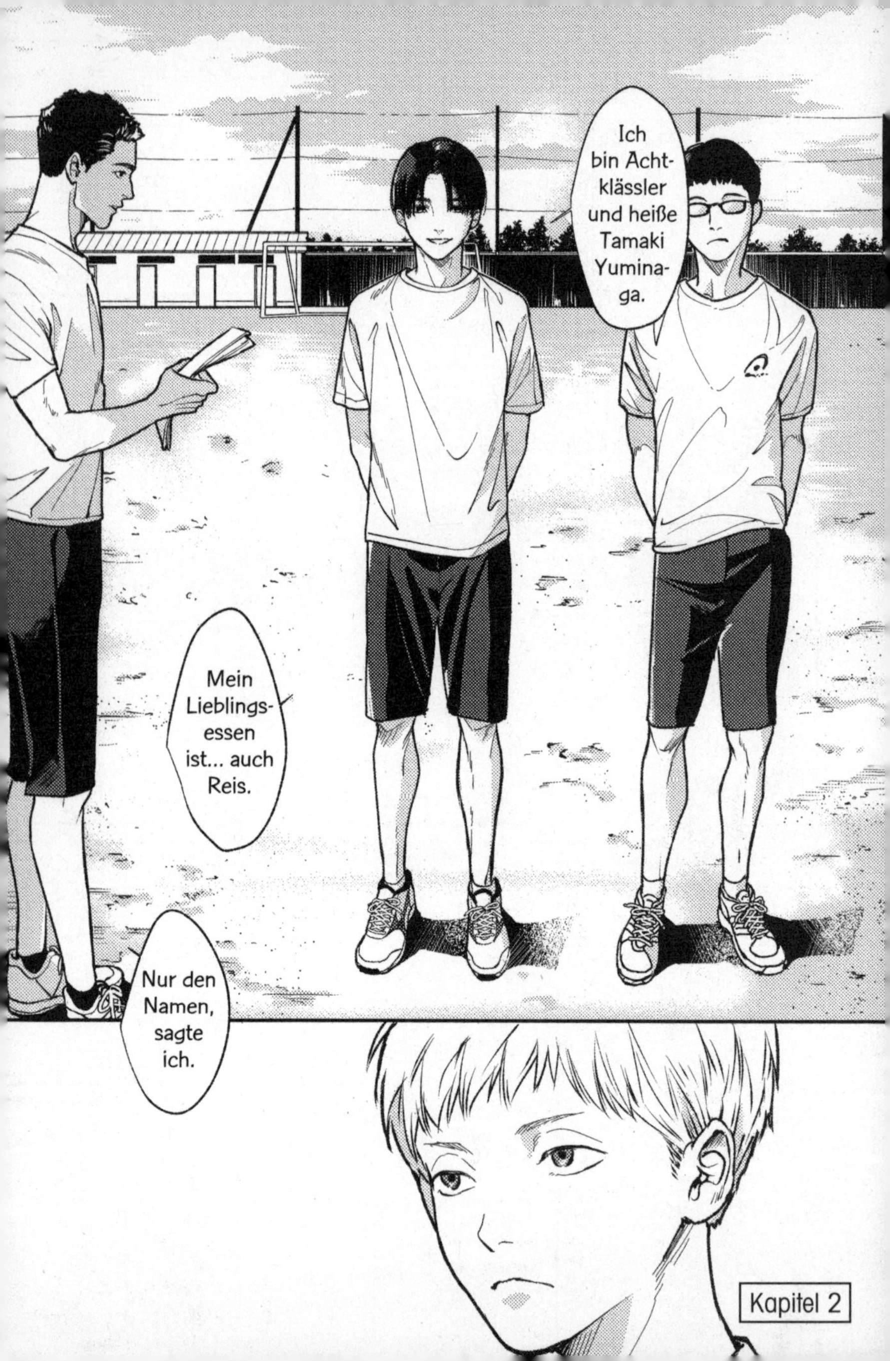
Ich bin Achtklässler und heiße Tamaki Yuminaga.
Mein Lieblingsessen ist... auch Reis.
Nur den Namen, sagte ich.
Kapitel 2

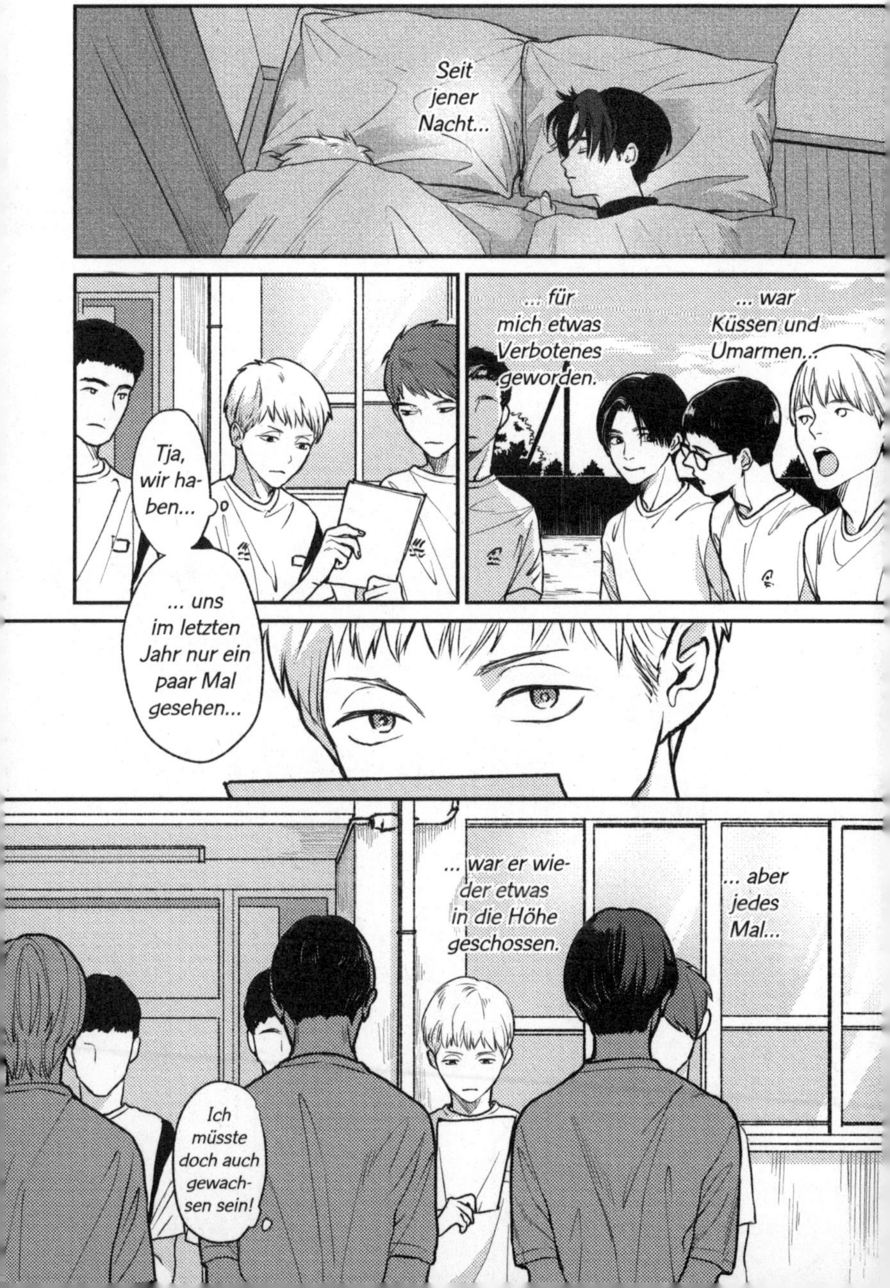
Seit jener Nacht...
... war Küssen und Umarmen...
... für mich etwas Verbotenes geworden.
Tja, wir haben...
... uns im letzten Jahr nur ein paar Mal gesehen...
... aber jedes Mal...
... war er wieder etwas in die Höhe geschossen.
Ich müsste doch auch gewachsen sein!

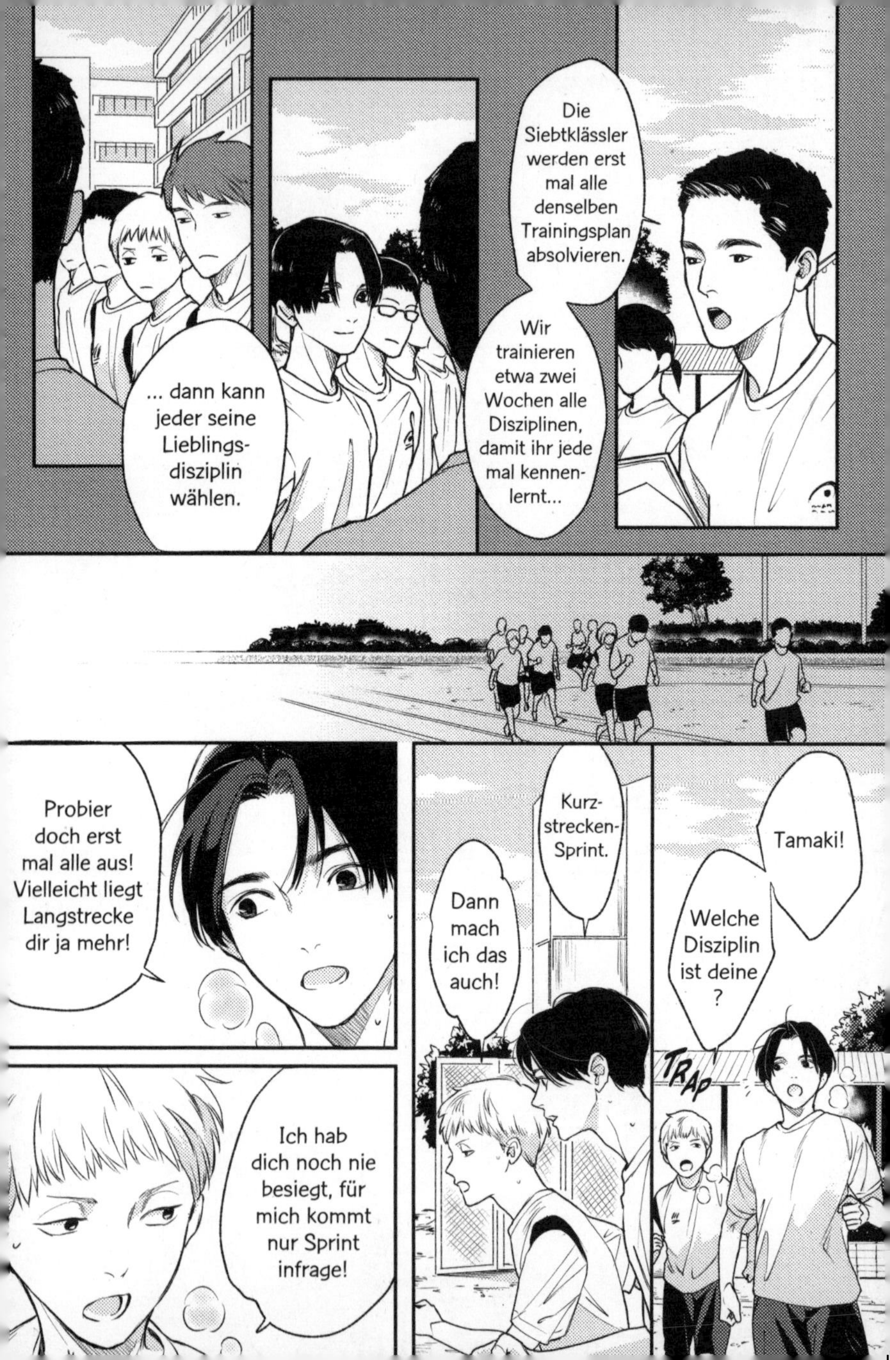
Die Siebtklässler werden erst mal alle denselben Trainingsplan absolvieren.
Wir trainieren etwa zwei Wochen alle Disziplinen, damit ihr jede mal kennenlernt...
... dann kann jeder seine Lieblings-disziplin wählen.
Tamaki!
Welche Disziplin ist deine ?
TRAP
Kurz-strecken-Sprint.
Dann mach ich das auch!
Probier doch erst mal alle aus! Vielleicht liegt Langstrecke dir ja mehr!
Ich hab dich noch nie besiegt, für mich kommt nur Sprint infrage!

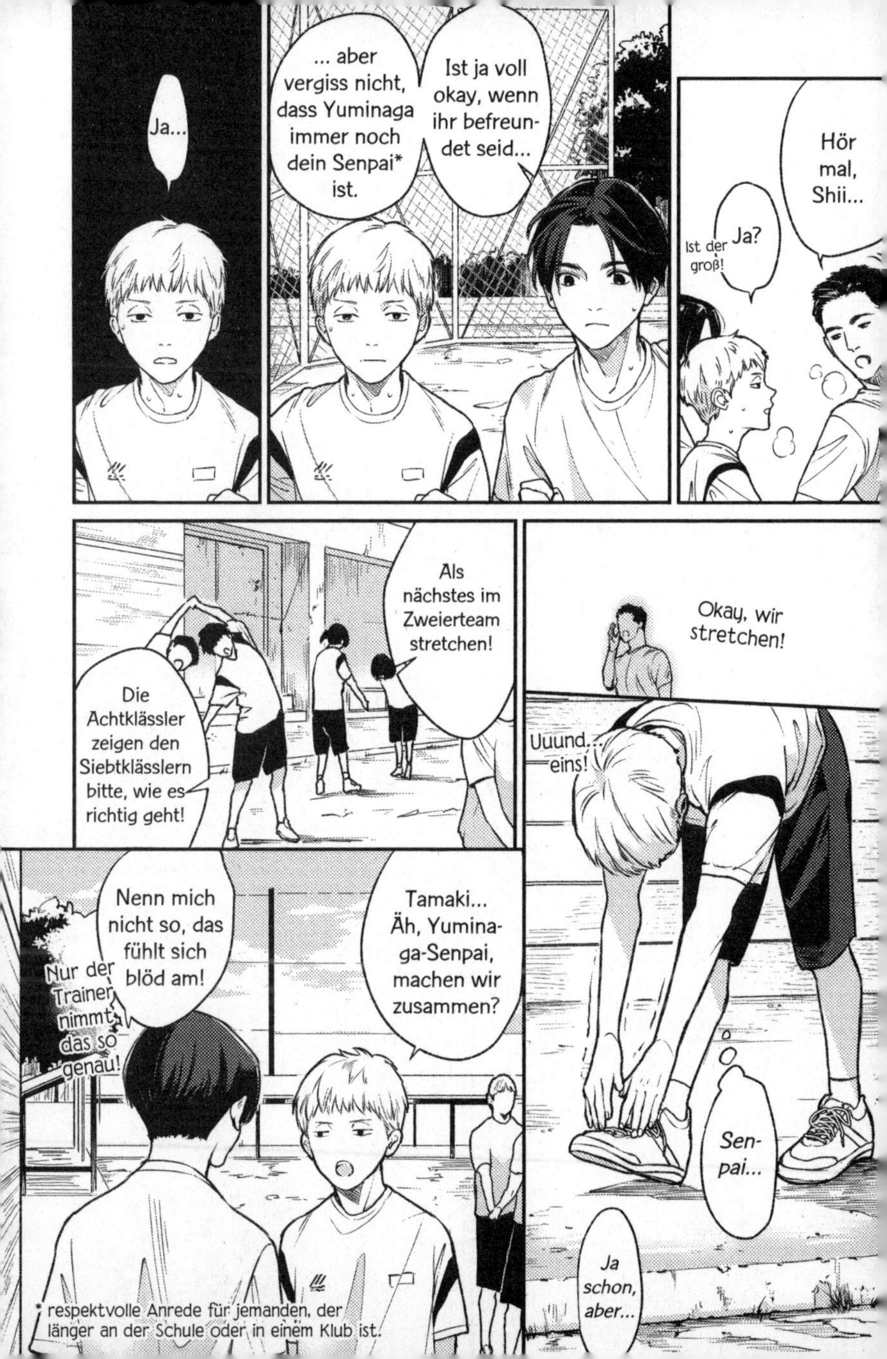

* respektvolle Anrede für jemanden, der länger an der Schule oder in einem Klub ist.

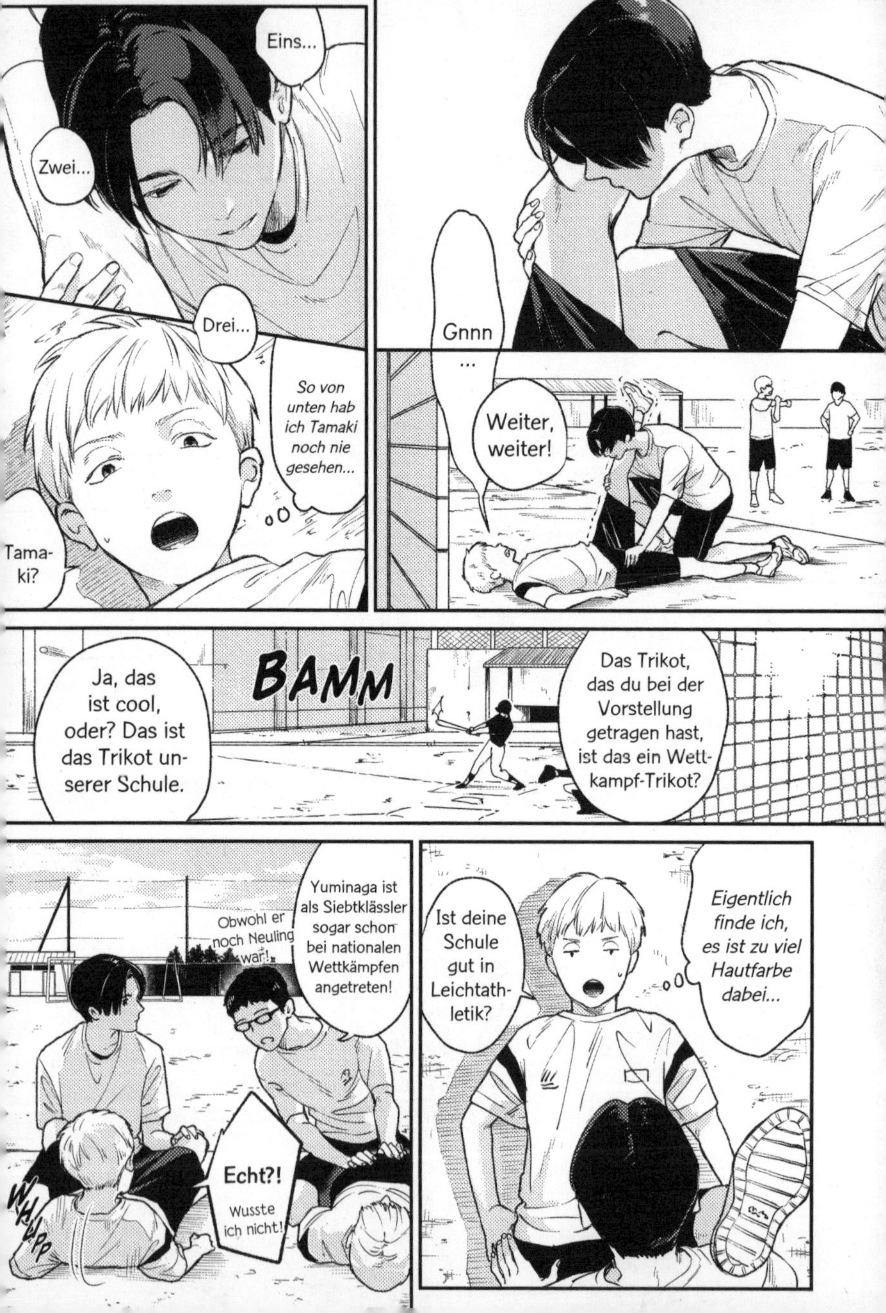
Gnnn ...
Eins...
Zwei...
Drei...
So von unten hab ich Tamaki noch nie gesehen...
Tamaki?
Weiter, weiter!
Das Trikot, das du bei der Vorstellung getragen hast, ist das ein Wettkampf-Trikot?
BAMM
Ja, das ist cool, oder? Das ist das Trikot unserer Schule.
Eigentlich finde ich, es ist zu viel Hautfarbe dabei...
Ist deine Schule gut in Leichtathletik?
Yuminaga ist als Siebtklässler sogar schon bei nationalen Wettkämpfen angetreten!
Obwohl er noch Neuling war!
Echt?!
Wusste ich nicht!
WHUPP

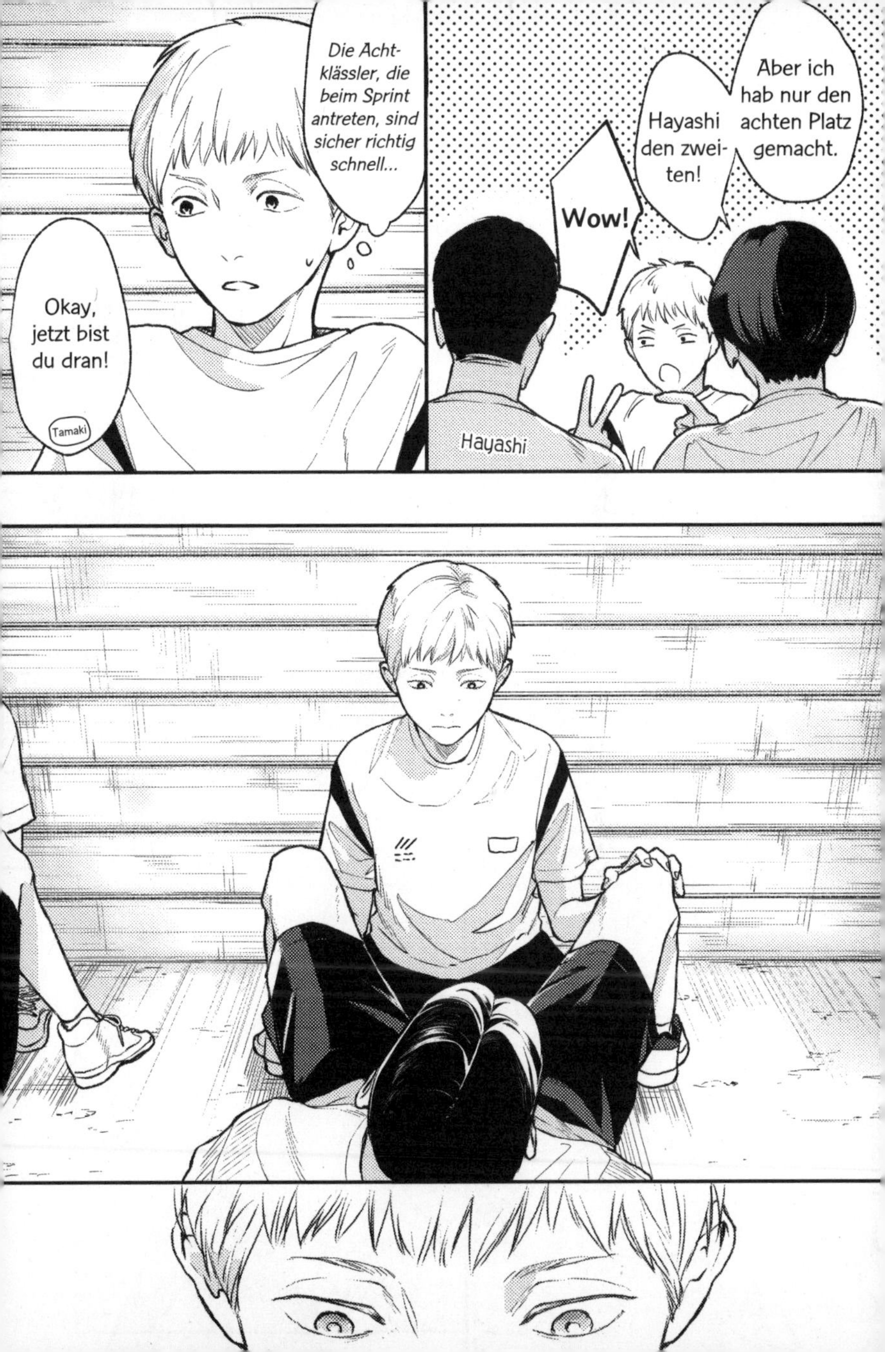
Die Acht-klässler, die beim Sprint antreten, sind sicher richtig schnell...
Okay, jetzt bist du dran!
Tamaki
Aber ich hab nur den achten Platz gemacht.
Hayashi den zwei-ten!
Wow!
Hayashi

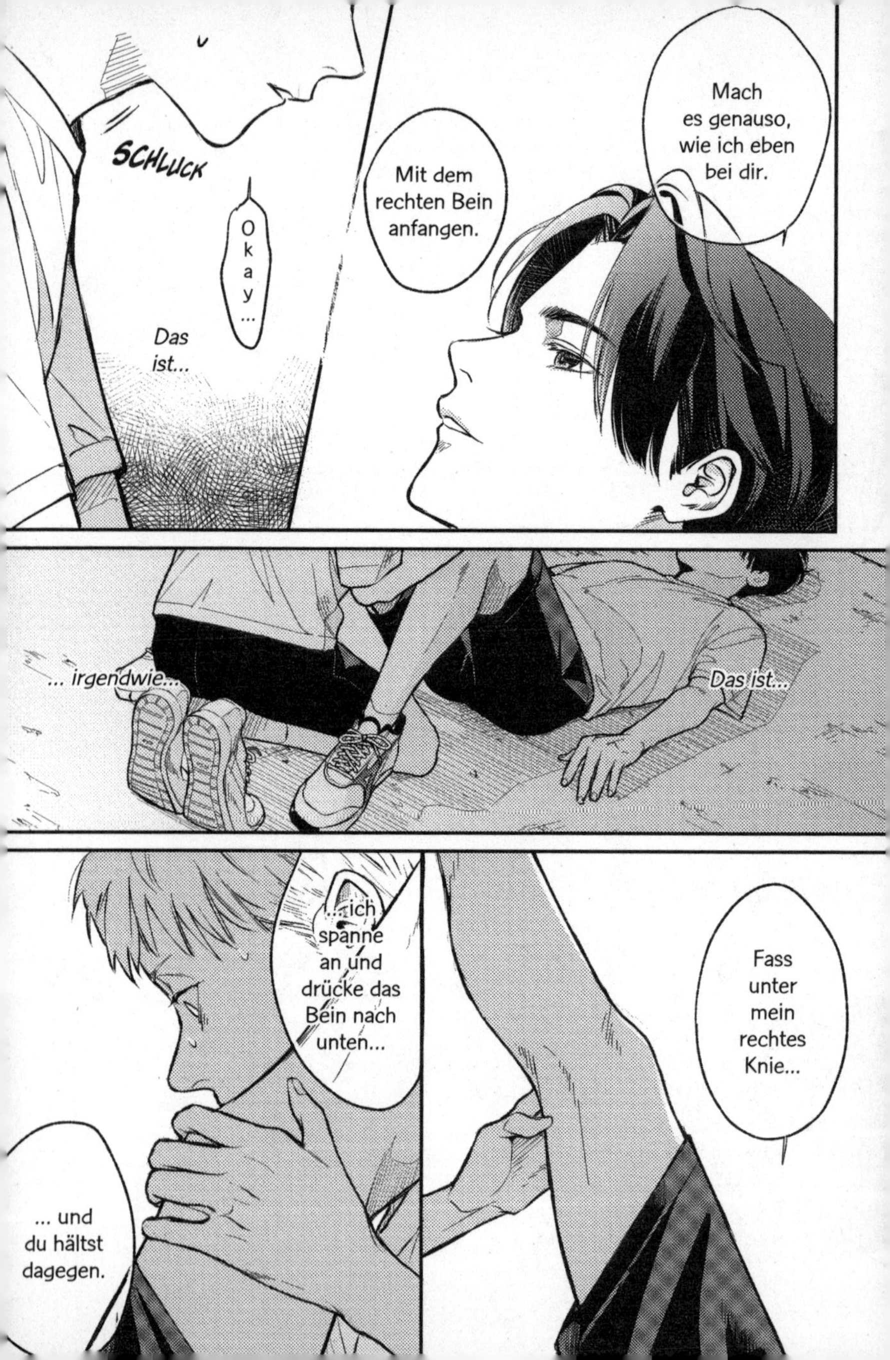
Mach es genauso, wie ich eben bei dir.
Mit dem rechten Bein anfangen.
Okay...
SCHLUCK
Das ist...
Das ist...
... irgendwie...
Fass unter mein rechtes Knie...
... ich spanne an und drücke das Bein nach unten...
... und du hältst dagegen.

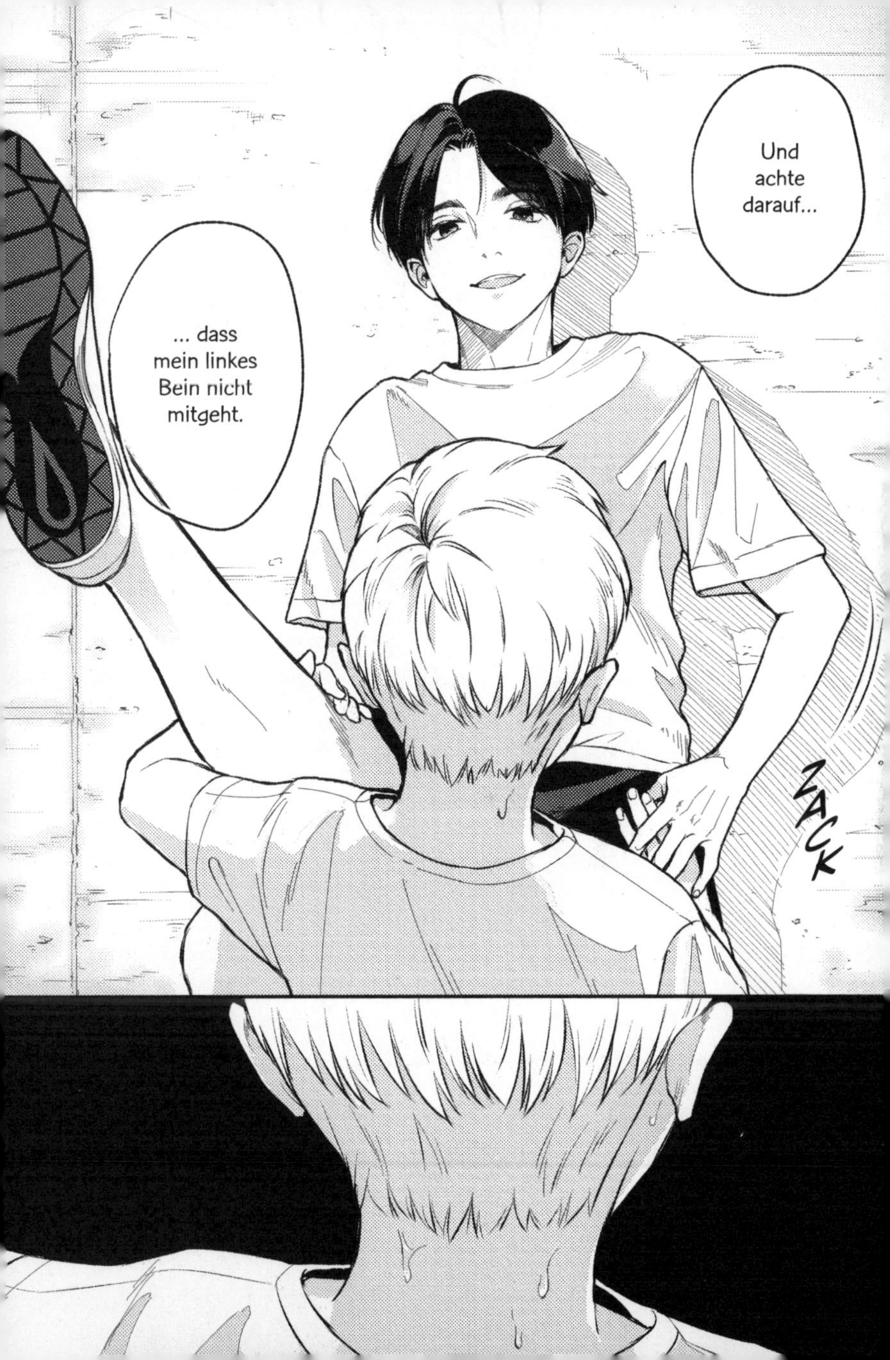
Und achte darauf…
… dass mein linkes Bein nicht mitgeht.
ZACK

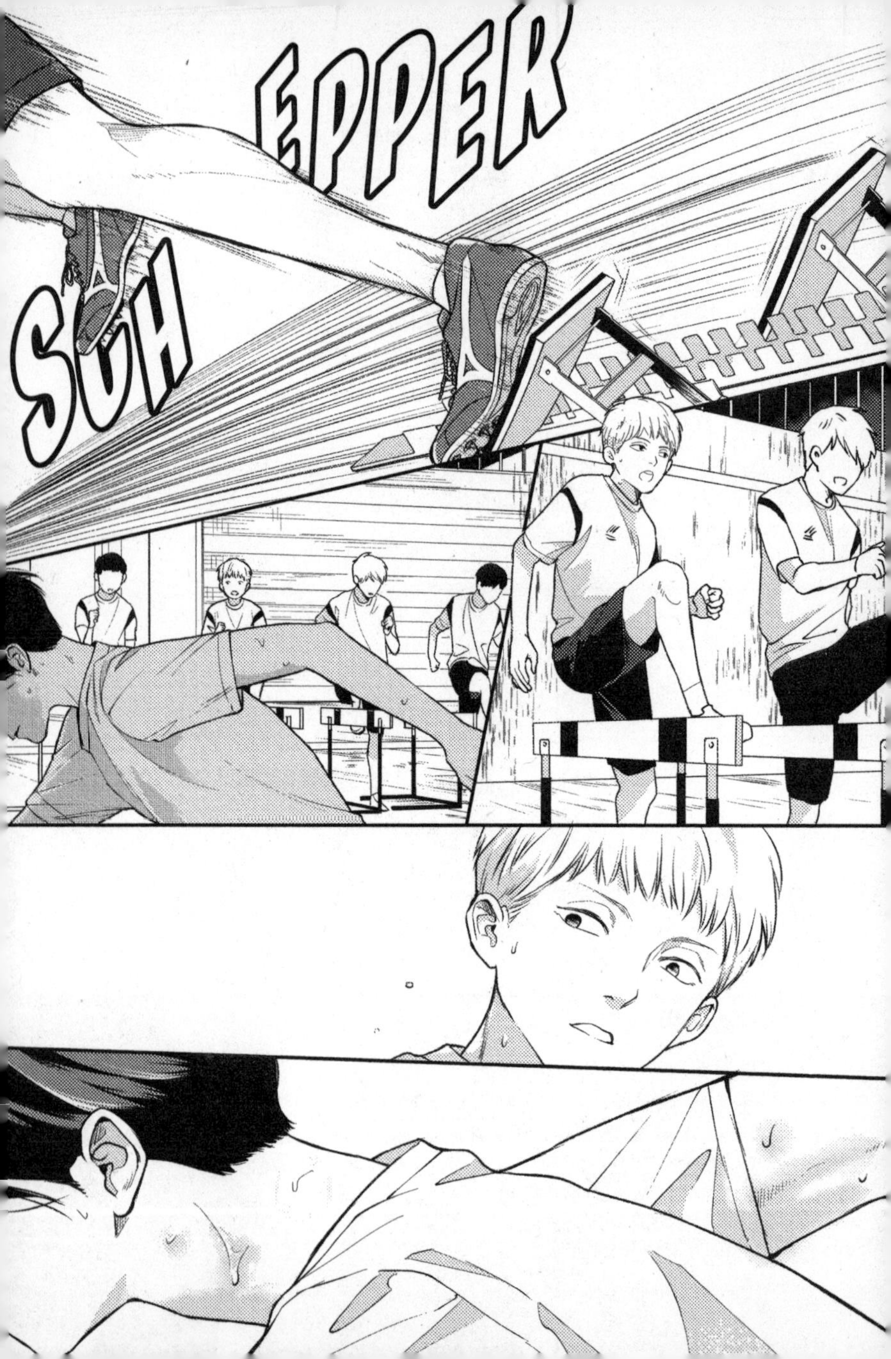
SCHEPPER

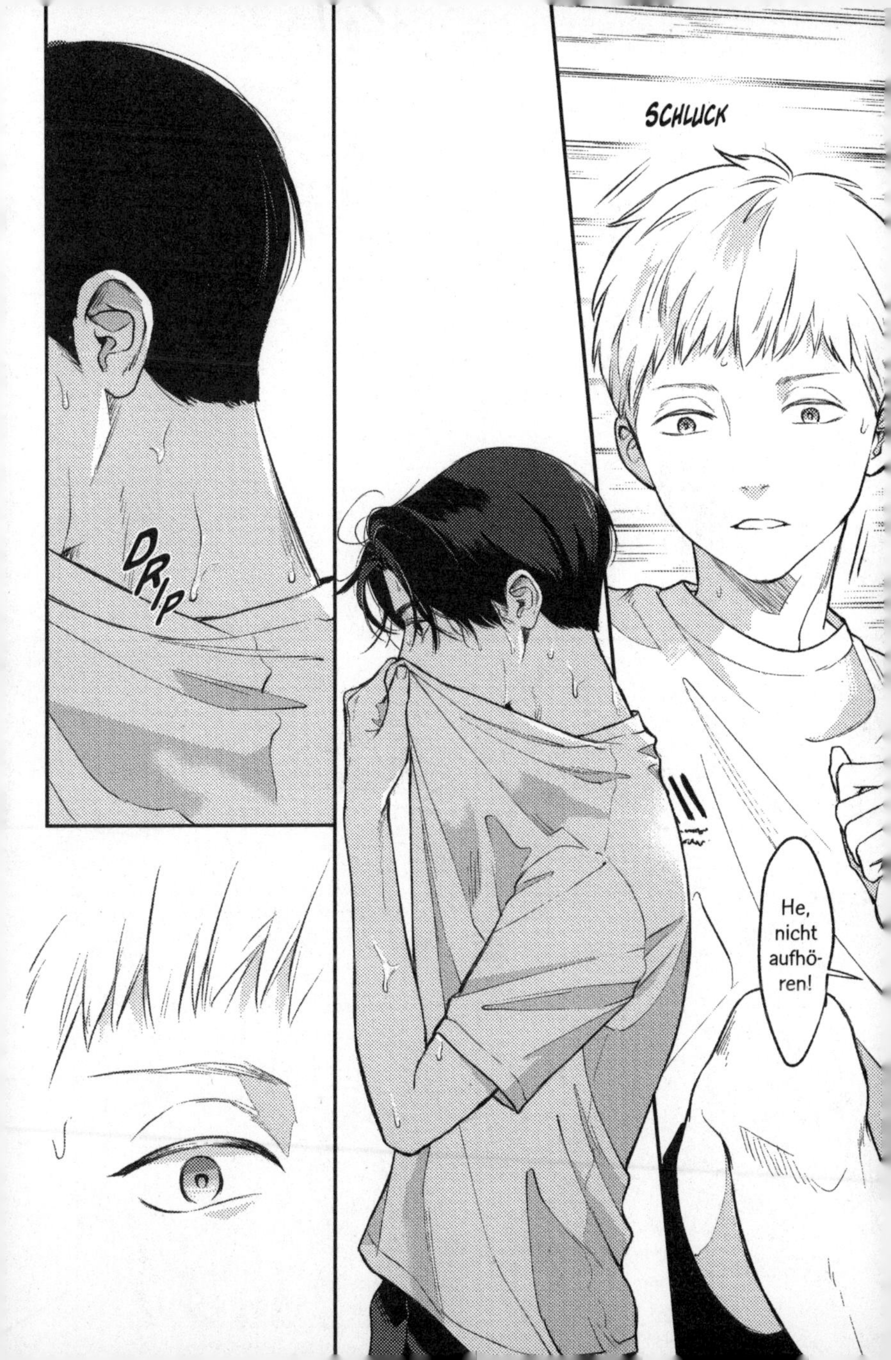
SCHLUCK
He, nicht aufhö-ren!
DRIP

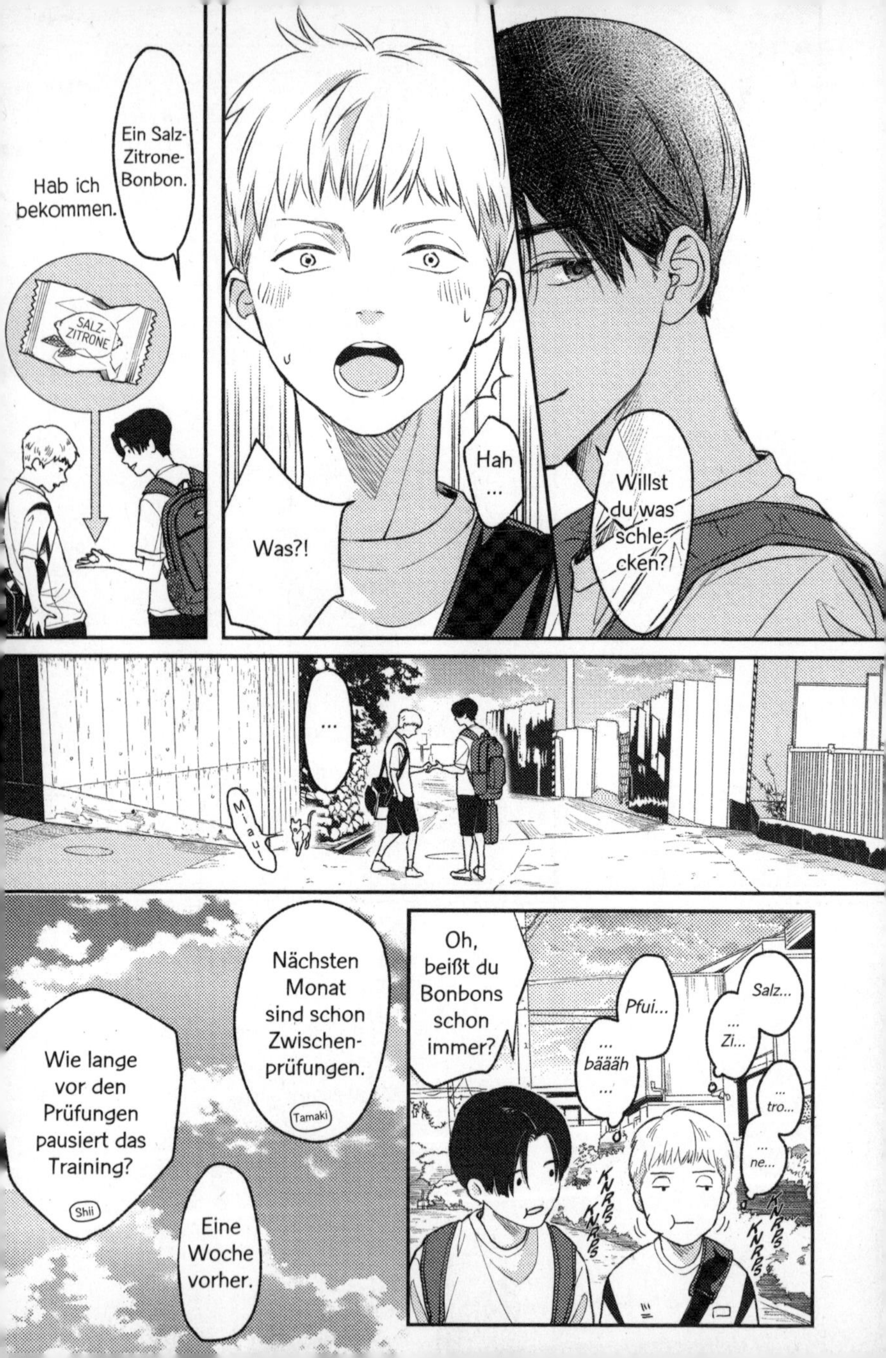
Willst du was schlecken?
Hah ...
Was?!
Ein Salz-Zitrone-Bonbon.
Hab ich bekommen.
SALZ-ZITRONE
...
Miau!
Oh, beißt du Bonbons schon immer?
Salz... ... Zi... ... tro... ... ne...
Pfui... ... bäääh ...
KNRPS KNRPS
KNRPS KNRPS
Nächsten Monat sind schon Zwischenprüfungen.
Tamaki
Wie lange vor den Prüfungen pausiert das Training?
Shii
Eine Woche vorher.

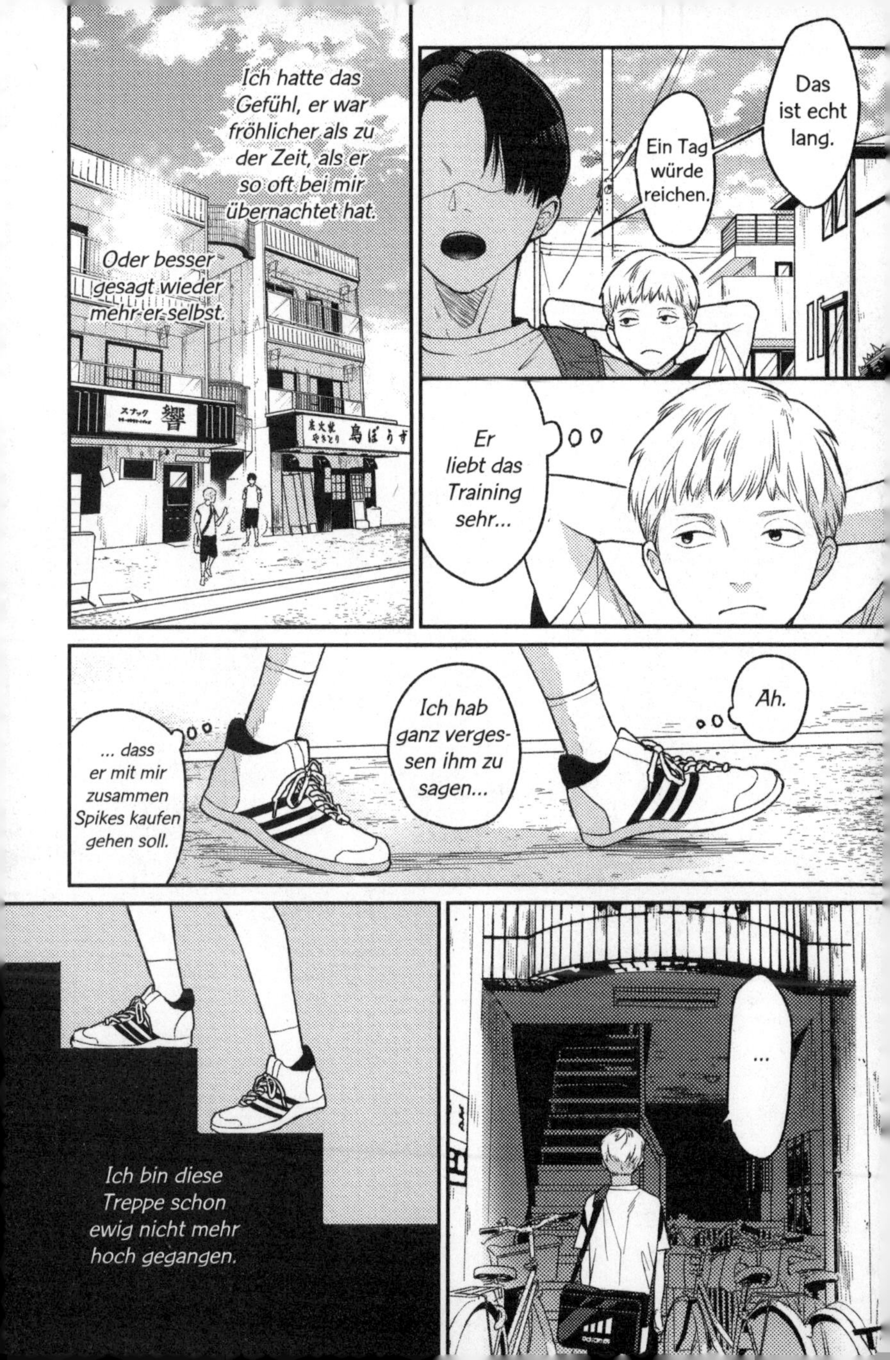
Das ist echt lang.
Ein Tag würde reichen.
Er liebt das Training sehr...
Ich hatte das Gefühl, er war fröhlicher als zu der Zeit, als er so oft bei mir übernachtet hat.
Oder besser gesagt wieder mehr er selbst.
Ah.
Ich hab ganz vergessen ihm zu sagen...
... dass er mit mir zusammen Spikes kaufen gehen soll.
...
Ich bin diese Treppe schon ewig nicht mehr hoch gegangen.

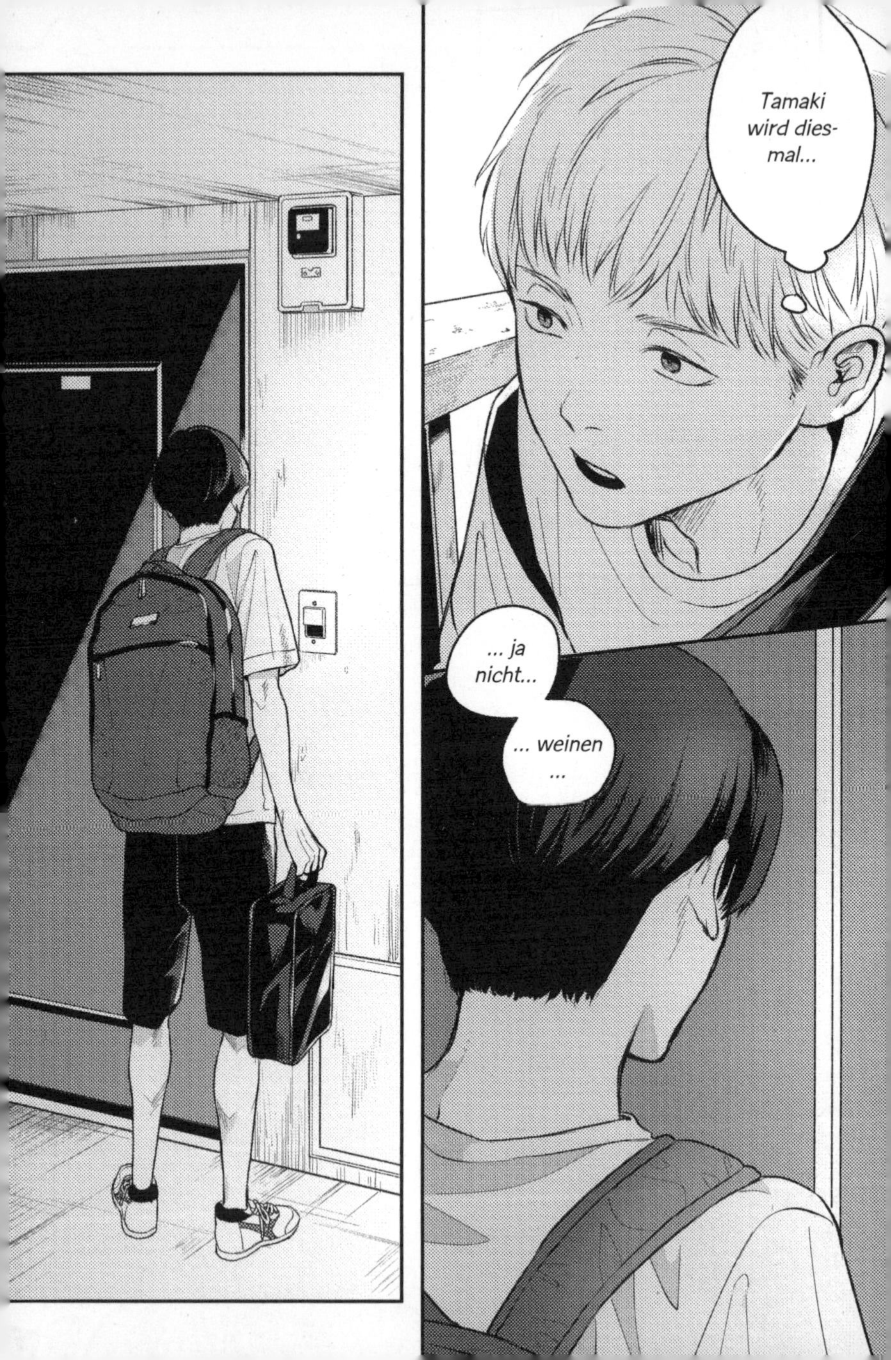
Tamaki wird dies-mal...
... ja nicht...
... weinen ...

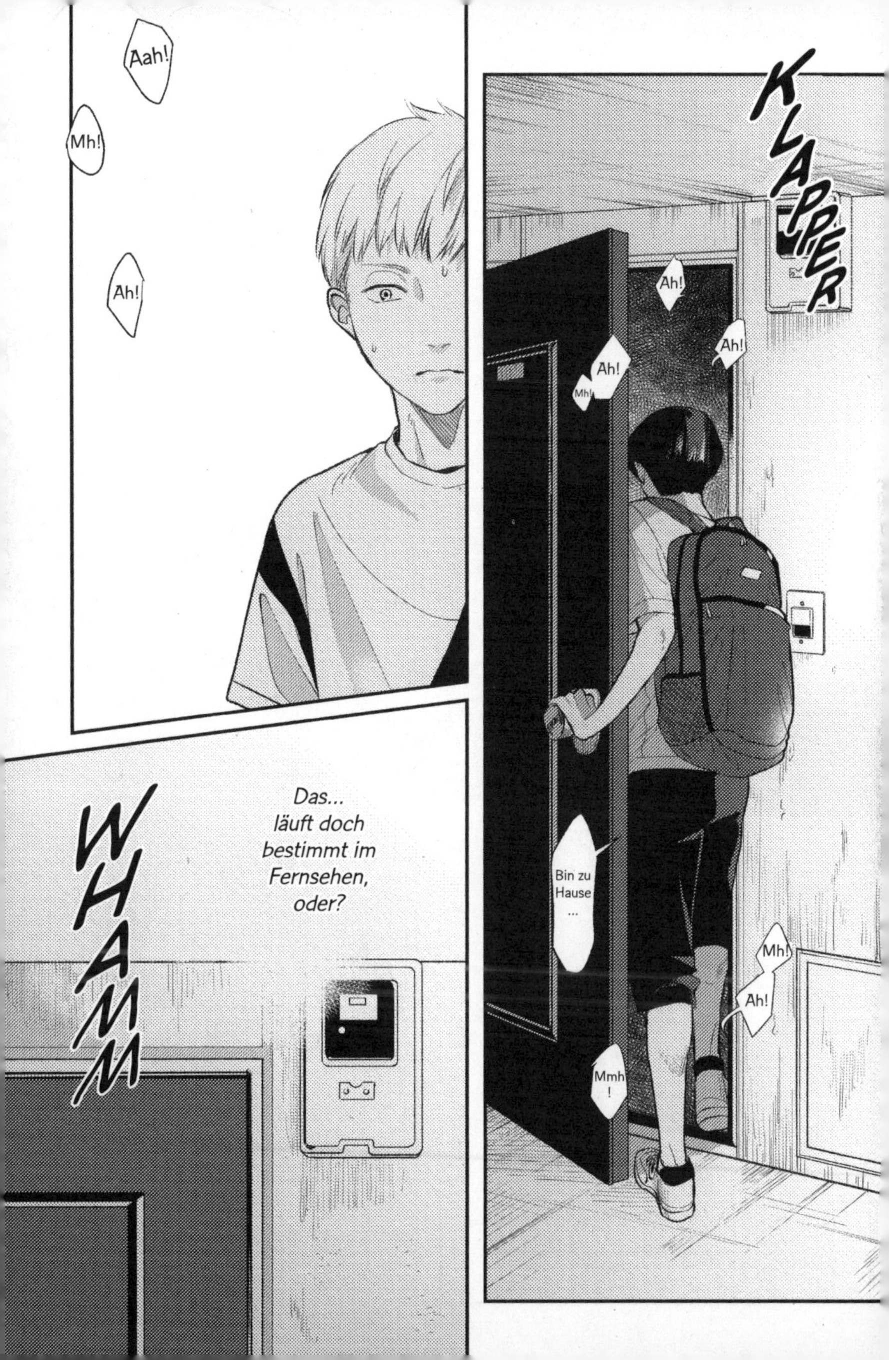
KLAPPER
Ah!
Ah!
Ah!
Mh!
Bin zu Hause ...
Mh!
Ah!
Mmh!
Aah!
Mh!
Ah!
Das... läuft doch bestimmt im Fernsehen, oder?
WHAMM

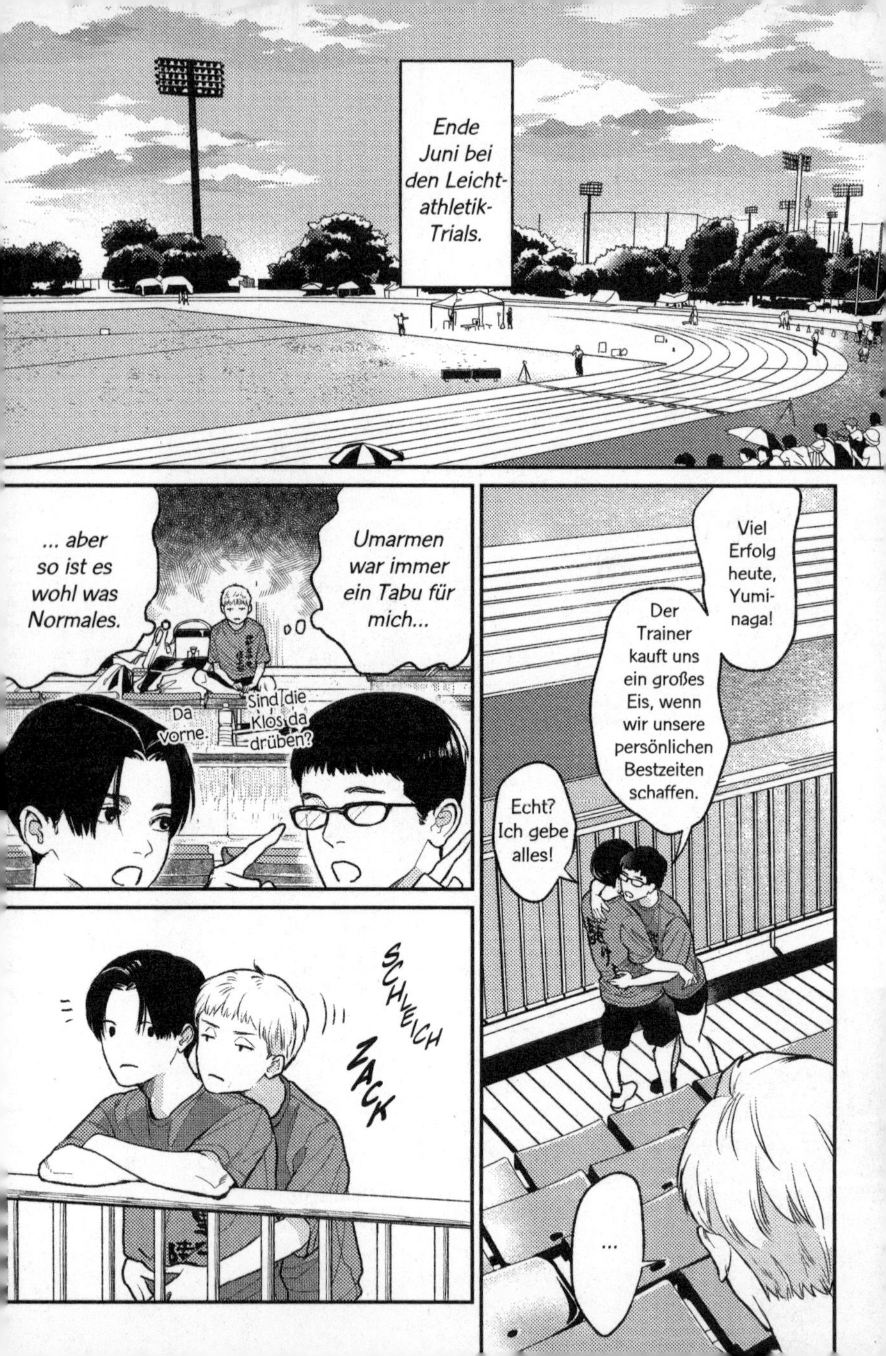
Ende Juni bei den Leichtathletik-Trials.
Viel Erfolg heute, Yuminaga!
Der Trainer kauft uns ein großes Eis, wenn wir unsere persönlichen Bestzeiten schaffen.
Echt? Ich gebe alles!
...
Umarmen war immer ein Tabu für mich...
... aber so ist es wohl was Normales.
Sind die Klos da drüben?
Da vorne.
SCHWEICH
ZACK

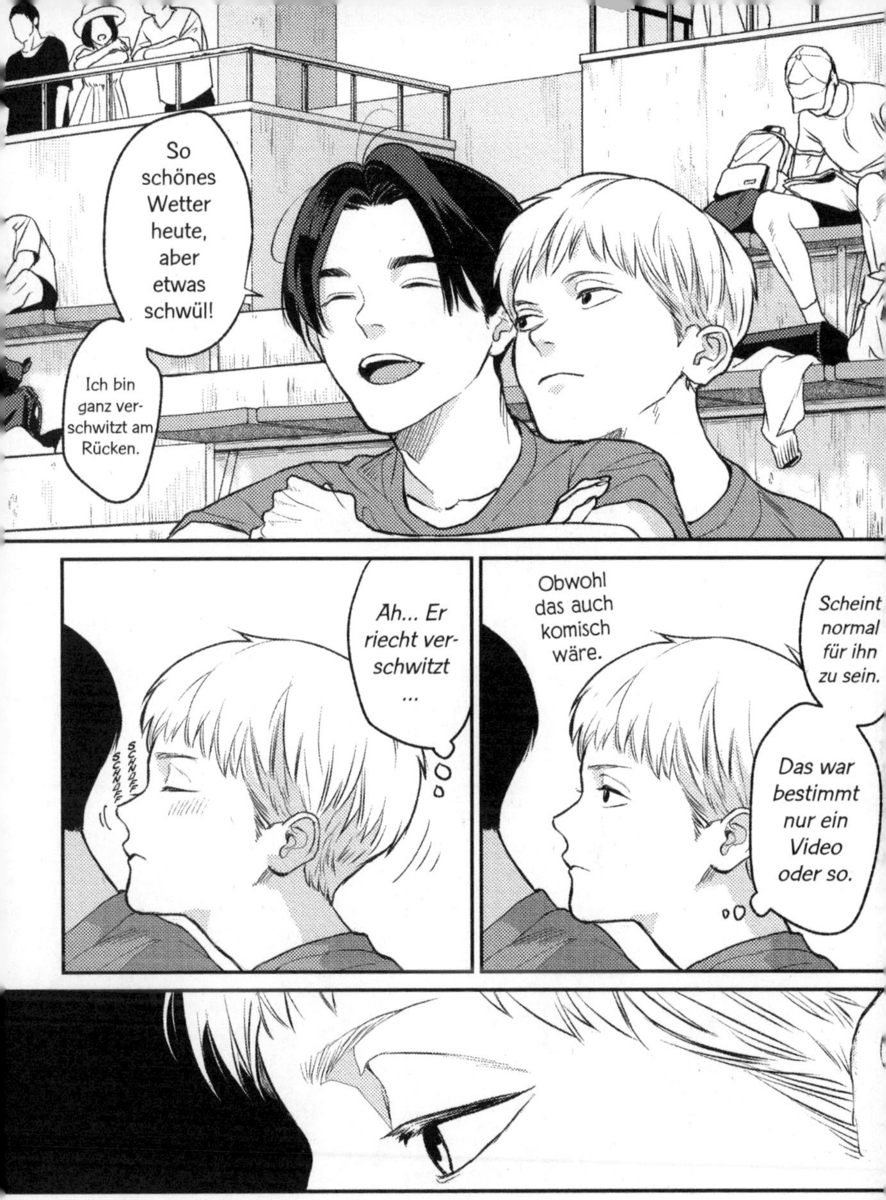

Das ist definitiv ein Tabu. Das größte Tabu überhaupt.

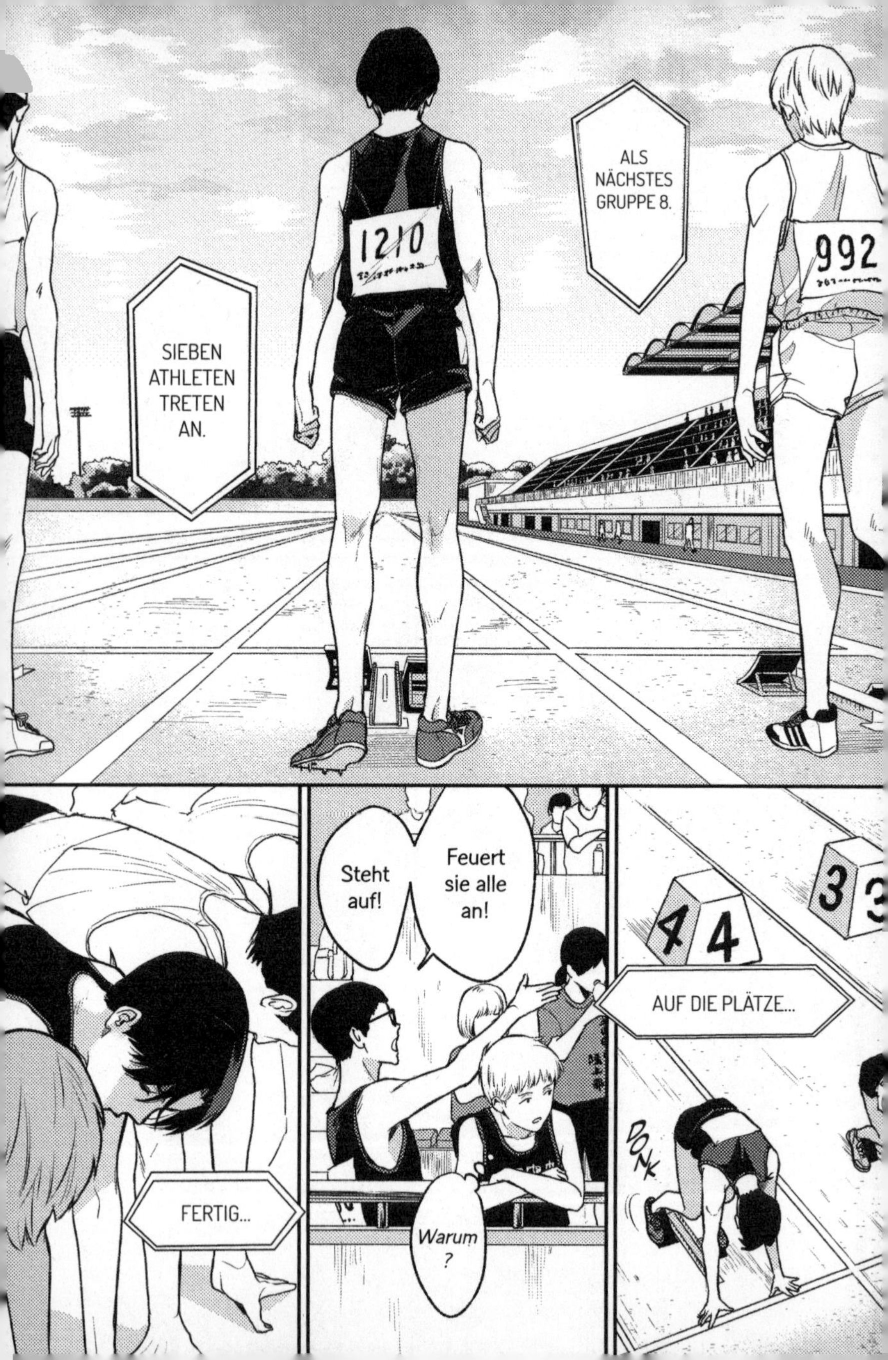
ALS NÄCHSTES GRUPPE 8.
SIEBEN ATHLETEN TRETEN AN.
1210
992
AUF DIE PLÄTZE...
4
3
DONK
Feuert sie alle an!
Steht auf!
Warum?
FERTIG...

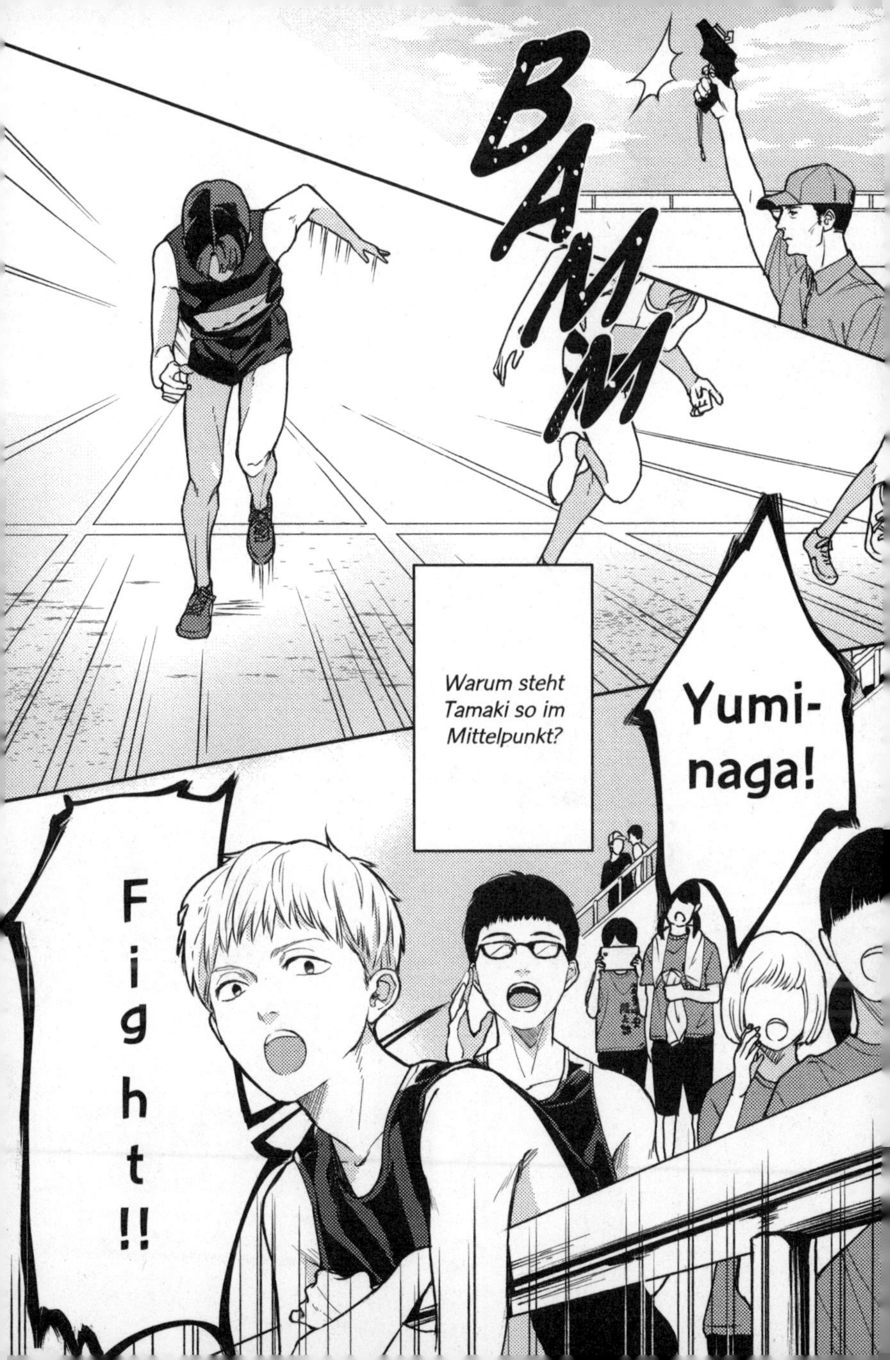

BAMM
Warum steht Tamaki so im Mittelpunkt?
Yumi-naga!
Fight!!

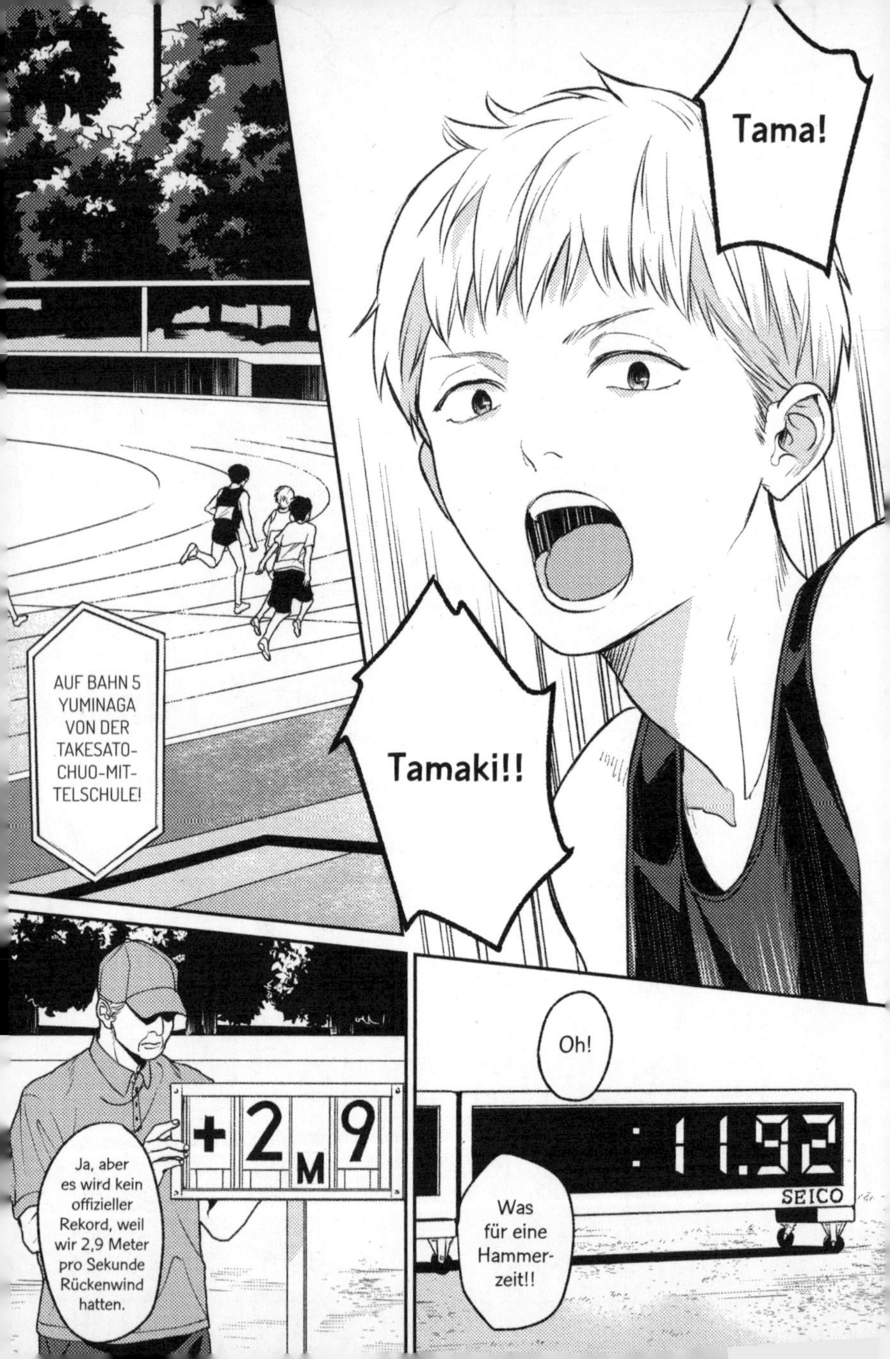
Tama!
Tamaki!!
AUF BAHN 5 YUMINAGA VON DER TAKESATO-CHUO-MITTELSCHULE!
Oh!
Was für eine Hammerzeit!!
:11.92
SEICO
+2M9
Ja, aber es wird kein offizieller Rekord, weil wir 2,9 Meter pro Sekunde Rückenwind hatten.

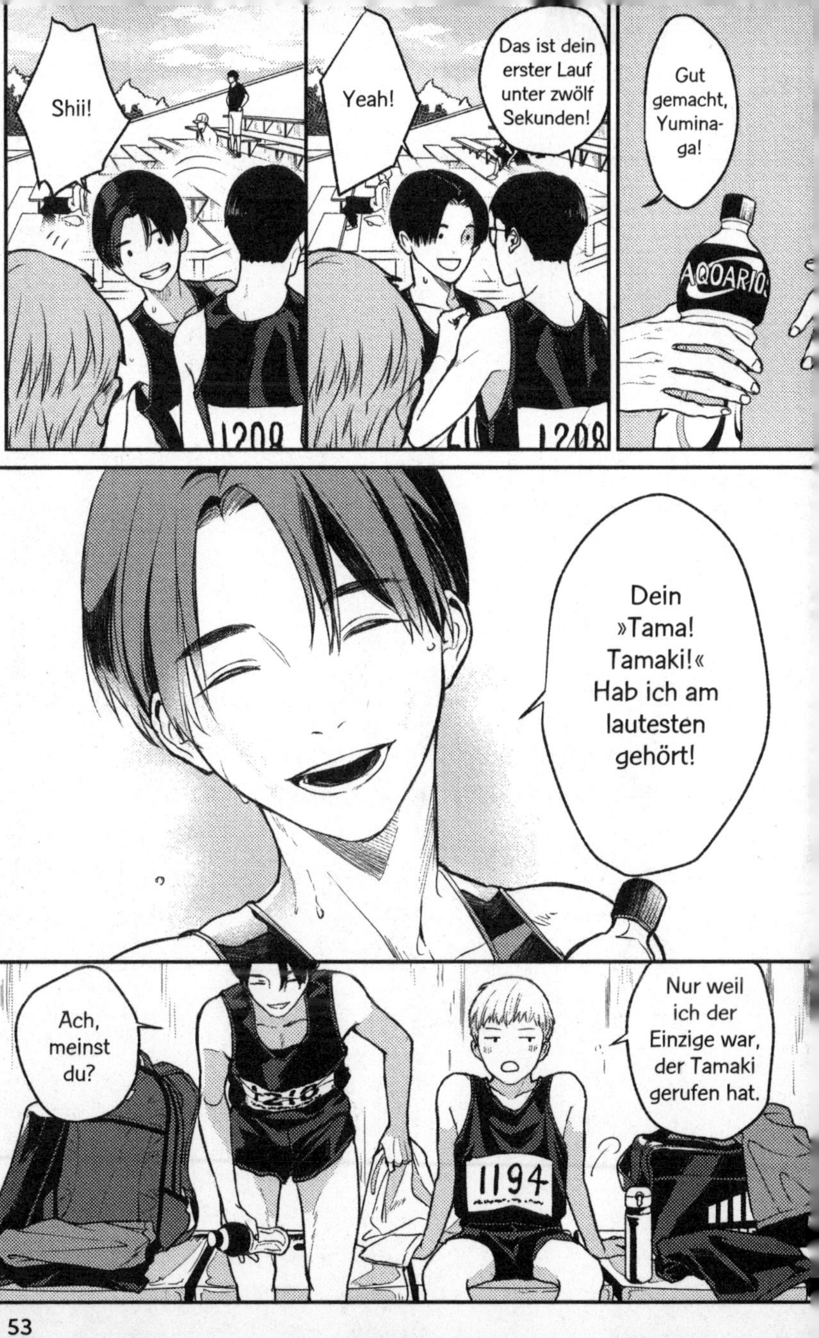
Gut gemacht, Yuminaga!
Das ist dein erster Lauf unter zwölf Sekunden!
Yeah!
Shii!
Dein »Tama! Tamaki!« Hab ich am lautesten gehört!
Nur weil ich der Einzige war, der Tamaki gerufen hat.
Ach, meinst du?

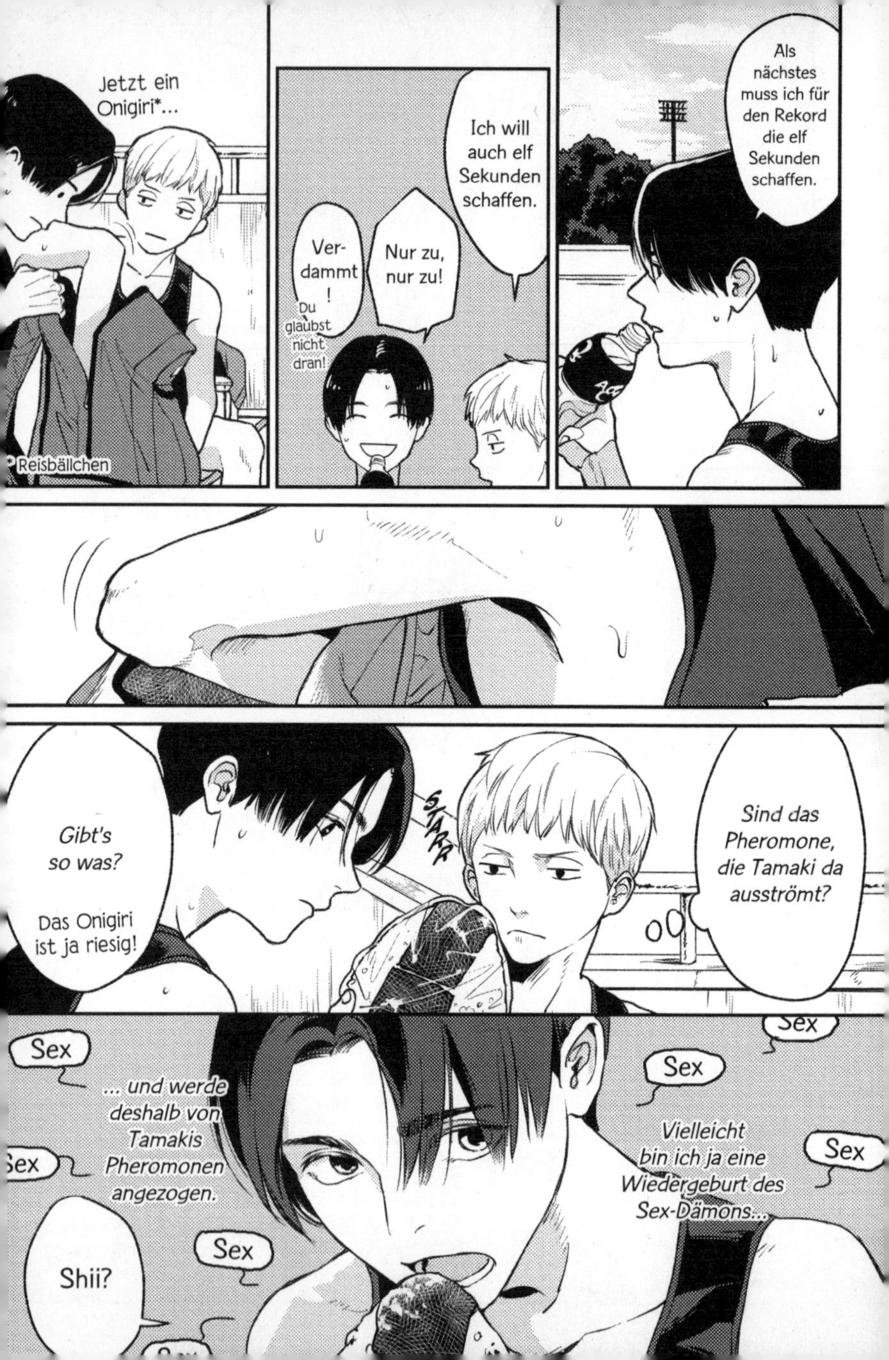

Als nächstes muss ich für den Rekord die elf Sekunden schaffen.
Ich will auch elf Sekunden schaffen.
Nur zu, nur zu!
Verdammt!
Du glaubst nicht dran!
Jetzt ein Onigiri*...
* Reisbällchen
Sind das Pheromone, die Tamaki da ausströmt?
STARR
Gibt's so was?
Das Onigiri ist ja riesig!
Sex
Sex
Vielleicht bin ich ja eine Wiedergeburt des Sex-Dämons...
Sex
Sex
... und werde deshalb von Tamakis Pheromonen angezogen.
Sex
Sex
Shii?

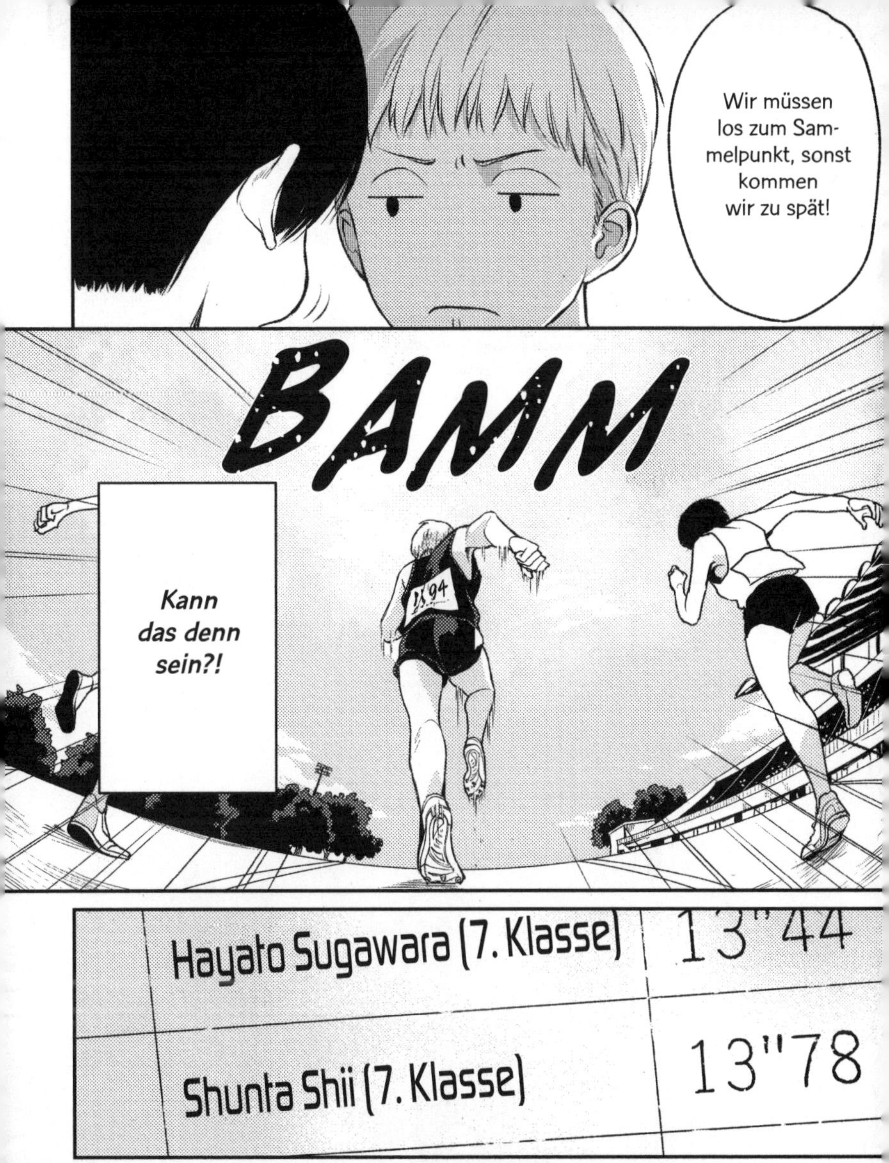
Wir müssen los zum Sammelpunkt, sonst kommen wir zu spät!
BAMM
Kann das denn sein?!
94
Hayato Sugawara (7. Klasse)
13"44
Shunta Shii (7. Klasse)
13"78

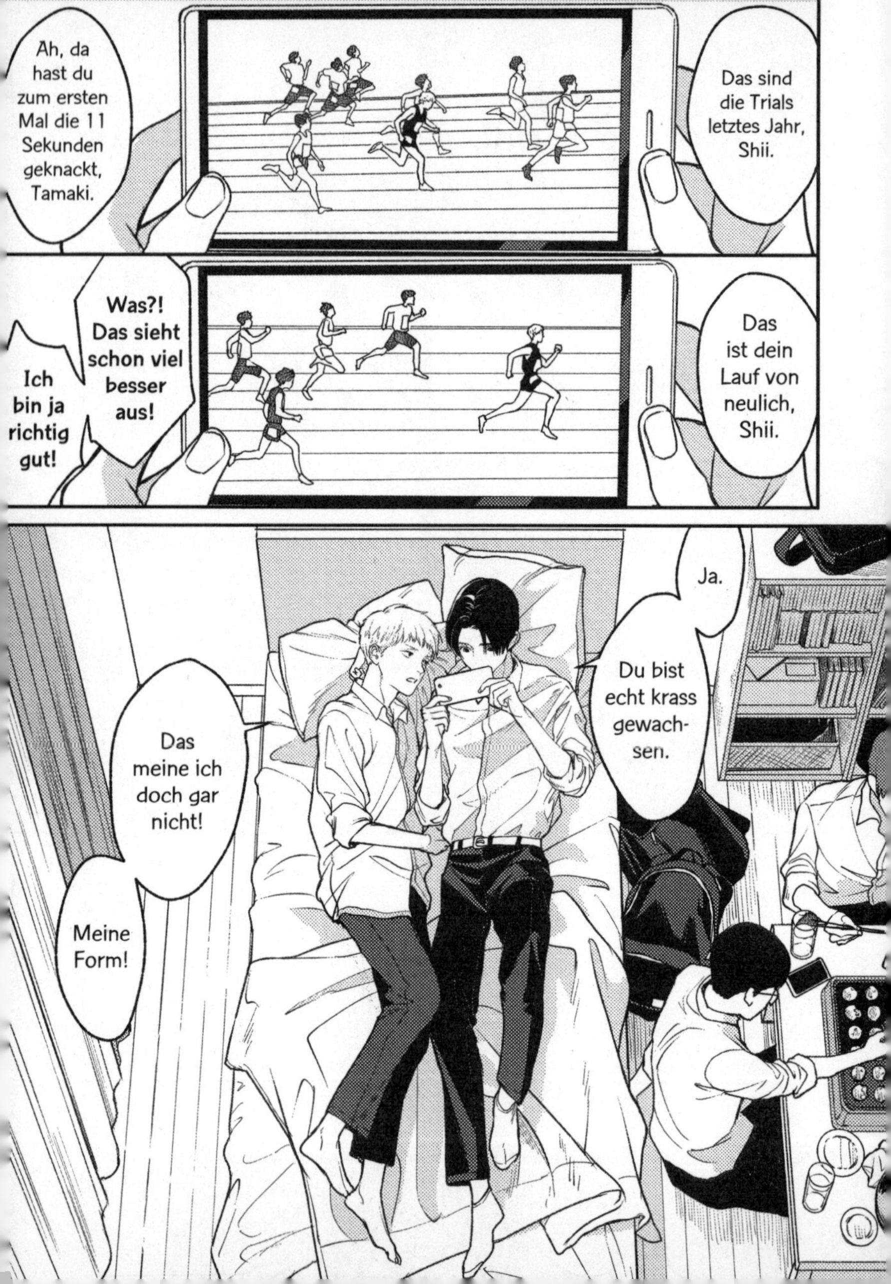
Das sind die Trials letztes Jahr, Shii.
Ah, da hast du zum ersten Mal die 11 Sekunden geknackt, Tamaki.
Das ist dein Lauf von neulich, Shii.
Was?! Das sieht schon viel besser aus!
Ich bin ja richtig gut!
Ja.
Du bist echt krass gewachsen.
Das meine ich doch gar nicht!
Meine Form!

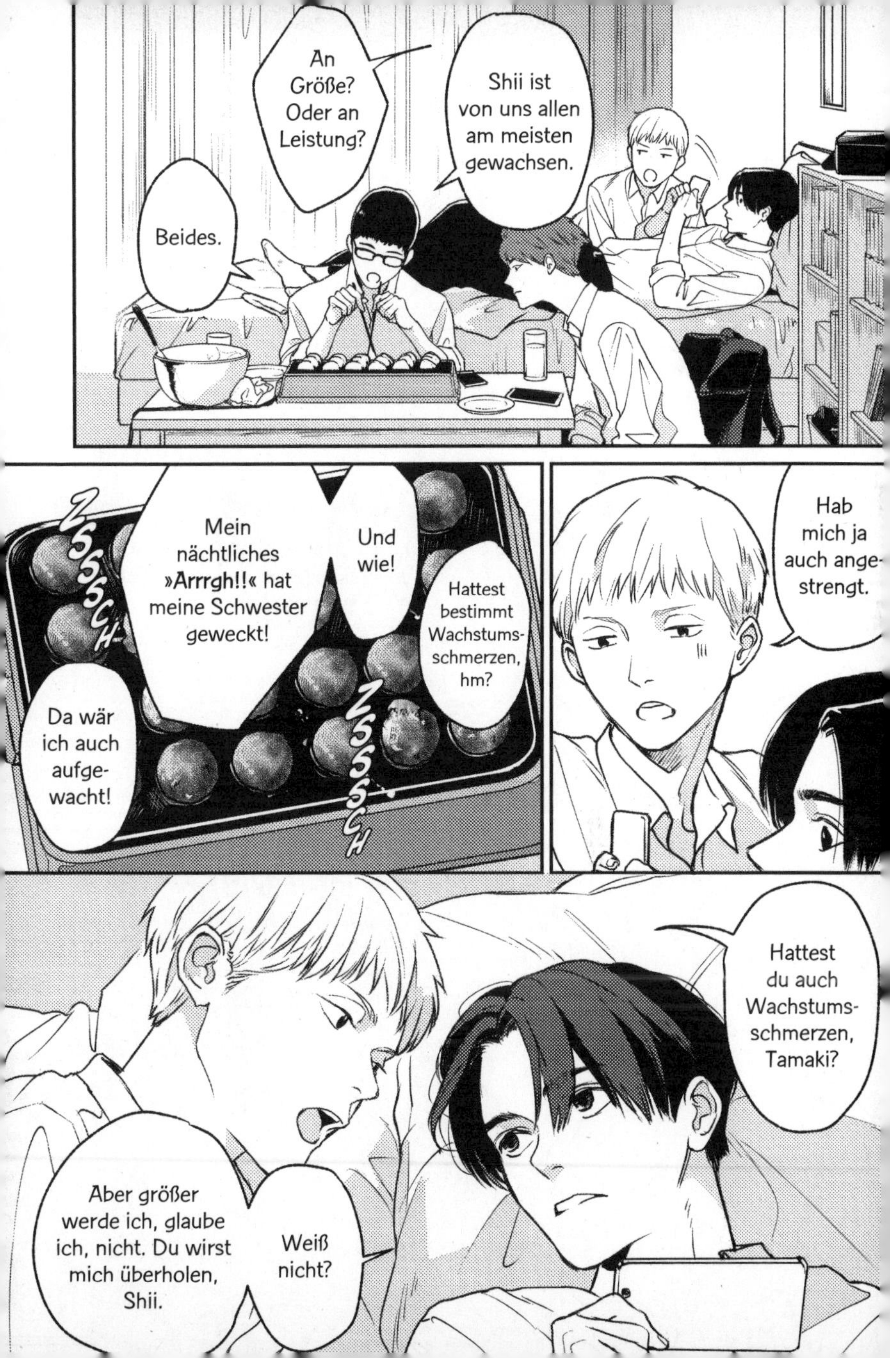
Shii ist von uns allen am meisten gewachsen.
An Größe? Oder an Leistung?
Beides.
Hab mich ja auch ange-strengt.
Hattest bestimmt Wachstums-schmerzen, hm?
Und wie!
Mein nächtliches **»Arrrgh!!«** hat meine Schwester geweckt!
Da wär ich auch aufge-wacht!
ZSSSCH
ZSSSCH
Hattest du auch Wachstums-schmerzen, Tamaki?
Weiß nicht?
Aber größer werde ich, glaube ich, nicht. Du wirst mich überholen, Shii.

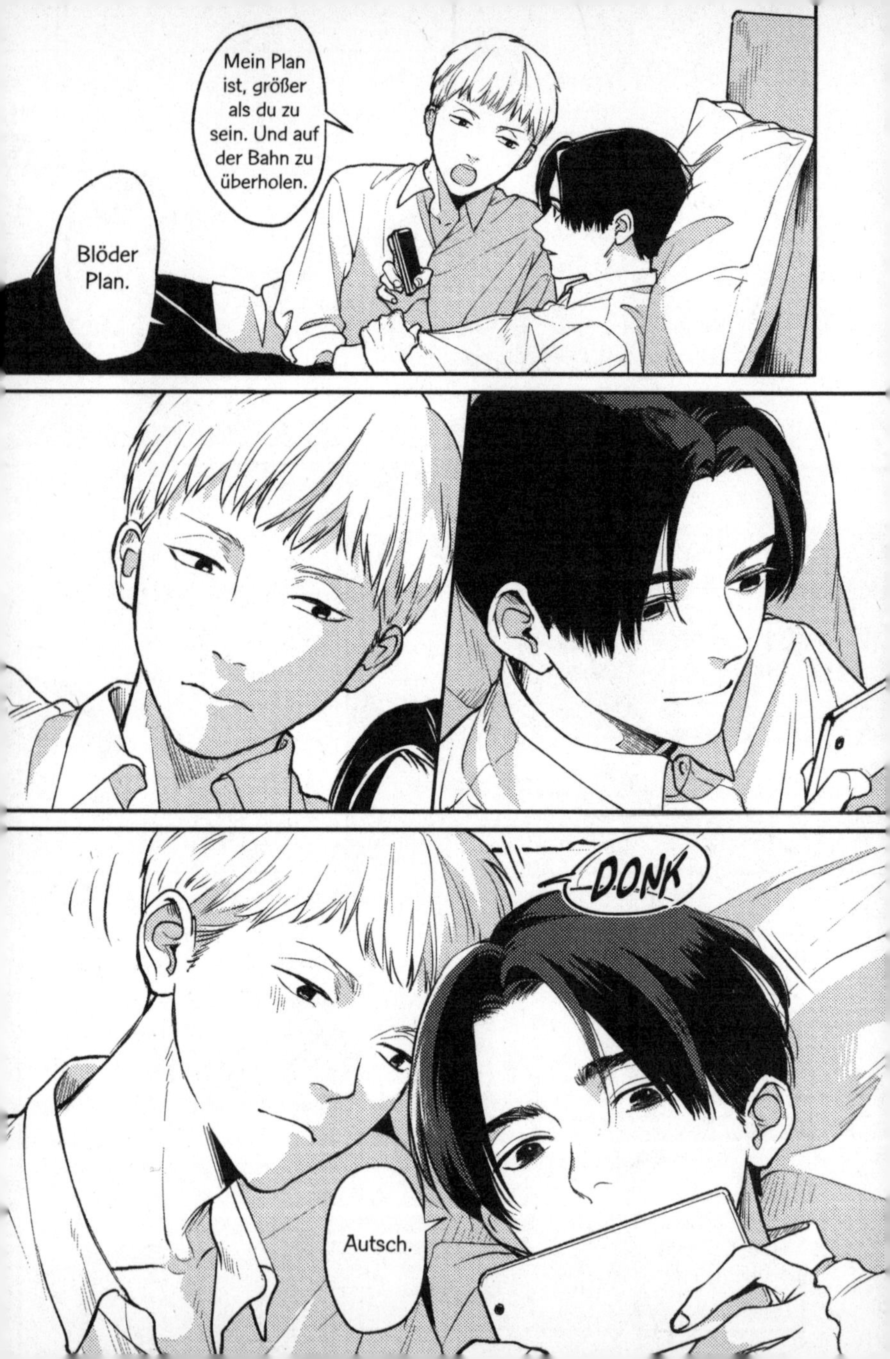
Mein Plan ist, größer als du zu sein. Und auf der Bahn zu überholen.
Blöder Plan.
DONK
Autsch.

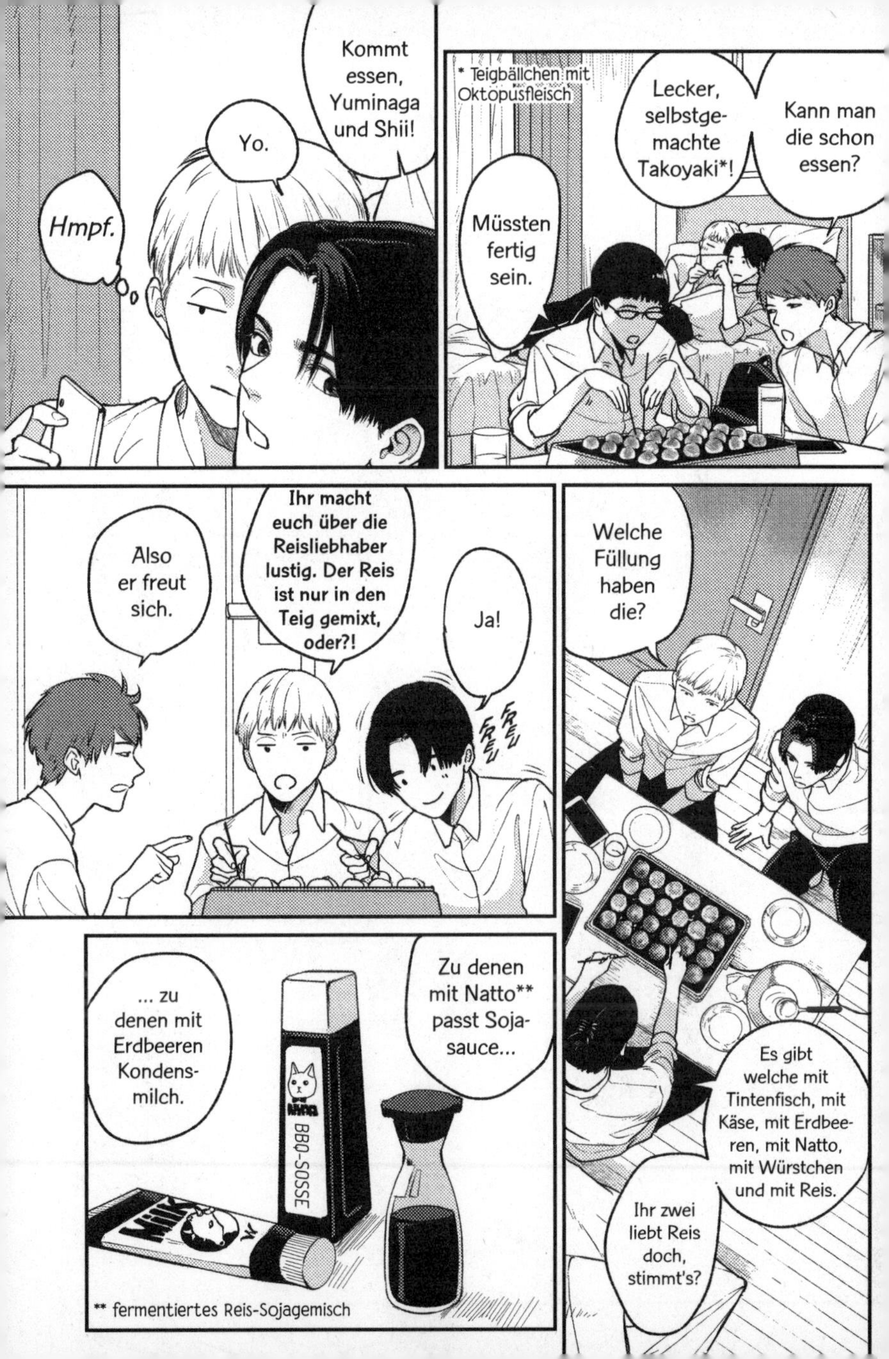
Kann man die schon essen?
Lecker, selbstgemachte Takoyaki*!
Müssten fertig sein.
* Teigbällchen mit Oktopusfleisch
Kommt essen, Yuminaga und Shii!
Yo.
Hmpf.
Welche Füllung haben die?
Es gibt welche mit Tintenfisch, mit Käse, mit Erdbeeren, mit Natto, mit Würstchen und mit Reis.
Ihr zwei liebt Reis doch, stimmt's?
Ja!
FREU FREU
Ihr macht euch über die Reisliebhaber lustig. Der Reis ist nur in den Teig gemixt, oder?!
Also er freut sich.
Zu denen mit Natto** passt Sojasauce...
... zu denen mit Erdbeeren Kondensmilch.
BBQ-SOSSE
MILK
** fermentiertes Reis-Sojagemisch

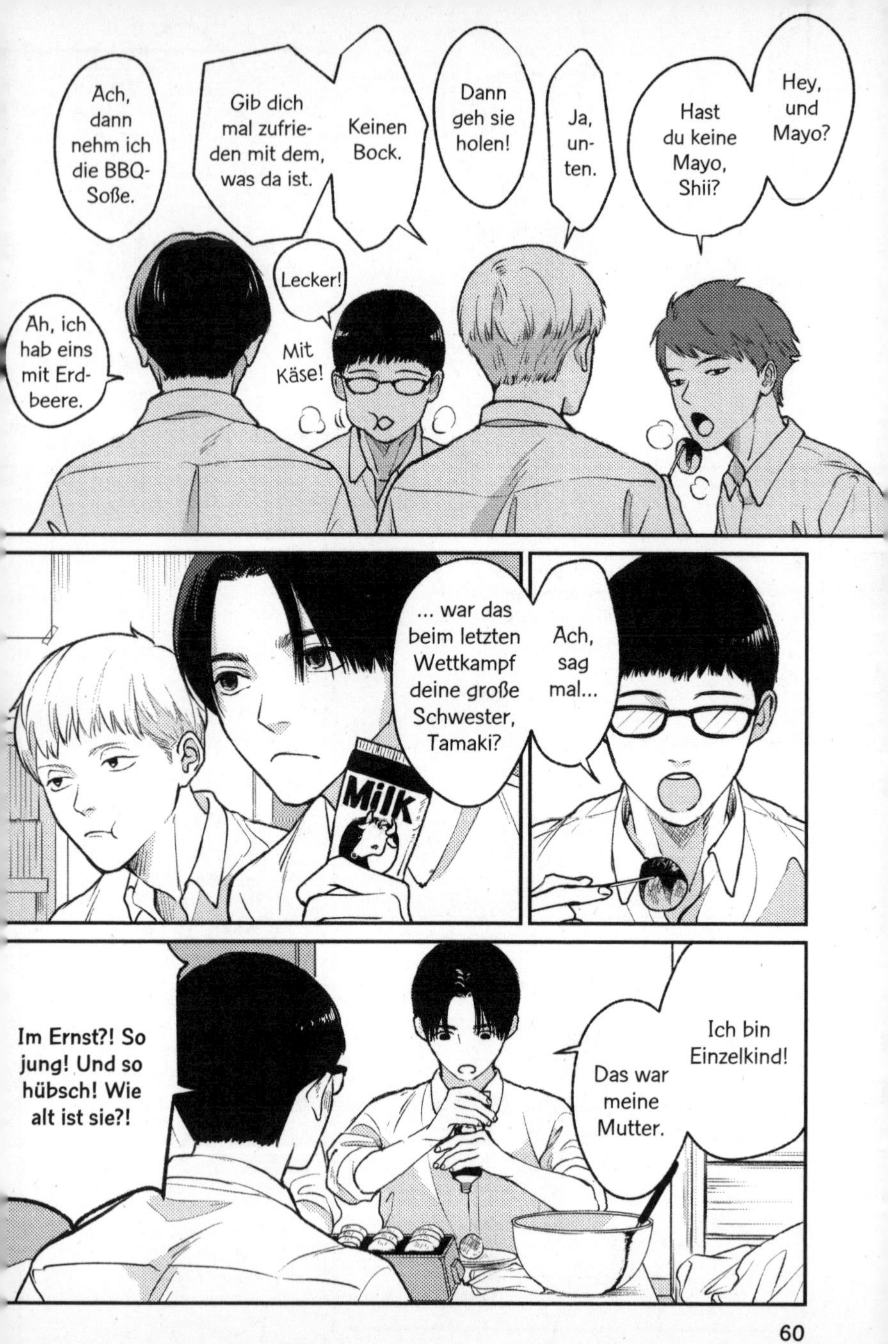
Hey, und Mayo?
Hast du keine Mayo, Shii?
Ja, unten.
Dann geh sie holen!
Keinen Bock.
Gib dich mal zufrieden mit dem, was da ist.
Ach, dann nehm ich die BBQ-Soße.
Lecker!
Mit Käse!
Ah, ich hab eins mit Erdbeere.
Ach, sag mal...
... war das beim letzten Wettkampf deine große Schwester, Tamaki?
MILK
Ich bin Einzelkind!
Das war meine Mutter.
Im Ernst?! So jung! Und so hübsch! Wie alt ist sie?!

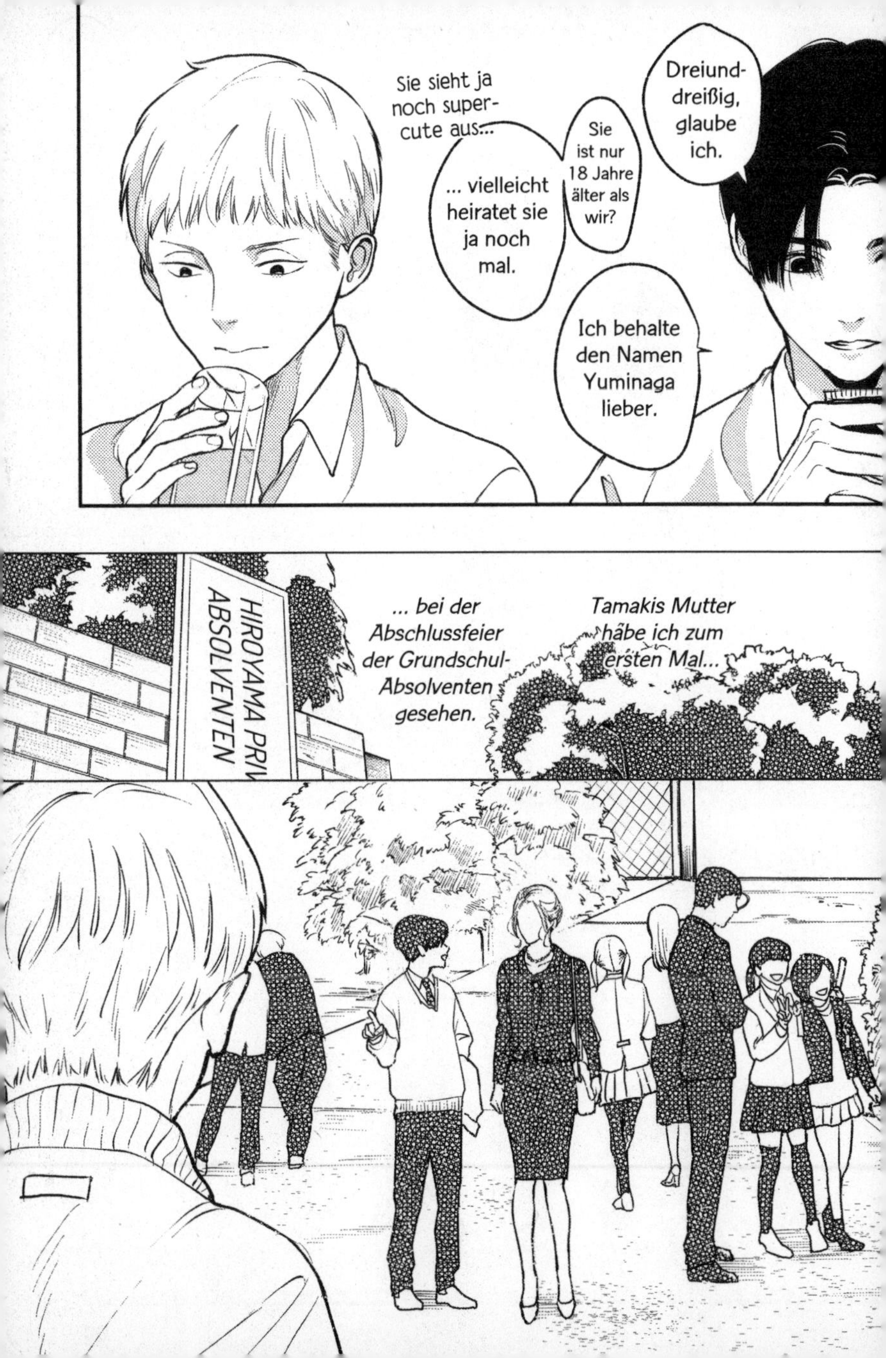
Dreiund-
dreißig,
glaube
ich.
Sie
ist nur
18 Jahre
älter als
wir?
Sie sieht ja
noch super-
cute aus...
... vielleicht
heiratet sie
ja noch
mal.
Ich behalte
den Namen
Yuminaga
lieber.
HIROYAMA PRIV
ABSOLVENTEN
Tamakis Mutter
habe ich zum
ersten Mal...
... bei der
Abschlussfeier
der Grundschul-
Absolventen
gesehen.

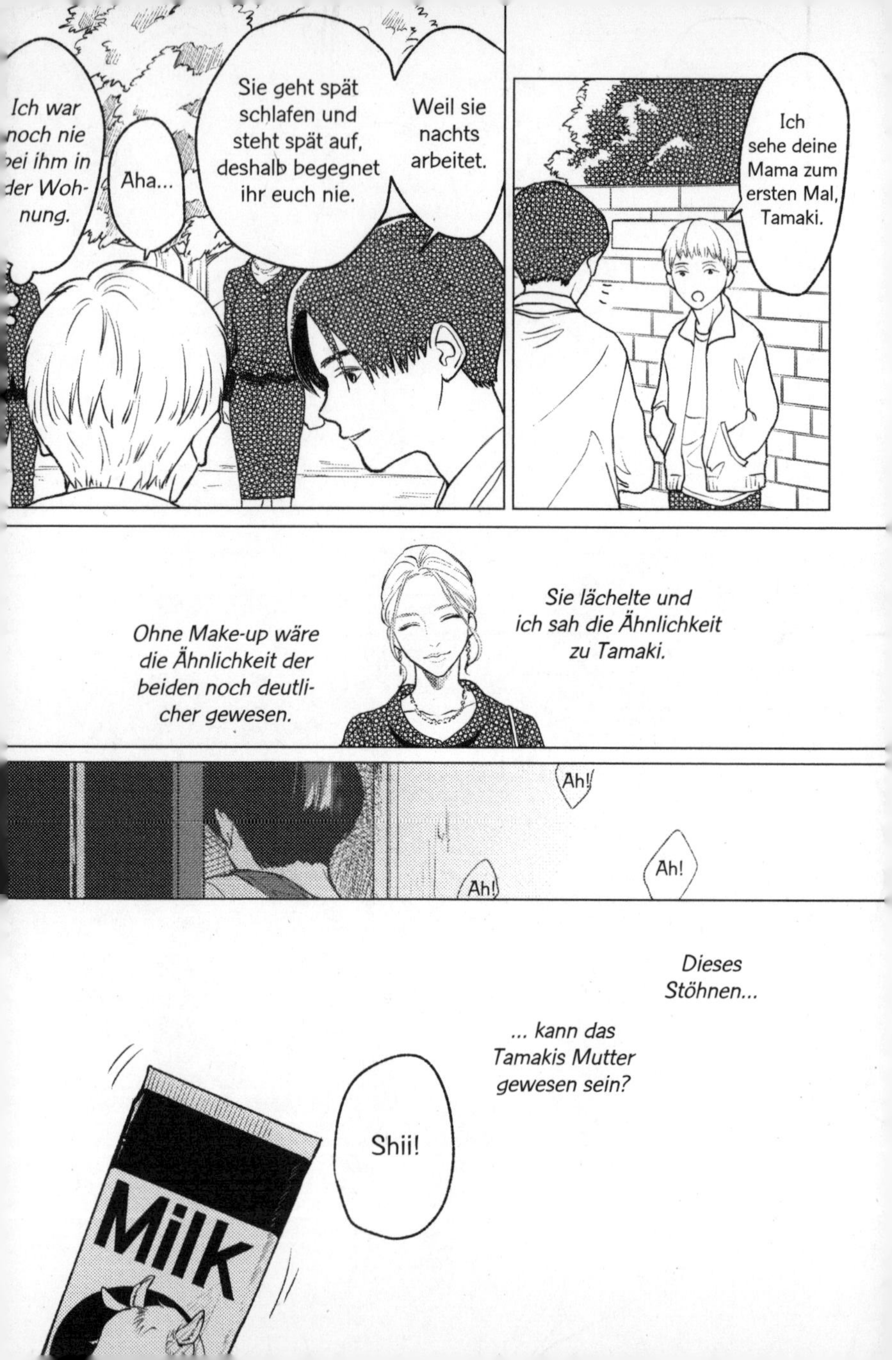

Ich sehe deine Mama zum ersten Mal, Tamaki.
Weil sie nachts arbeitet.
Sie geht spät schlafen und steht spät auf, deshalb begegnet ihr euch nie.
Aha...
Ich war noch nie bei ihm in der Woh-nung.
Sie lächelte und ich sah die Ähnlichkeit zu Tamaki.
Ohne Make-up wäre die Ähnlichkeit der beiden noch deutli-cher gewesen.
Ah!
Ah!
Ah!
Dieses Stöhnen...
... kann das Tamakis Mutter gewesen sein?
Shii!
Milk

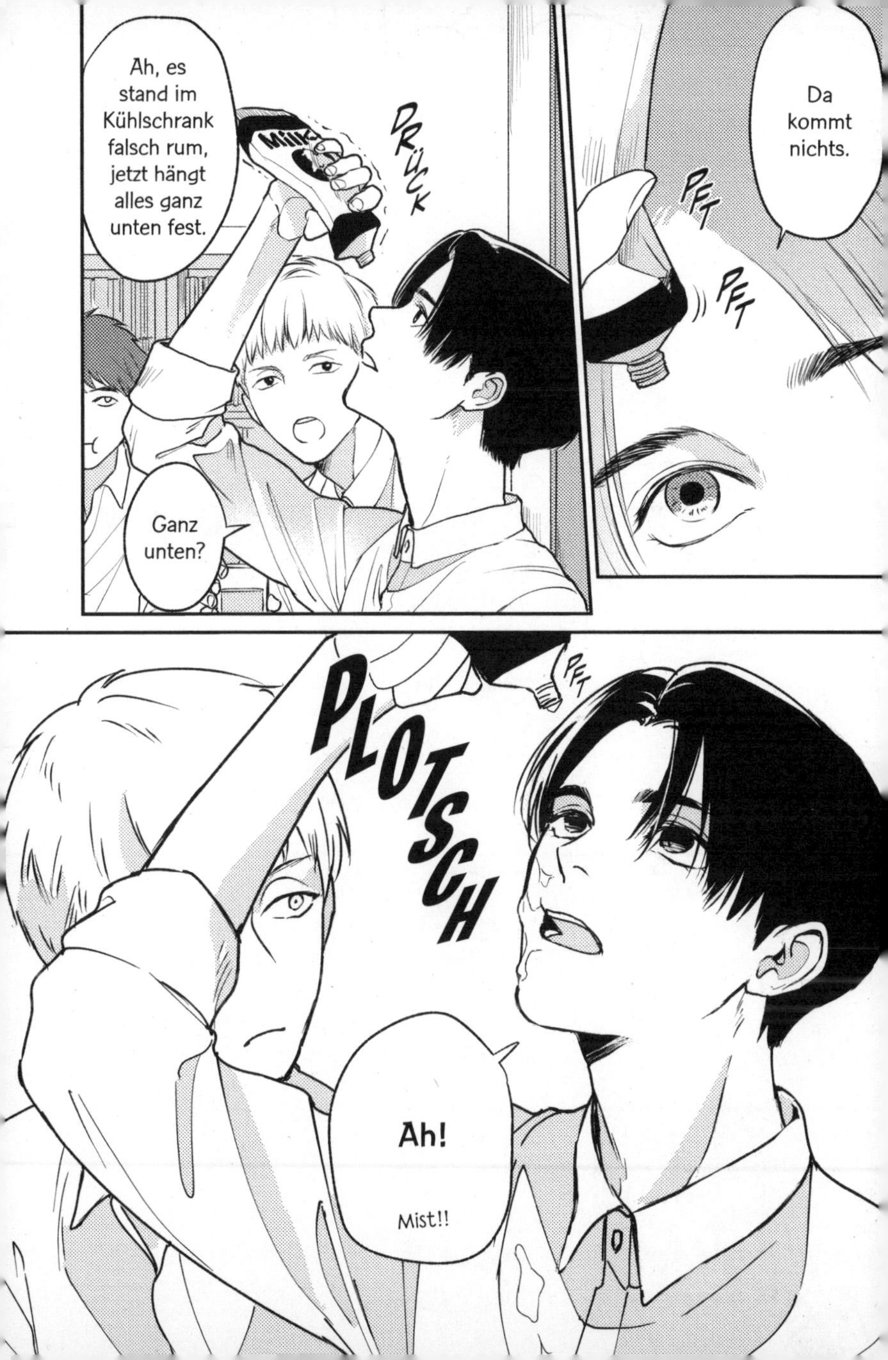
Da kommt nichts.
PFT
PFT
Ah, es stand im Kühlschrank falsch rum, jetzt hängt alles ganz unten fest.
Milk
DRÜCK
Ganz unten?
PFT
PLOTSCH
Ah!
Mist!!

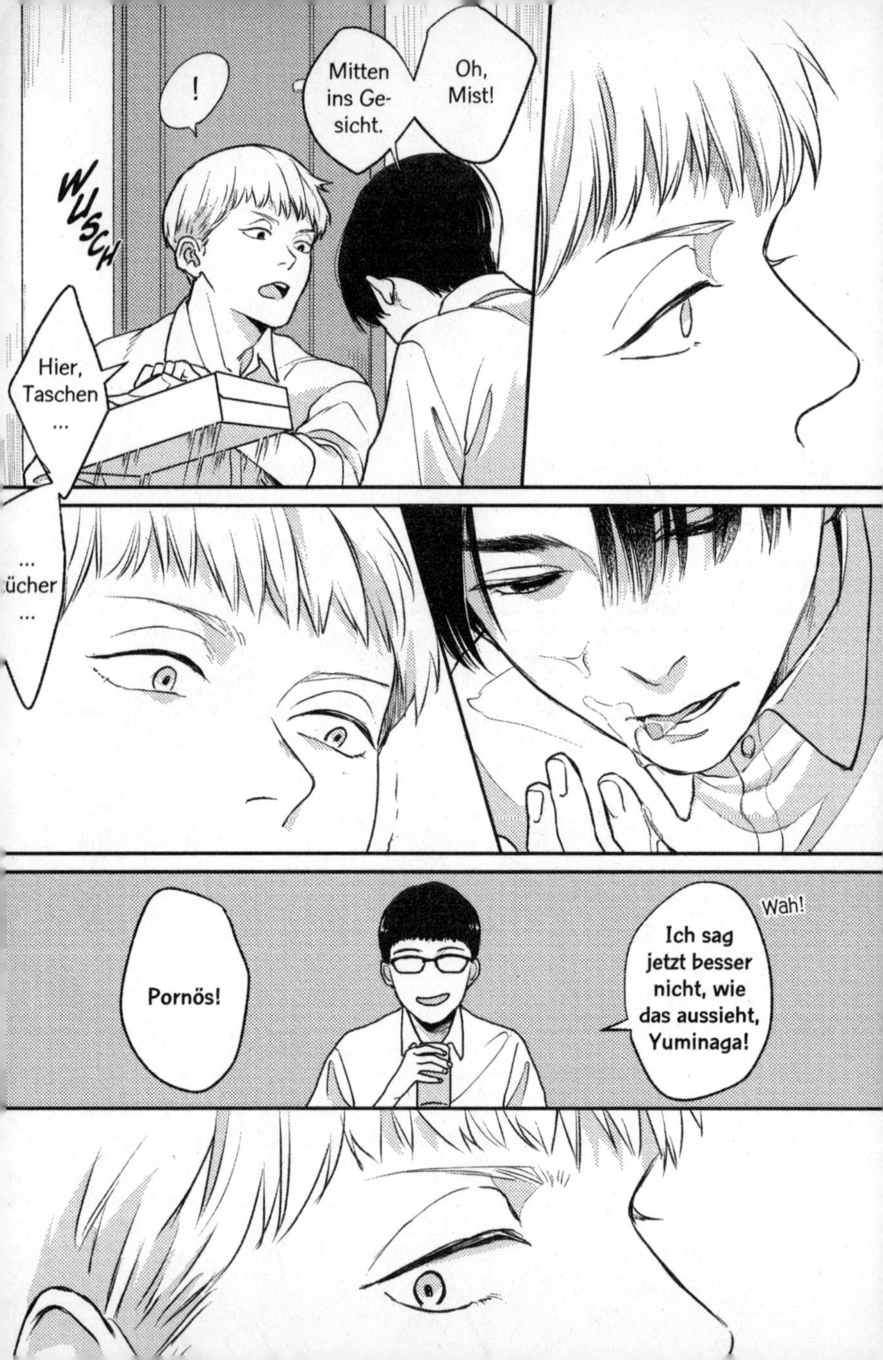
Oh, Mist!
Mitten ins Gesicht.
!
WUSCH
Hier, Taschen ...
... ücher ...
Wah!
Ich sag jetzt besser nicht, wie das aussieht, Yuminaga!
Pornös!

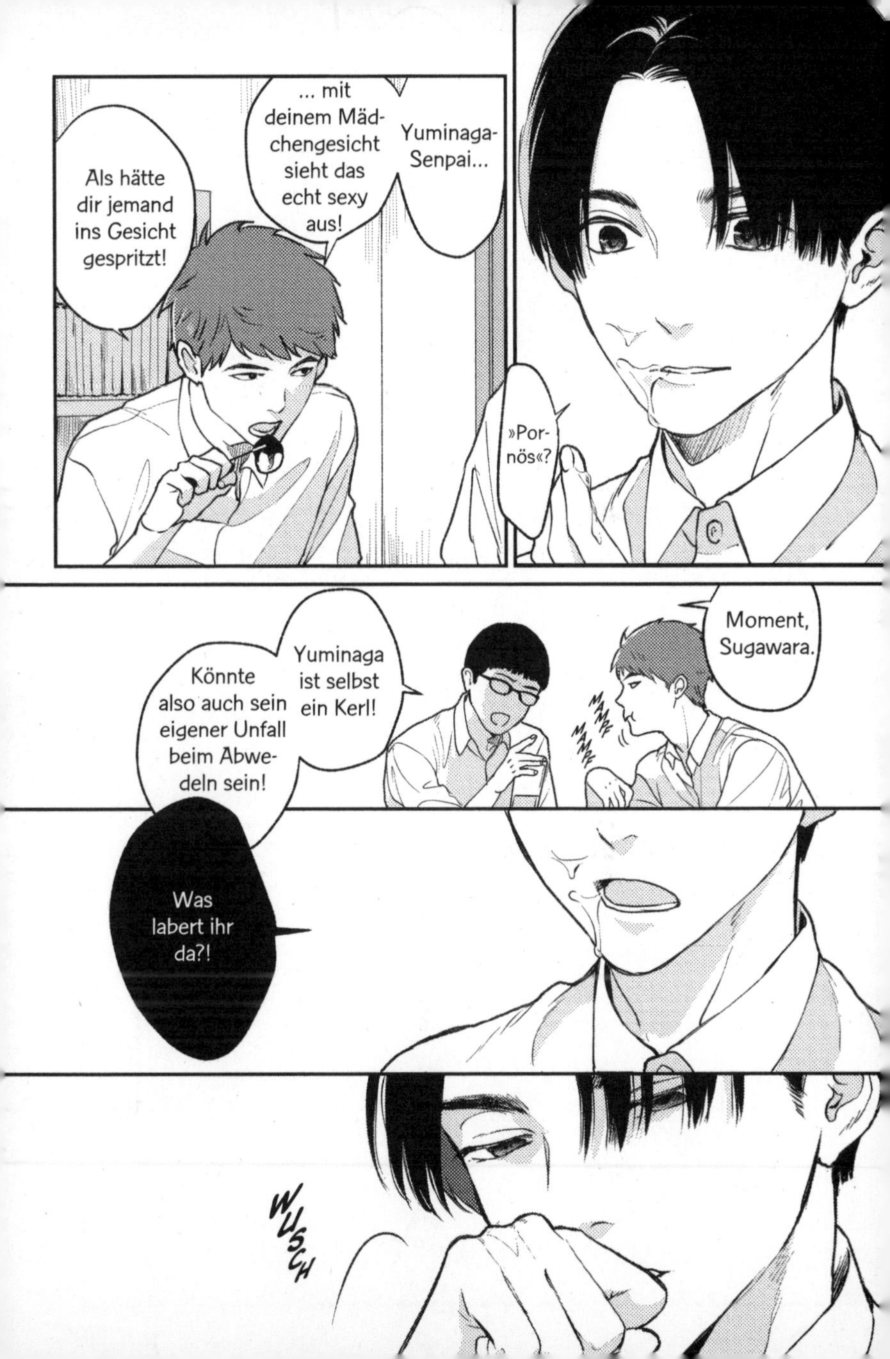

»Pornös«?
Yuminaga-Senpai...
... mit deinem Mädchengesicht sieht das echt sexy aus!
Als hätte dir jemand ins Gesicht gespritzt!
Moment, Sugawara.
MAMPF MAMPF
Yuminaga ist selbst ein Kerl!
Könnte also auch sein eigener Unfall beim Abwedeln sein!
Was labert ihr da?!
WUSCH

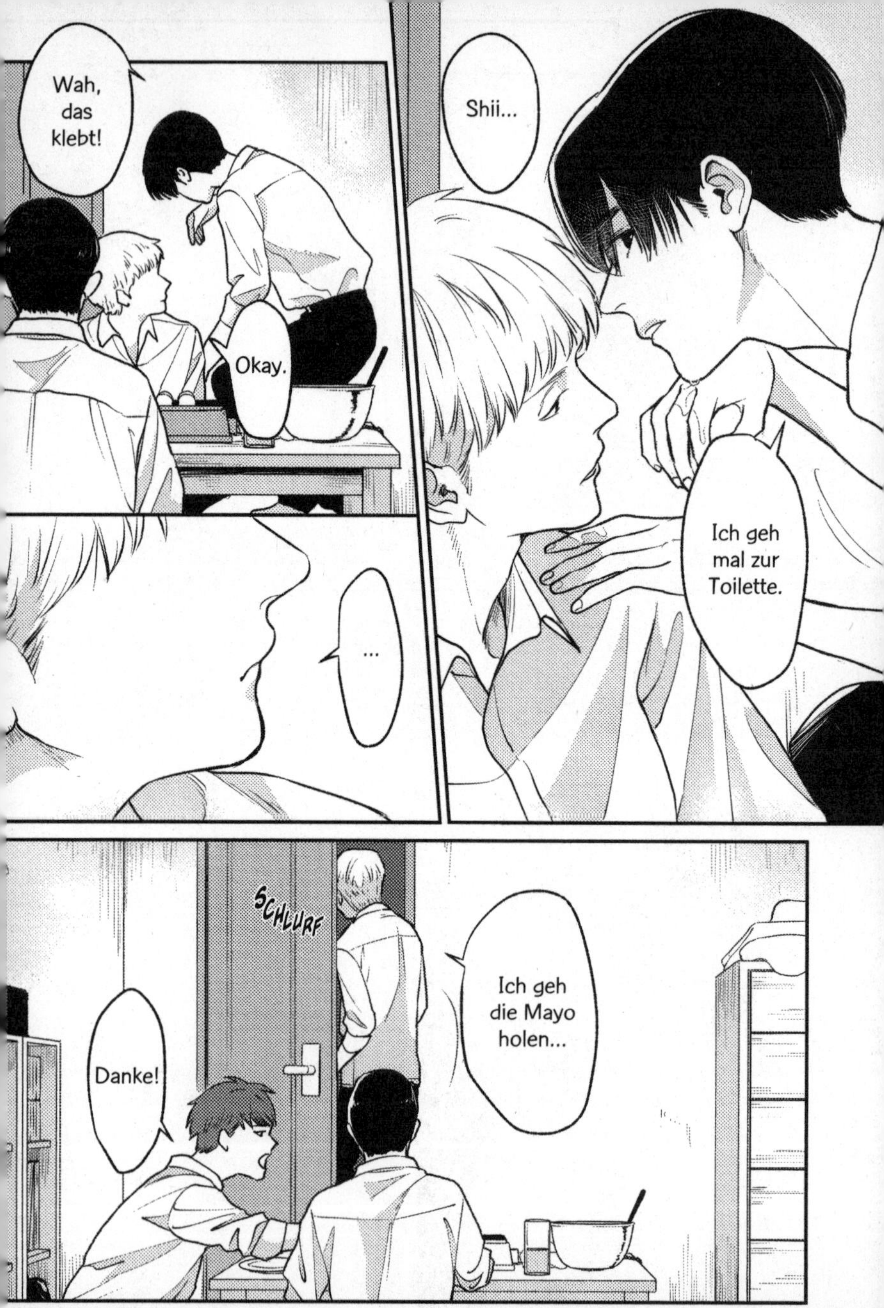

Shii...
Ich geh mal zur Toilette.
Wah, das klebt!
Okay.
...
Ich geh die Mayo holen...
SCHLURF
Danke!

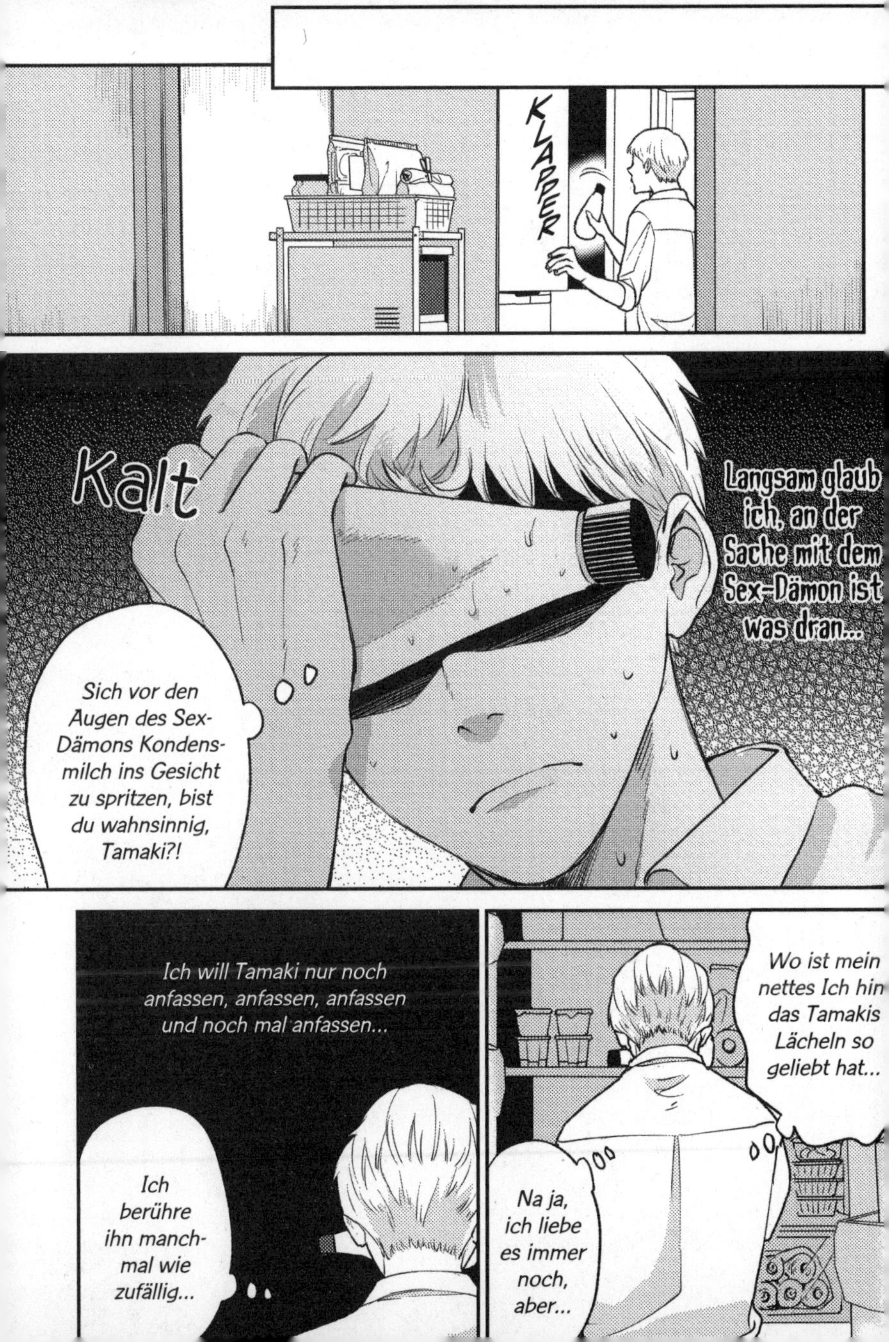
KLAPPER
Kalt
Langsam glaub ich, an der Sache mit dem Sex-Dämon ist was dran...
Sich vor den Augen des Sex-Dämons Kondensmilch ins Gesicht zu spritzen, bist du wahnsinnig, Tamaki?!
Wo ist mein nettes Ich hin das Tamakis Lächeln so geliebt hat...
Na ja, ich liebe es immer noch, aber...
Ich will Tamaki nur noch anfassen, anfassen, anfassen und noch mal anfassen...
Ich berühre ihn manchmal wie zufällig...

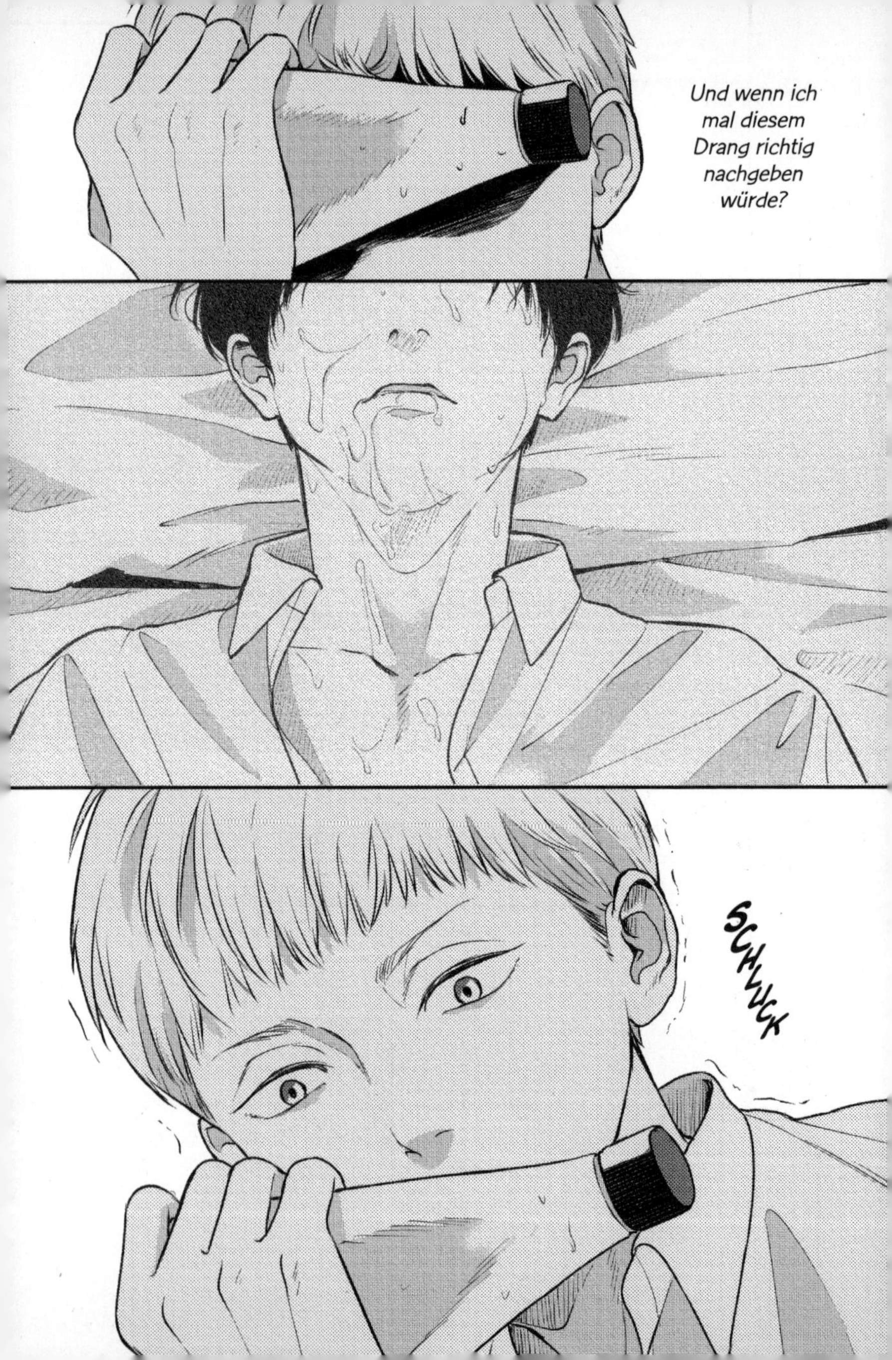
Und wenn ich mal diesem Drang richtig nachgeben würde?
SCHLUCK

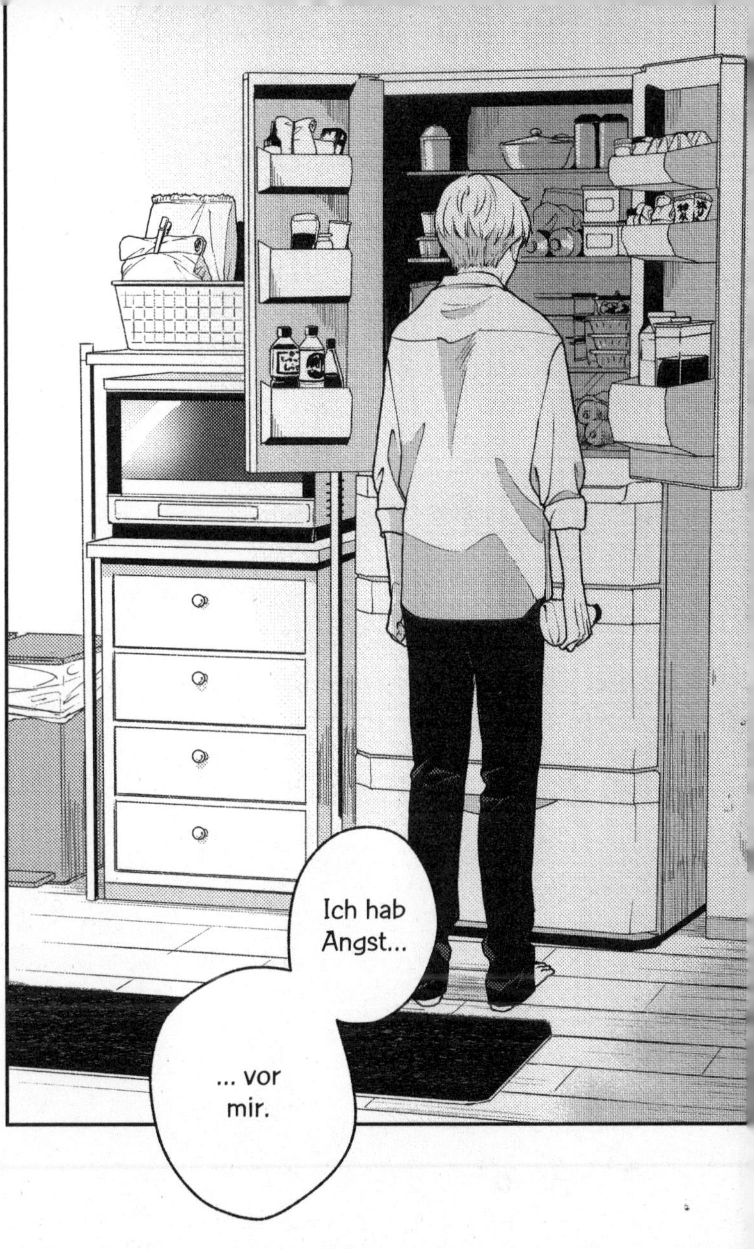
Ich hab Angst...
... vor mir.

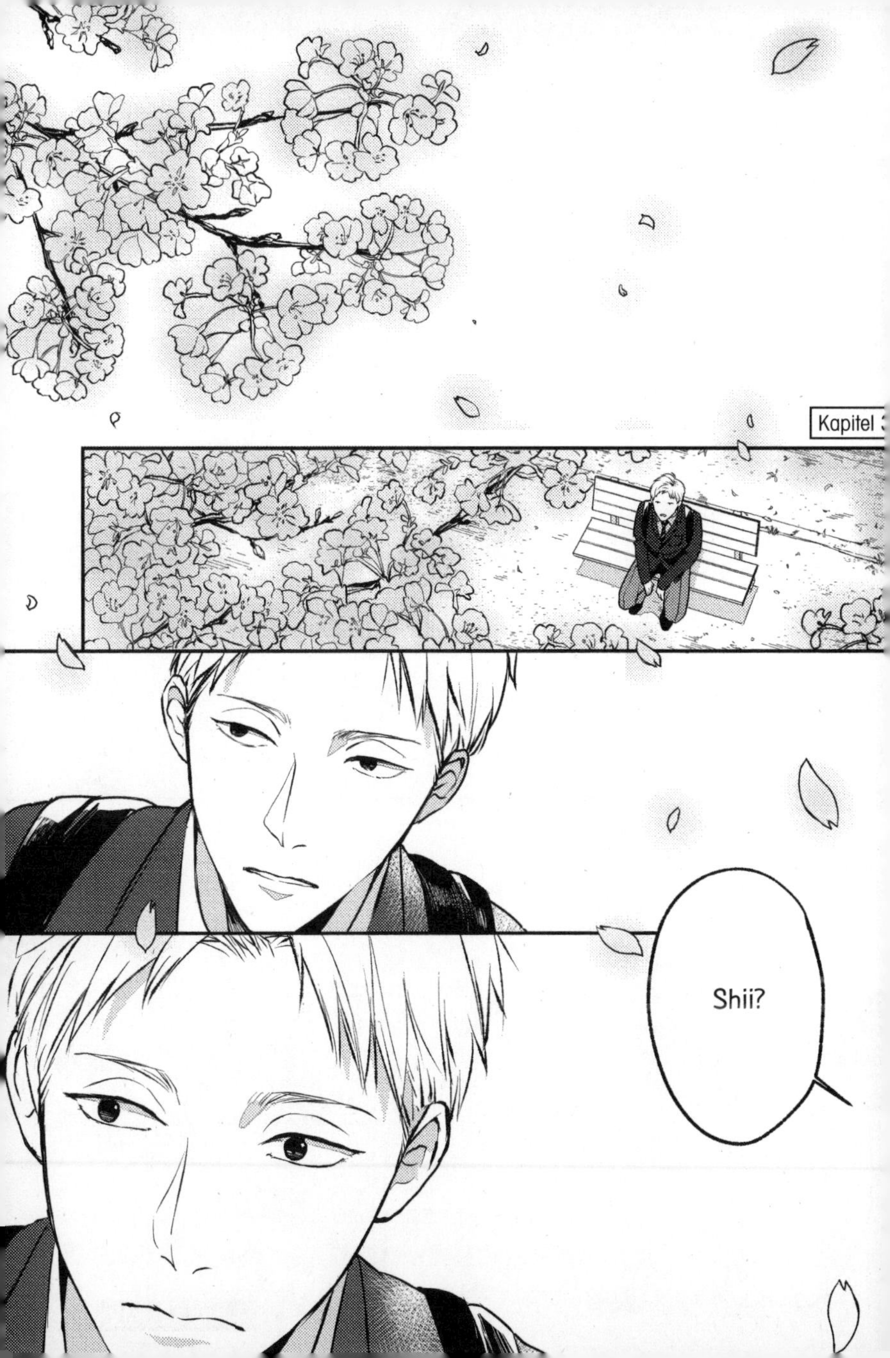
Kapitel
Shii?

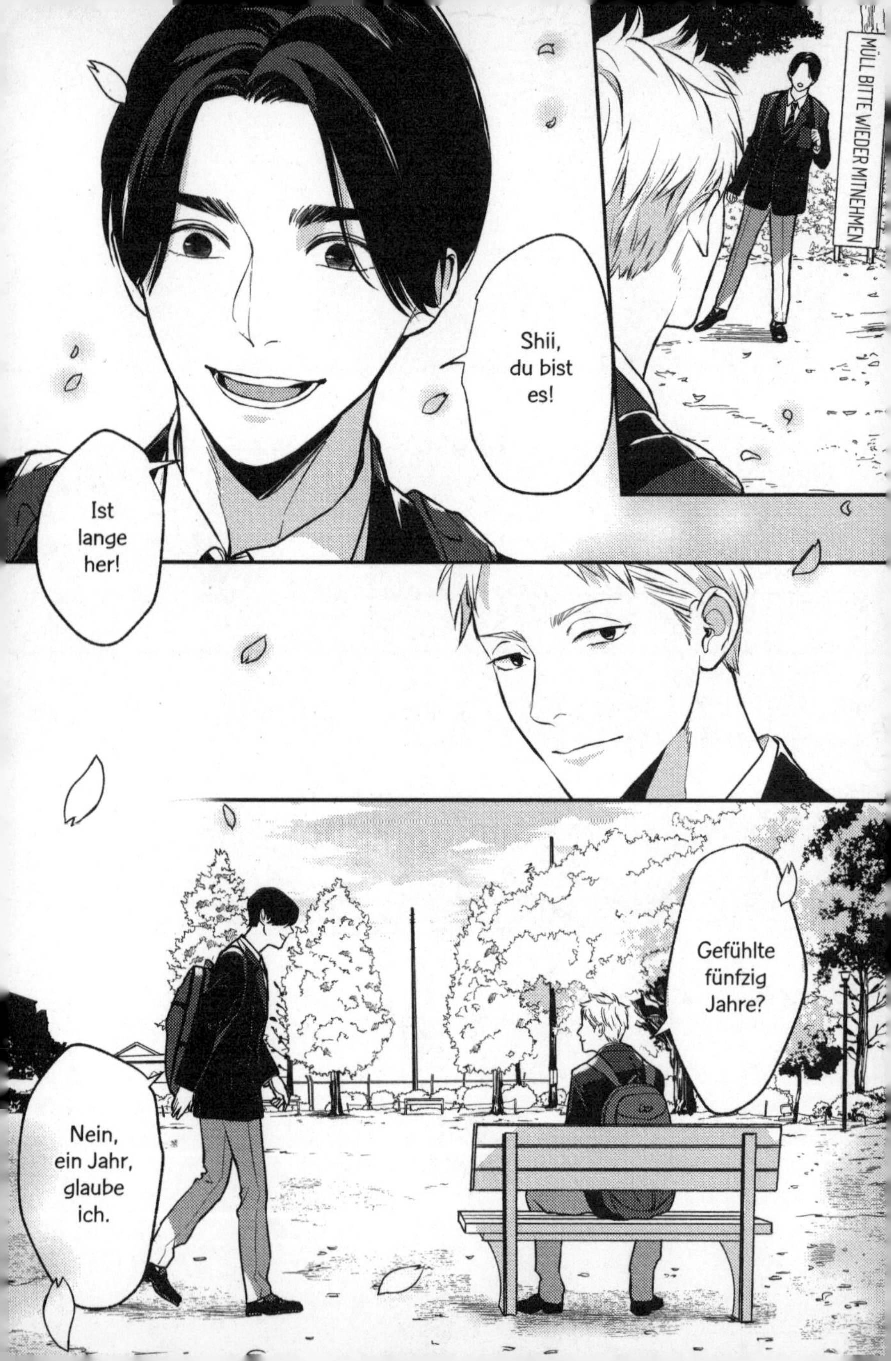
MÜLL BITTE WIEDER MITNEHMEN
Shii, du bist es!
Ist lange her!
Gefühlte fünfzig Jahre?
Nein, ein Jahr, glaube ich.

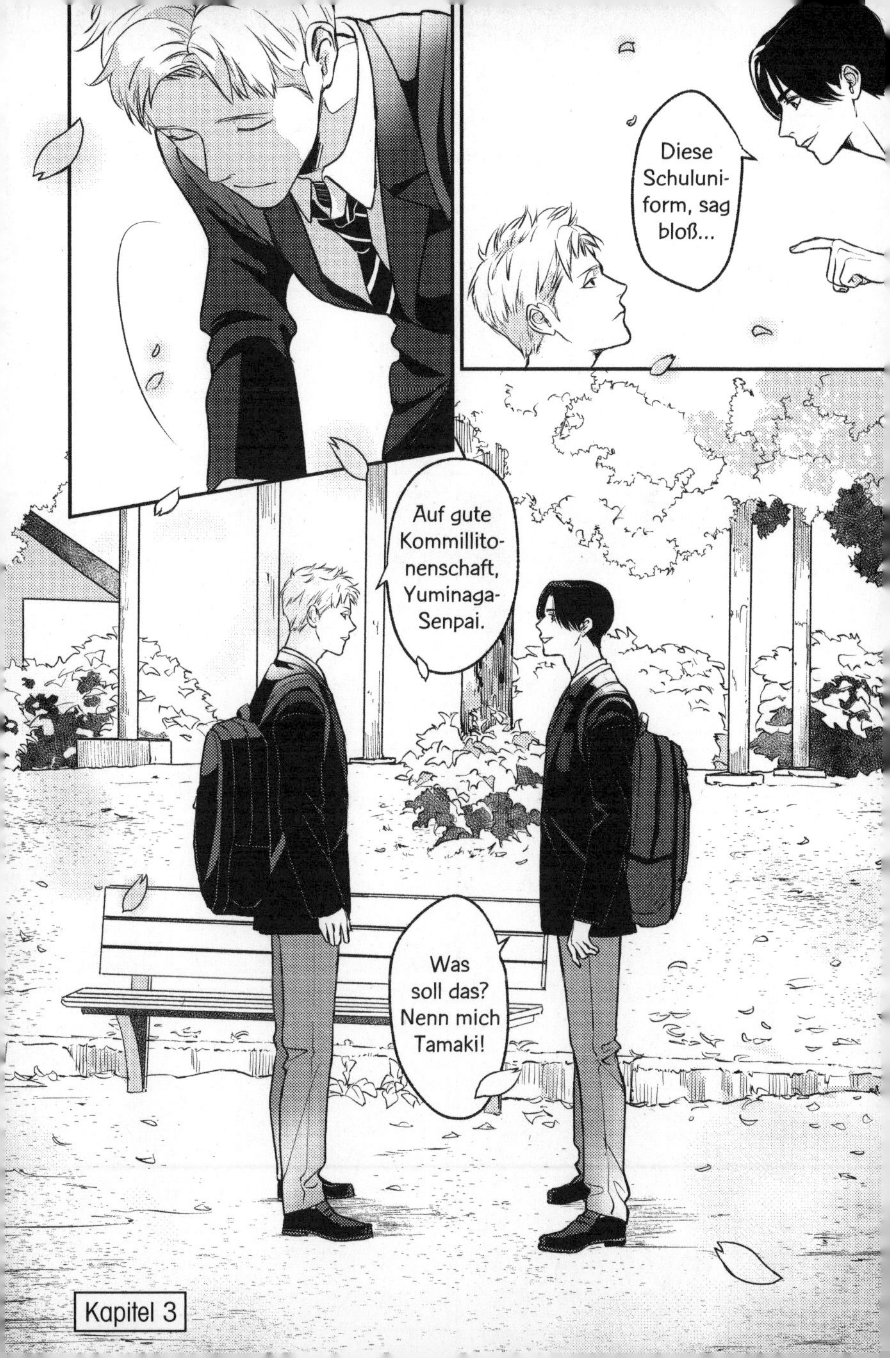
Diese Schuluniform, sag bloß...
Auf gute Kommillitonenschaft, Yuminaga-Senpai.
Was soll das? Nenn mich Tamaki!
Kapitel 3

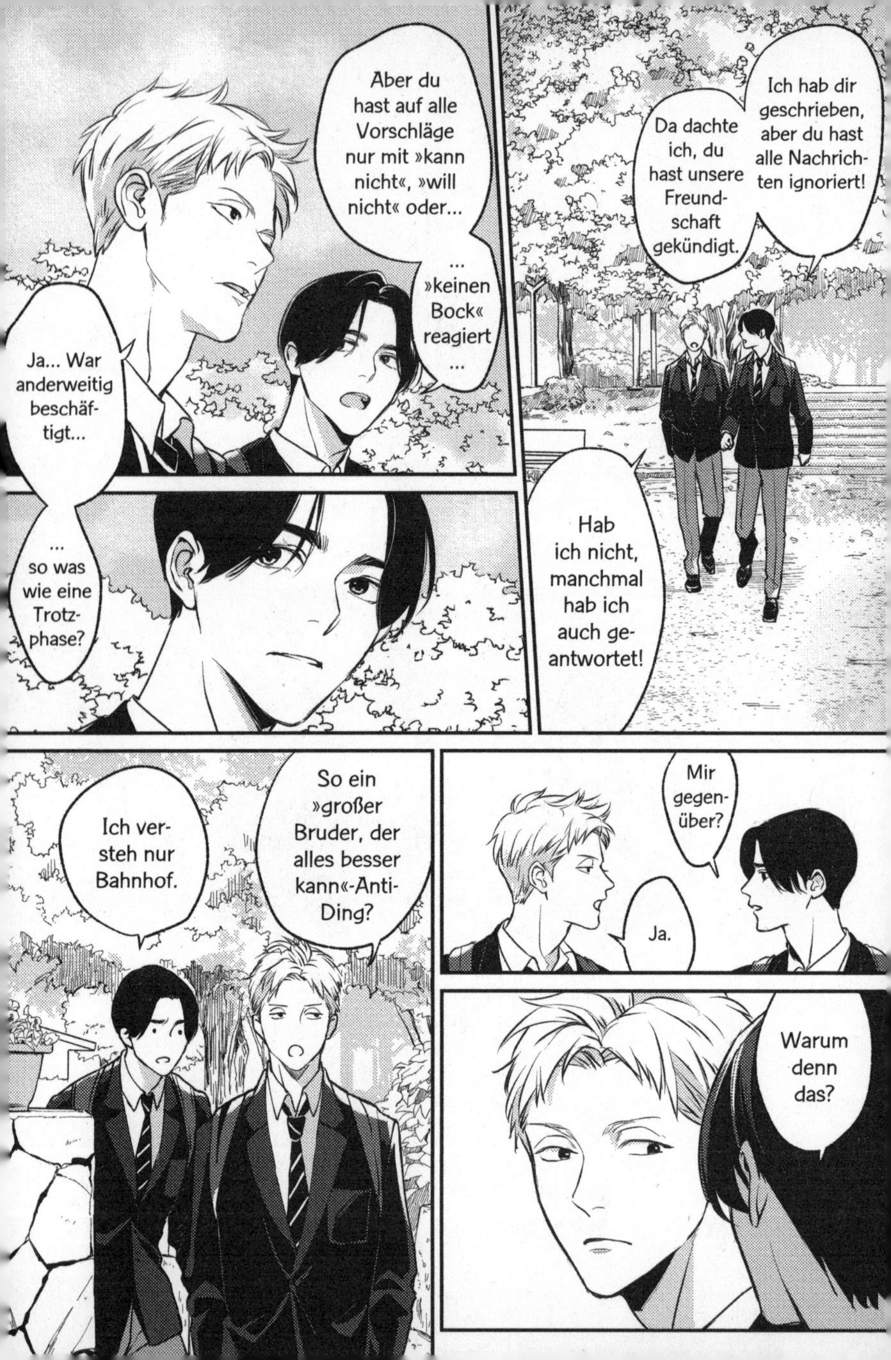
Ich hab dir geschrieben, aber du hast alle Nachrichten ignoriert!
Da dachte ich, du hast unsere Freundschaft gekündigt.
Hab ich nicht, manchmal hab ich auch geantwortet!
Aber du hast auf alle Vorschläge nur mit »kann nicht«, »will nicht« oder...
... »keinen Bock« reagiert ...
Ja... War anderweitig beschäftigt...
... so was wie eine Trotzphase?
Mir gegenüber?
Ja.
Warum denn das?
So ein »großer Bruder, der alles besser kann«-Anti-Ding?
Ich versteh nur Bahnhof.

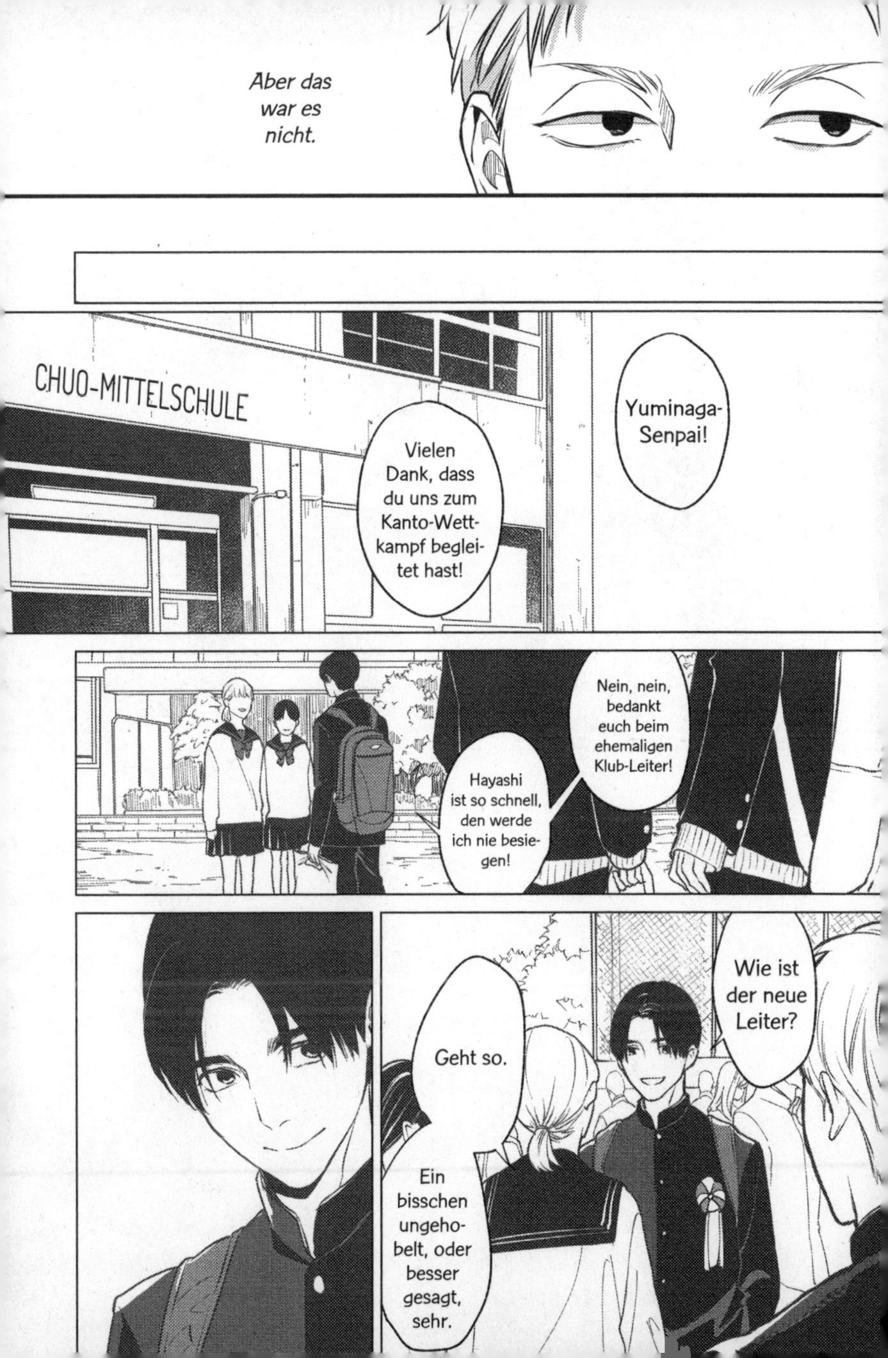
Aber das war es nicht.
CHUO-MITTELSCHULE
Yuminaga-Senpai!
Vielen Dank, dass du uns zum Kanto-Wettkampf begleitet hast!
Nein, nein, bedankt euch beim ehemaligen Klub-Leiter!
Hayashi ist so schnell, den werde ich nie besiegen!
Wie ist der neue Leiter?
Geht so.
Ein bisschen ungehobelt, oder besser gesagt, sehr.

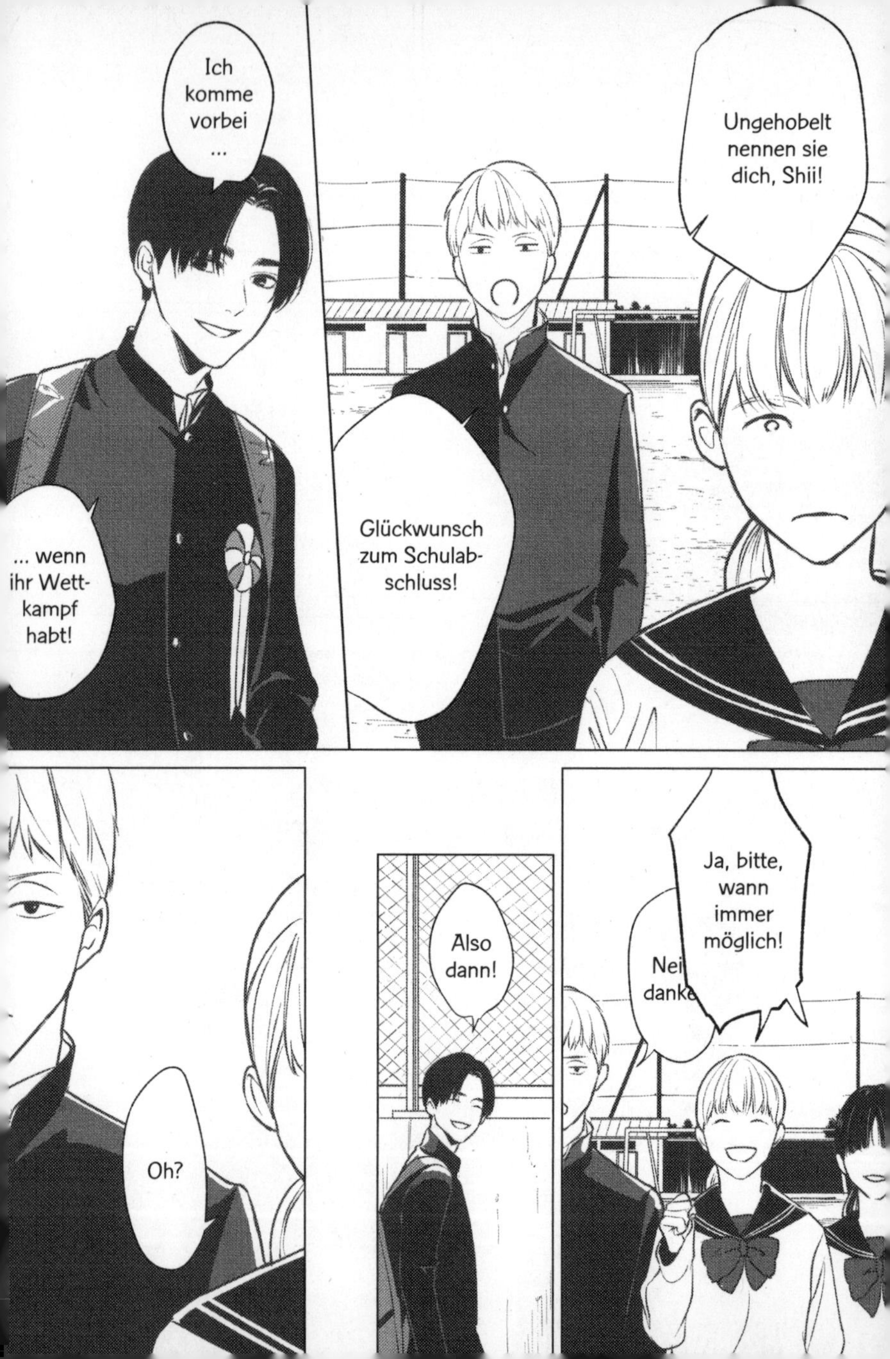
Ungehobelt nennen sie dich, Shii!
Glückwunsch zum Schulabschluss!
Ich komme vorbei ...
... wenn ihr Wettkampf habt!
Ja, bitte, wann immer möglich!
Also dann!
Oh?

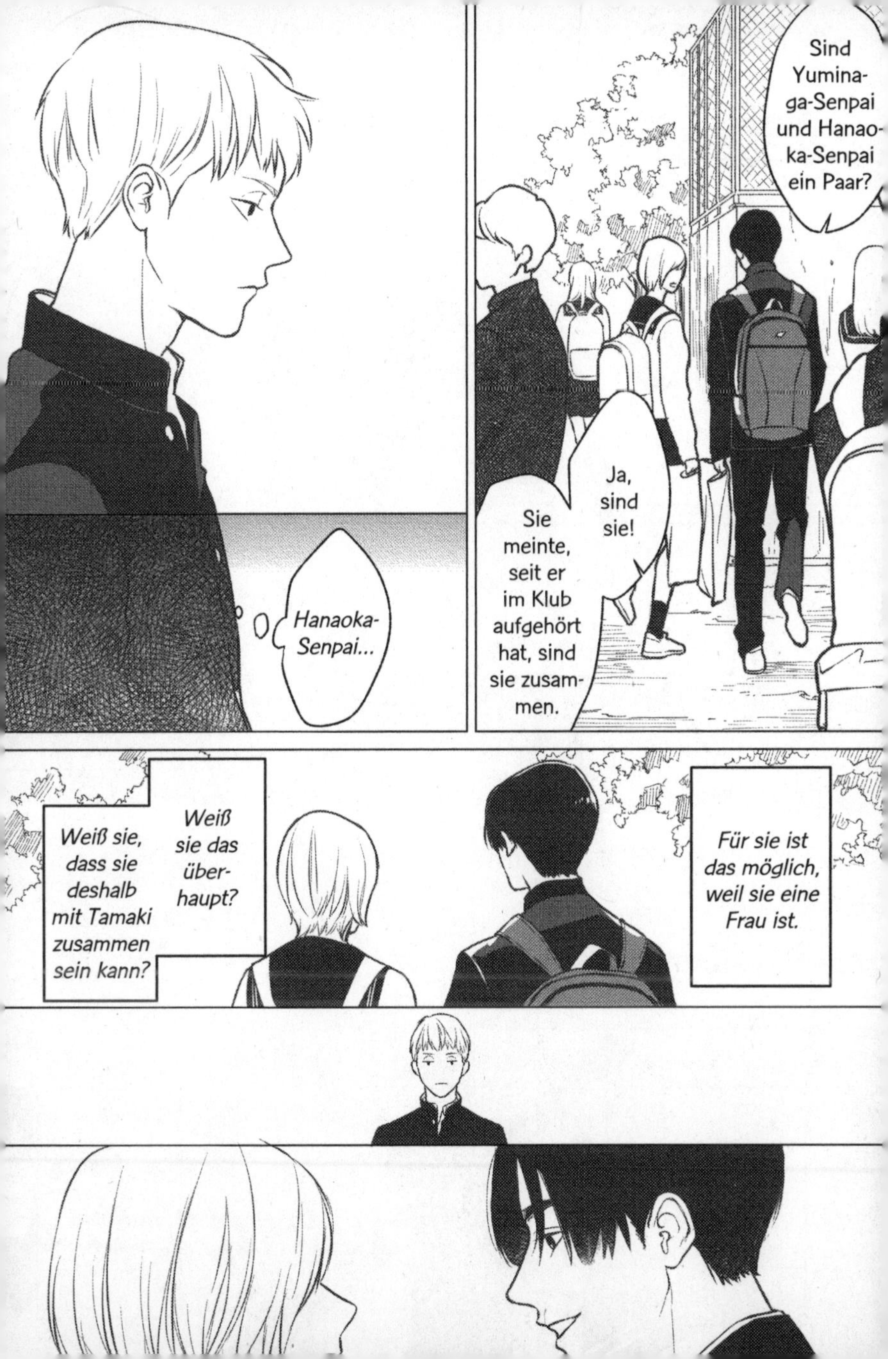
Sind Yuminaga-Senpai und Hanaoka-Senpai ein Paar?
Ja, sind sie!
Sie meinte, seit er im Klub aufgehört hat, sind sie zusammen.
Hanaoka-Senpai…
Für sie ist das möglich, weil sie eine Frau ist.
Weiß sie das überhaupt?
Weiß sie, dass sie deshalb mit Tamaki zusammen sein kann?

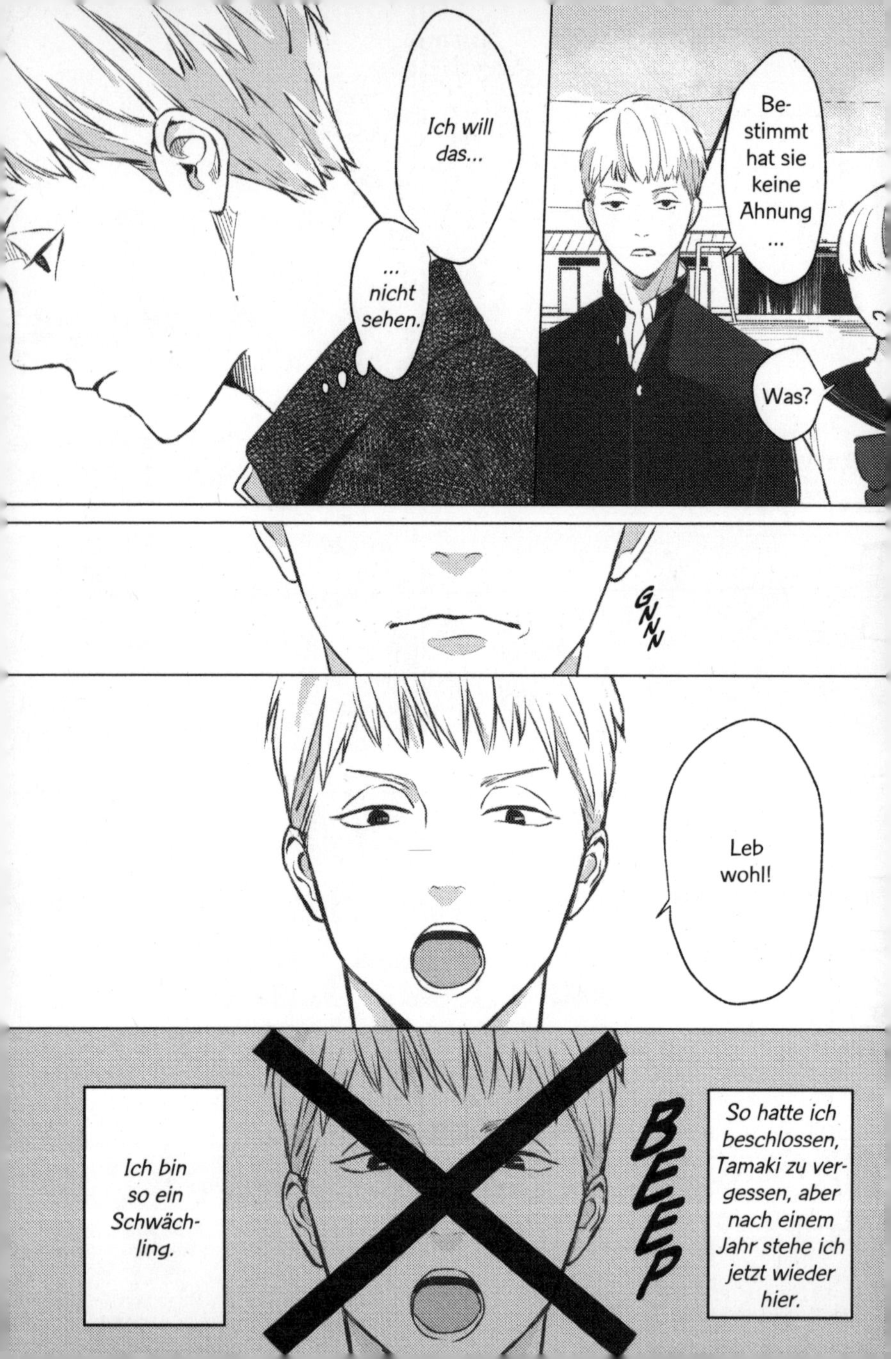

Bestimmt hat sie keine Ahnung ...
Was?
Ich will das...
... nicht sehen.
GNN
Leb wohl!
So hatte ich beschlossen, Tamaki zu vergessen, aber nach einem Jahr stehe ich jetzt wieder hier.
BEEP
Ich bin so ein Schwächling.

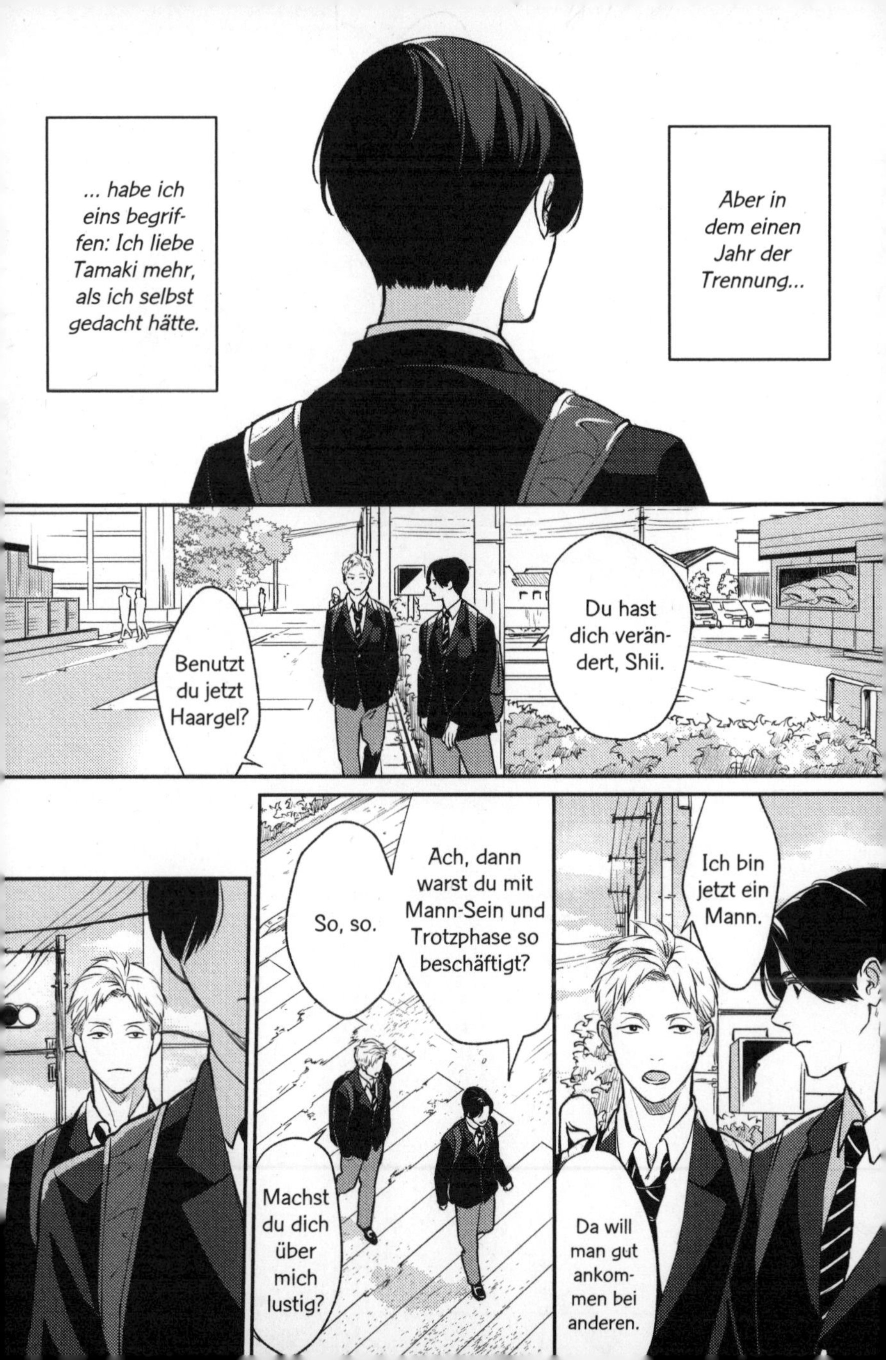
Aber in dem einen Jahr der Trennung...
... habe ich eins begriffen: Ich liebe Tamaki mehr, als ich selbst gedacht hätte.
Du hast dich verändert, Shii.
Benutzt du jetzt Haargel?
Ich bin jetzt ein Mann.
Da will man gut ankommen bei anderen.
Ach, dann warst du mit Mann-Sein und Trotzphase so beschäftigt?
So, so.
Machst du dich über mich lustig?

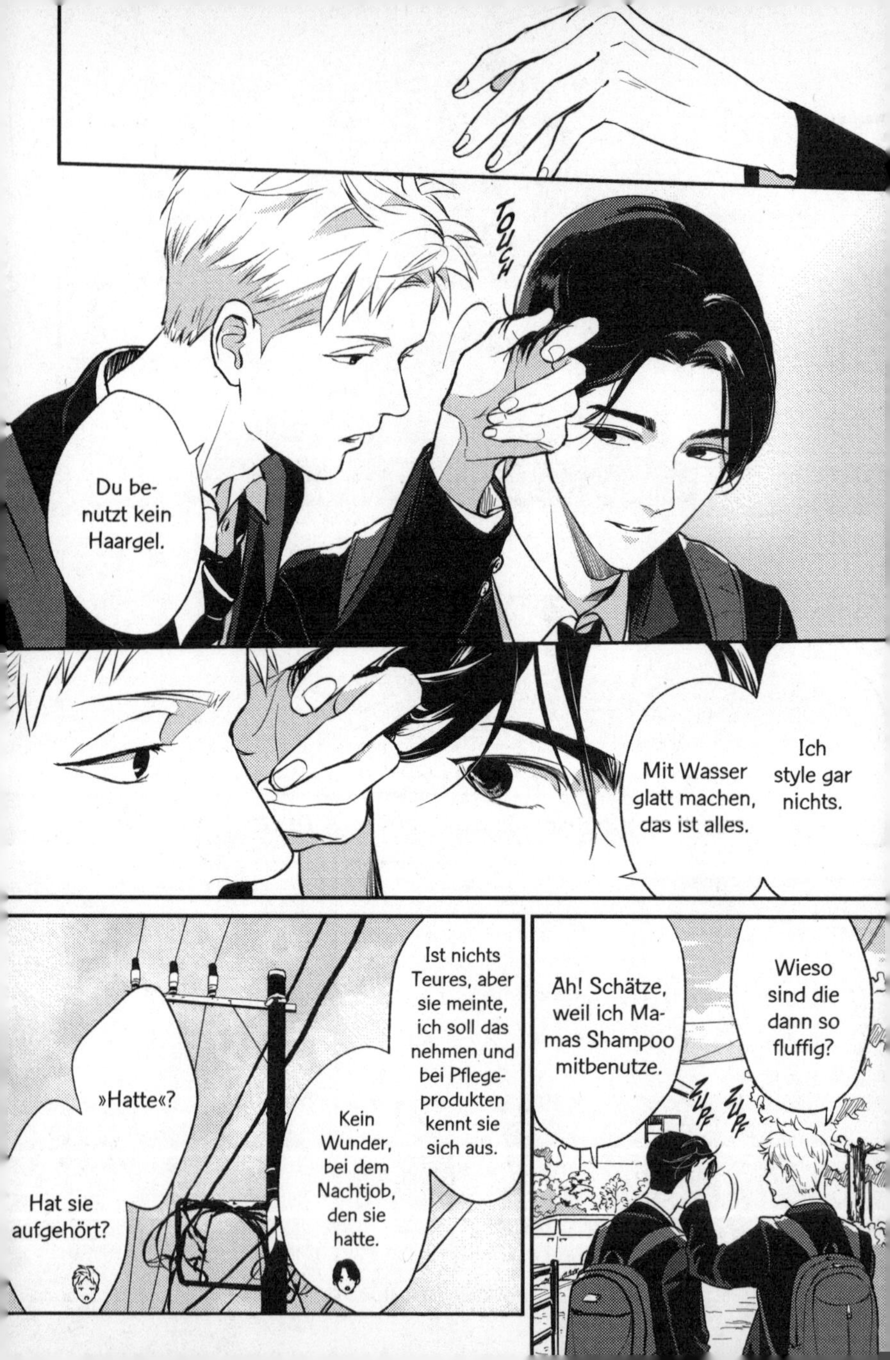
TOUCH
Du benutzt kein Haargel.
Ich style gar nichts.
Mit Wasser glatt machen, das ist alles.
Wieso sind die dann so fluffig?
Ah! Schätze, weil ich Mamas Shampoo mitbenutze.
ZUPF ZUPF
Ist nichts Teures, aber sie meinte, ich soll das nehmen und bei Pflegeprodukten kennt sie sich aus.
Kein Wunder, bei dem Nachtjob, den sie hatte.
»Hatte«?
Hat sie aufgehört?

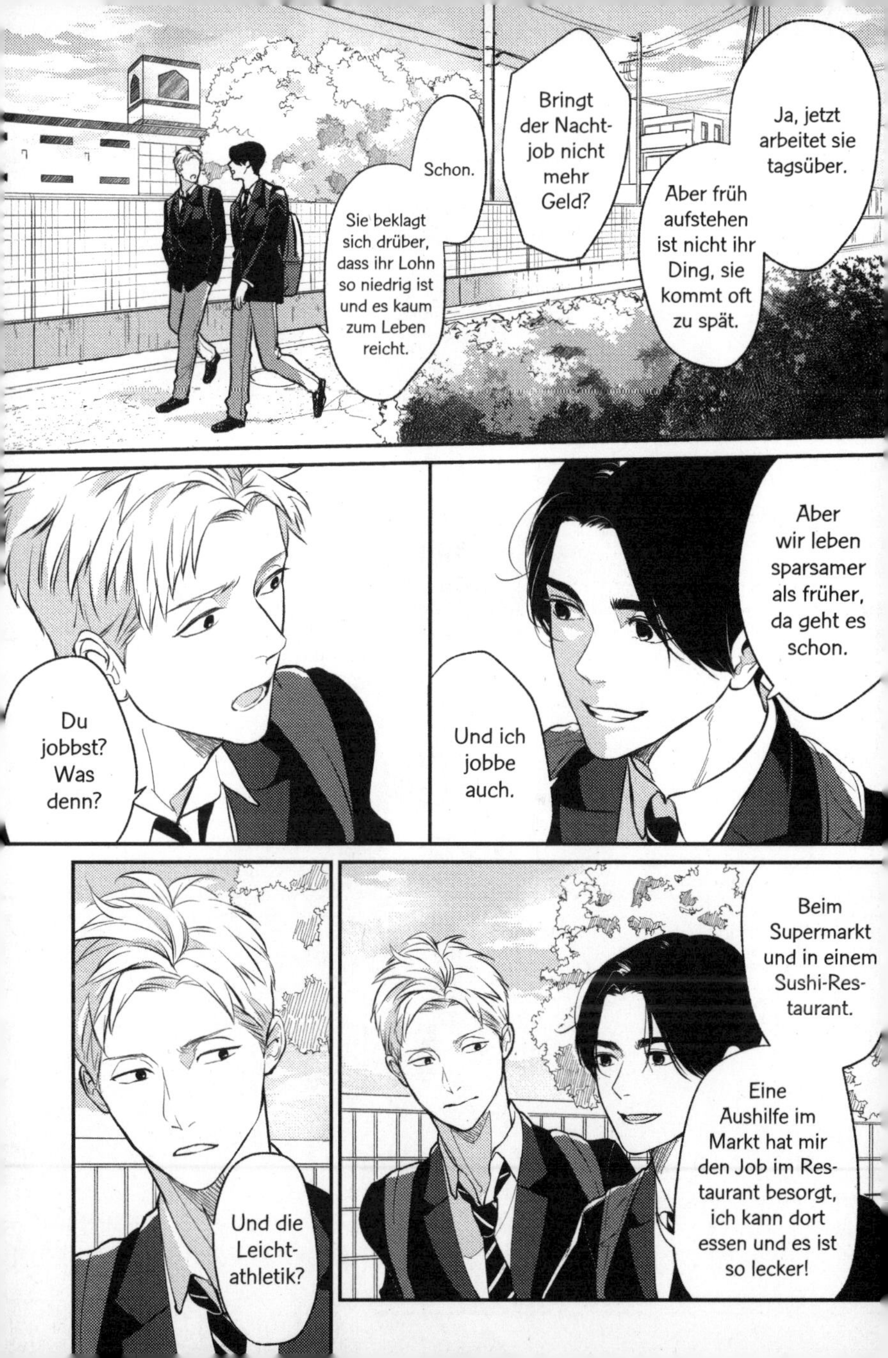
Ja, jetzt arbeitet sie tagsüber.
Aber früh aufstehen ist nicht ihr Ding, sie kommt oft zu spät.
Bringt der Nacht-job nicht mehr Geld?
Schon.
Sie beklagt sich drüber, dass ihr Lohn so niedrig ist und es kaum zum Leben reicht.
Aber wir leben sparsamer als früher, da geht es schon.
Und ich jobbe auch.
Du jobbst? Was denn?
Beim Supermarkt und in einem Sushi-Restaurant.
Eine Aushilfe im Markt hat mir den Job im Restaurant besorgt, ich kann dort essen und es ist so lecker!
Und die Leichtathletik?

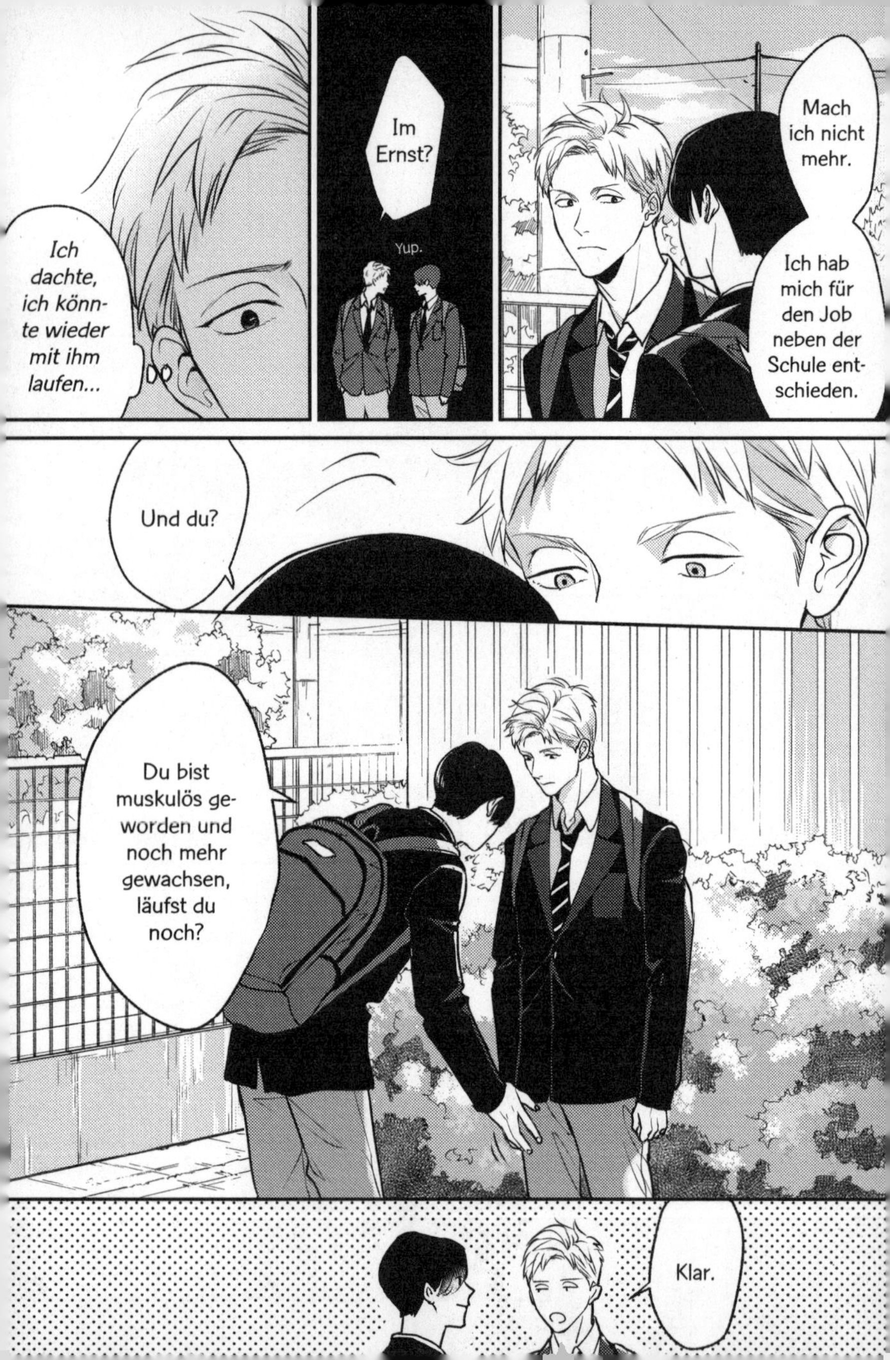
Mach ich nicht mehr.
Ich hab mich für den Job neben der Schule entschieden.
Im Ernst?
Yup.
Ich dachte, ich könnte wieder mit ihm laufen...
Und du?
Du bist muskulös geworden und noch mehr gewachsen, läufst du noch?
Klar.

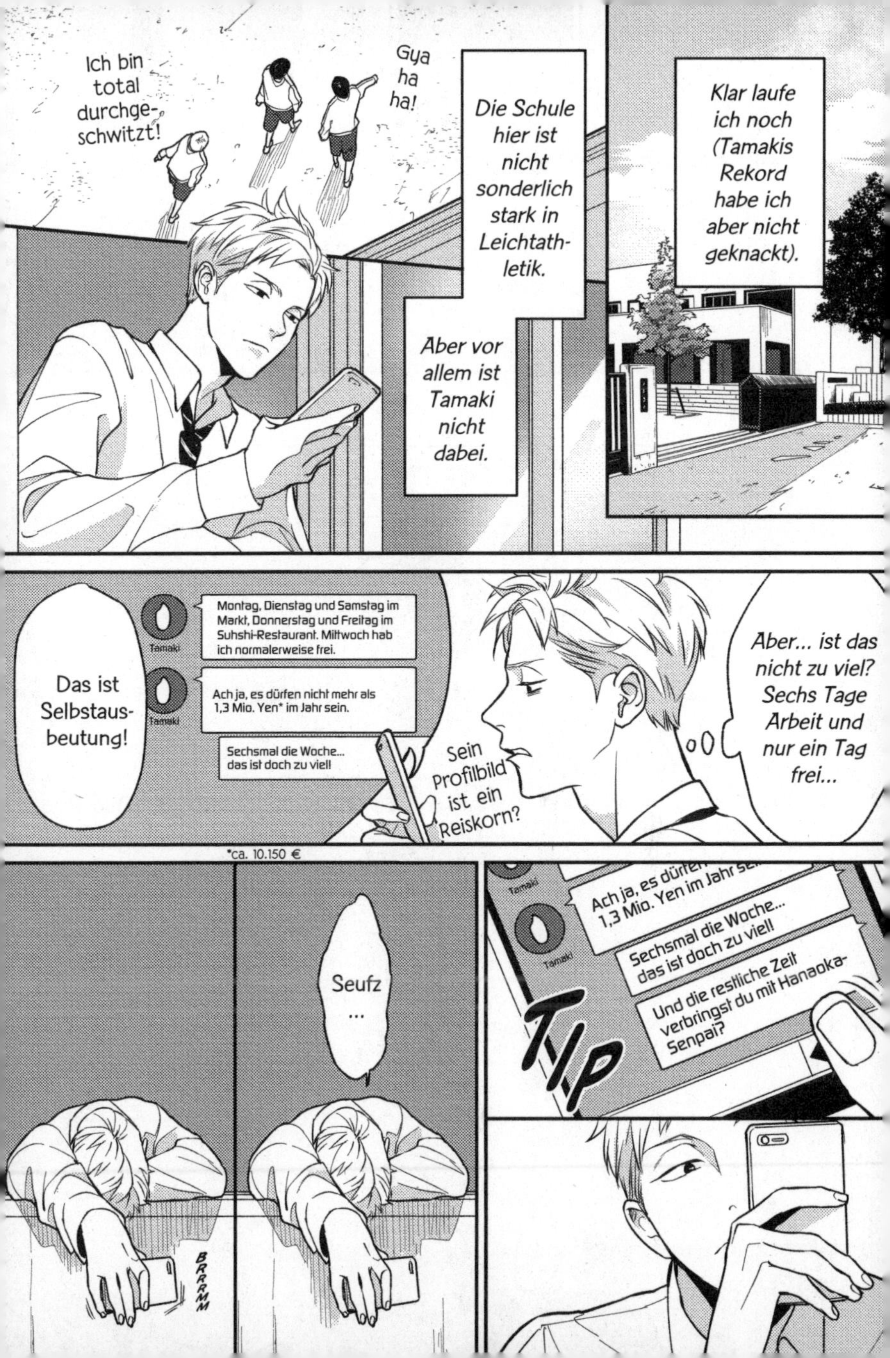

Ich bin total durchge-schwitzt!
Gya ha ha!
Die Schule hier ist nicht sonderlich stark in Leichtath-letik.
Aber vor allem ist Tamaki nicht dabei.
Klar laufe ich noch (Tamakis Rekord habe ich aber nicht geknackt).
Das ist Selbstaus-beutung!
Montag, Dienstag und Samstag im Markt, Donnerstag und Freitag im Suhshi-Restaurant. Mittwoch hab ich normalerweise frei.
Tamaki
Ach ja, es dürfen nicht mehr als 1,3 Mio. Yen* im Jahr sein.
Tamaki
Sechsmal die Woche... das ist doch zu viel!
Sein Profilbild ist ein Reiskorn?
Aber... ist das nicht zu viel? Sechs Tage Arbeit und nur ein Tag frei...
*ca. 10.150 €
BRRRMM
Seufz ...
Sechsmal die Woche... das ist doch zu viel!
Und die restliche Zeit verbringst du mit Hanaoka-Senpai?
TIP

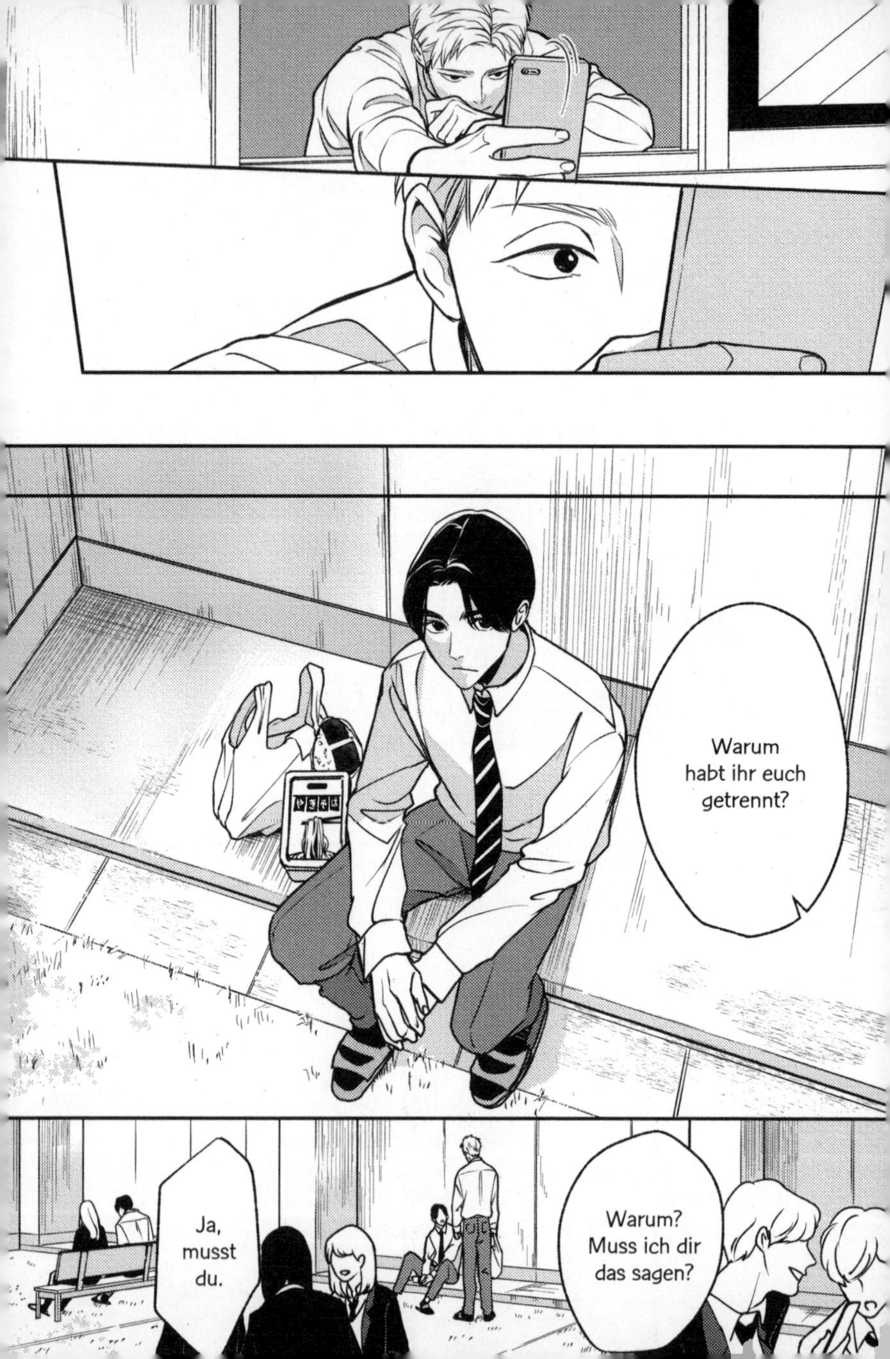
Warum habt ihr euch getrennt?
Warum? Muss ich dir das sagen?
Ja, musst du.

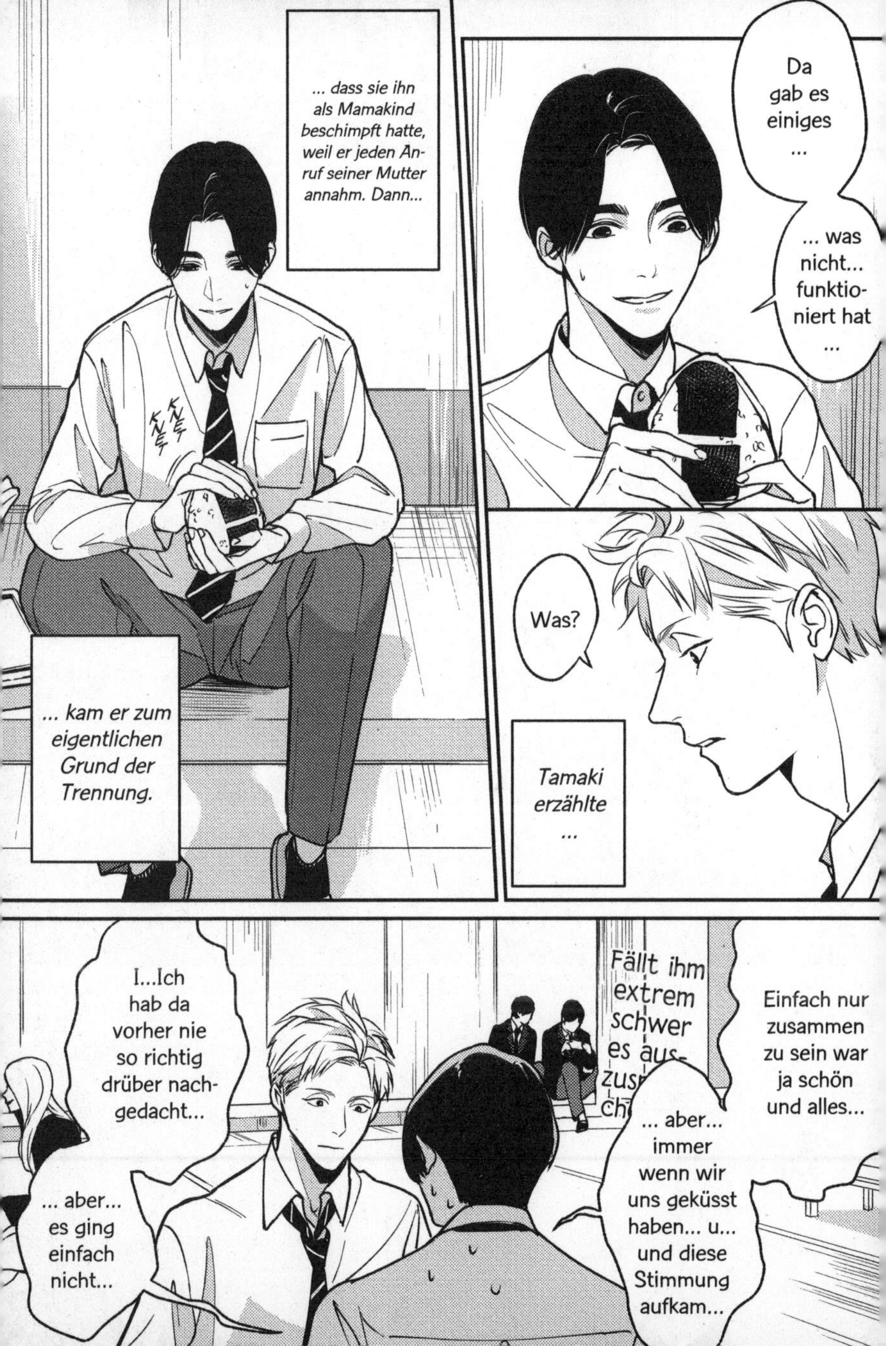
Da gab es einiges ...
... was nicht... funktioniert hat ...
Was?
Tamaki erzählte ...
... dass sie ihn als Mamakind beschimpft hatte, weil er jeden Anruf seiner Mutter annahm. Dann...
... kam er zum eigentlichen Grund der Trennung.
Einfach nur zusammen zu sein war ja schön und alles...
... aber... immer wenn wir uns geküsst haben... u... und diese Stimmung aufkam...
Fällt ihm extrem schwer es aus-
I...Ich hab da vorher nie so richtig drüber nachgedacht...
... aber... es ging einfach nicht...

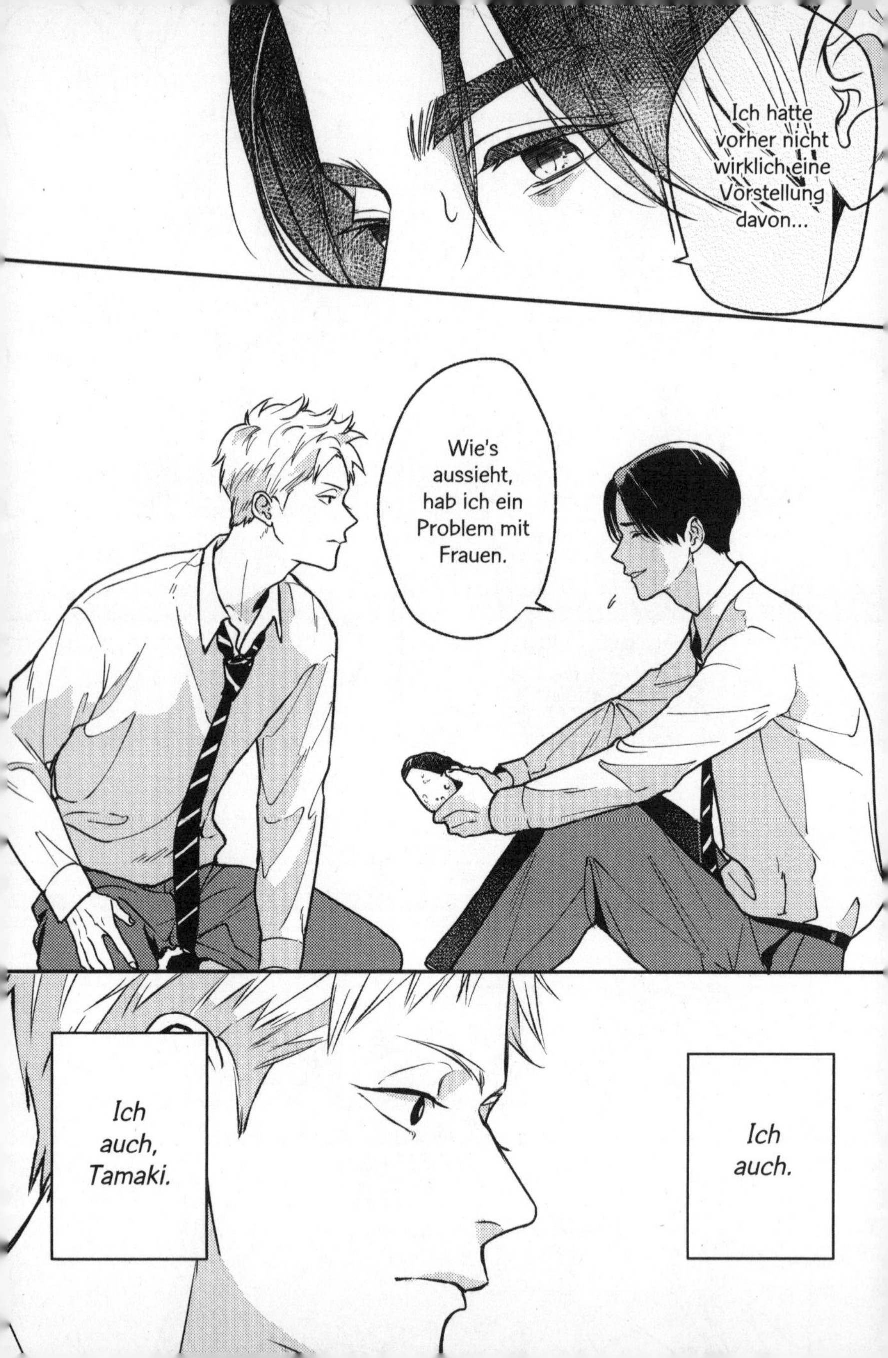
Ich hatte vorher nicht wirklich eine Vorstellung davon...
Wie's aussieht, hab ich ein Problem mit Frauen.
Ich auch.
Ich auch, Tamaki.

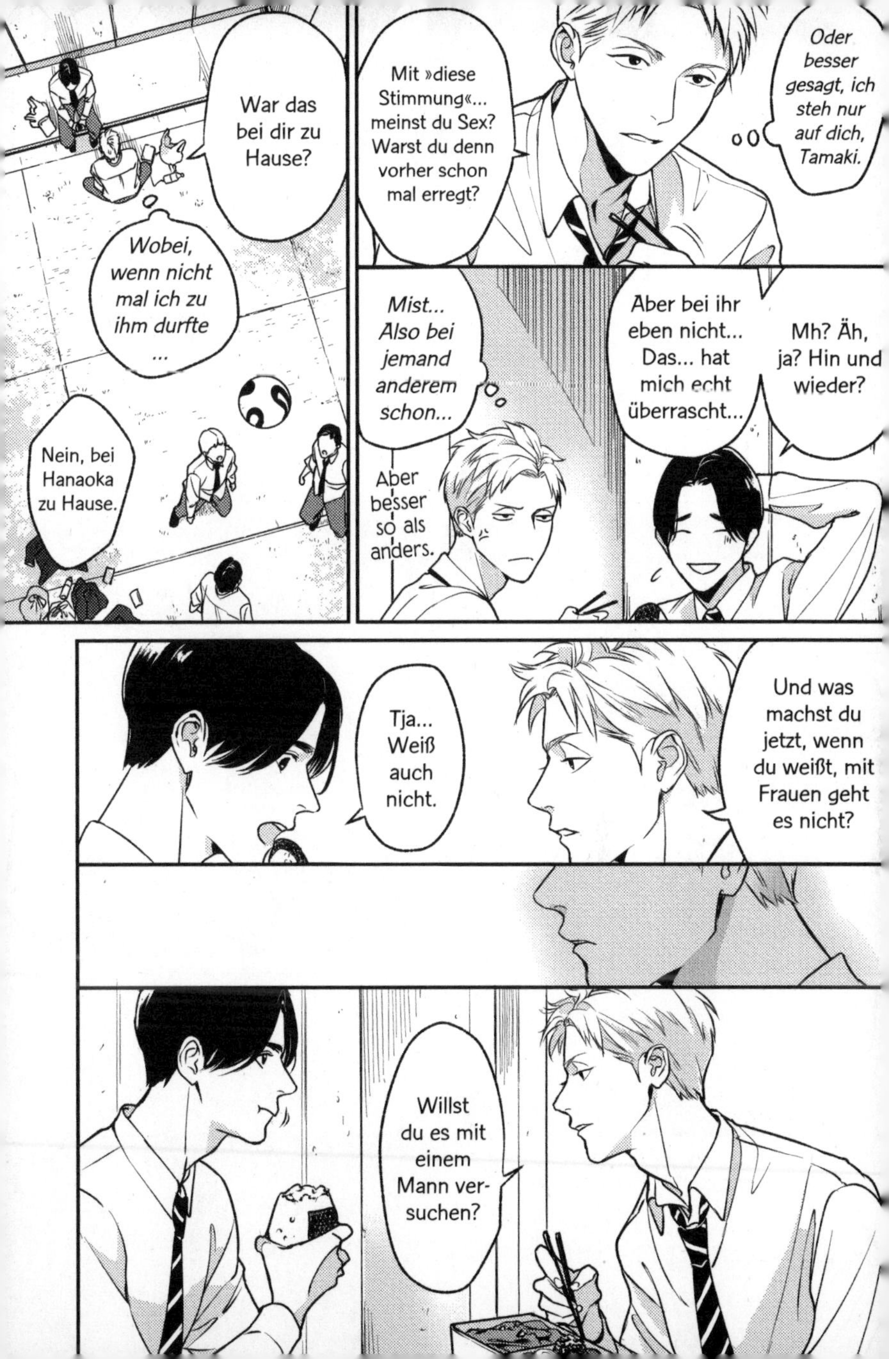
Oder besser gesagt, ich steh nur auf dich, Tamaki.
Mit »diese Stimmung«... meinst du Sex? Warst du denn vorher schon mal erregt?
Mh? Äh, ja? Hin und wieder?
Aber bei ihr eben nicht... Das... hat mich echt überrascht...
Mist... Also bei jemand anderem schon...
Aber besser so als anders.
War das bei dir zu Hause?
Wobei, wenn nicht mal ich zu ihm durfte ...
Nein, bei Hanaoka zu Hause.
Und was machst du jetzt, wenn du weißt, mit Frauen geht es nicht?
Tja... Weiß auch nicht.
Willst du es mit einem Mann versuchen?

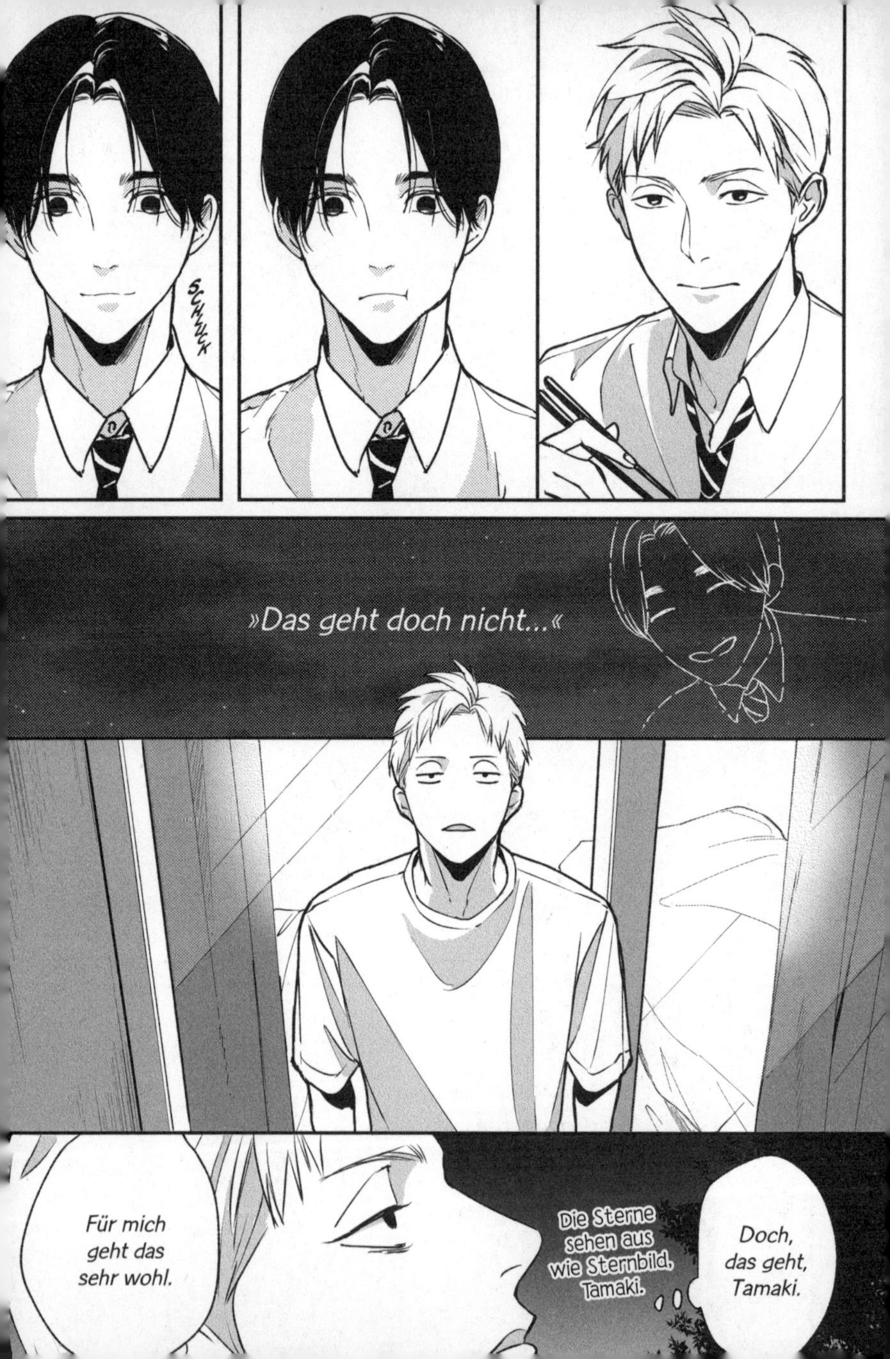
SCHLUCK
»Das geht doch nicht...«
Doch, das geht, Tamaki.
Die Sterne sehen aus wie Sternbild, Tamaki.
Für mich geht das sehr wohl.

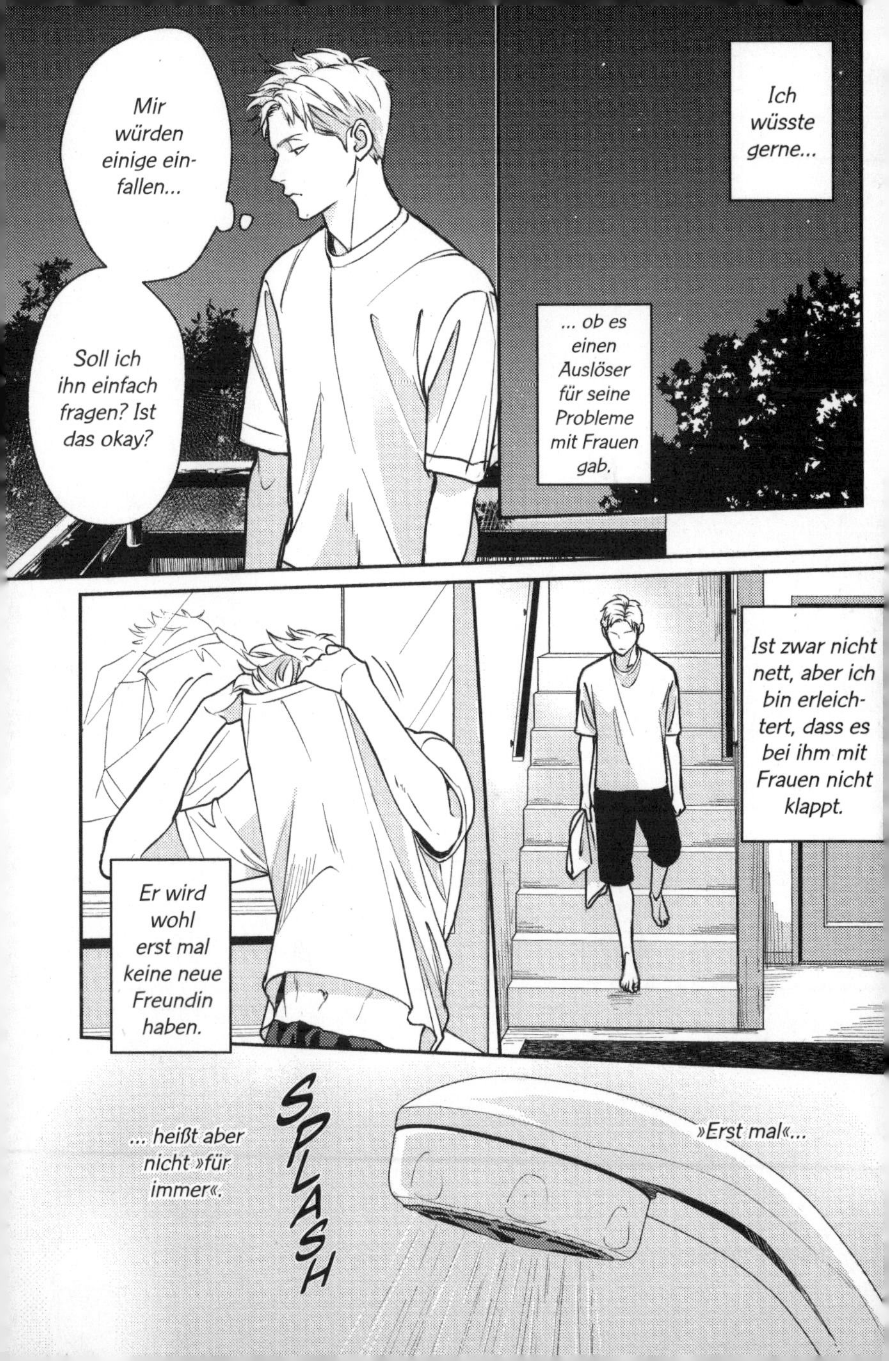
Ich wüsste gerne...
... ob es einen Auslöser für seine Probleme mit Frauen gab.
Mir würden einige einfallen...
Soll ich ihn einfach fragen? Ist das okay?
Ist zwar nicht nett, aber ich bin erleichtert, dass es bei ihm mit Frauen nicht klappt.
Er wird wohl erst mal keine neue Freundin haben.
»Erst mal«...
SPLASH
... heißt aber nicht »für immer«.

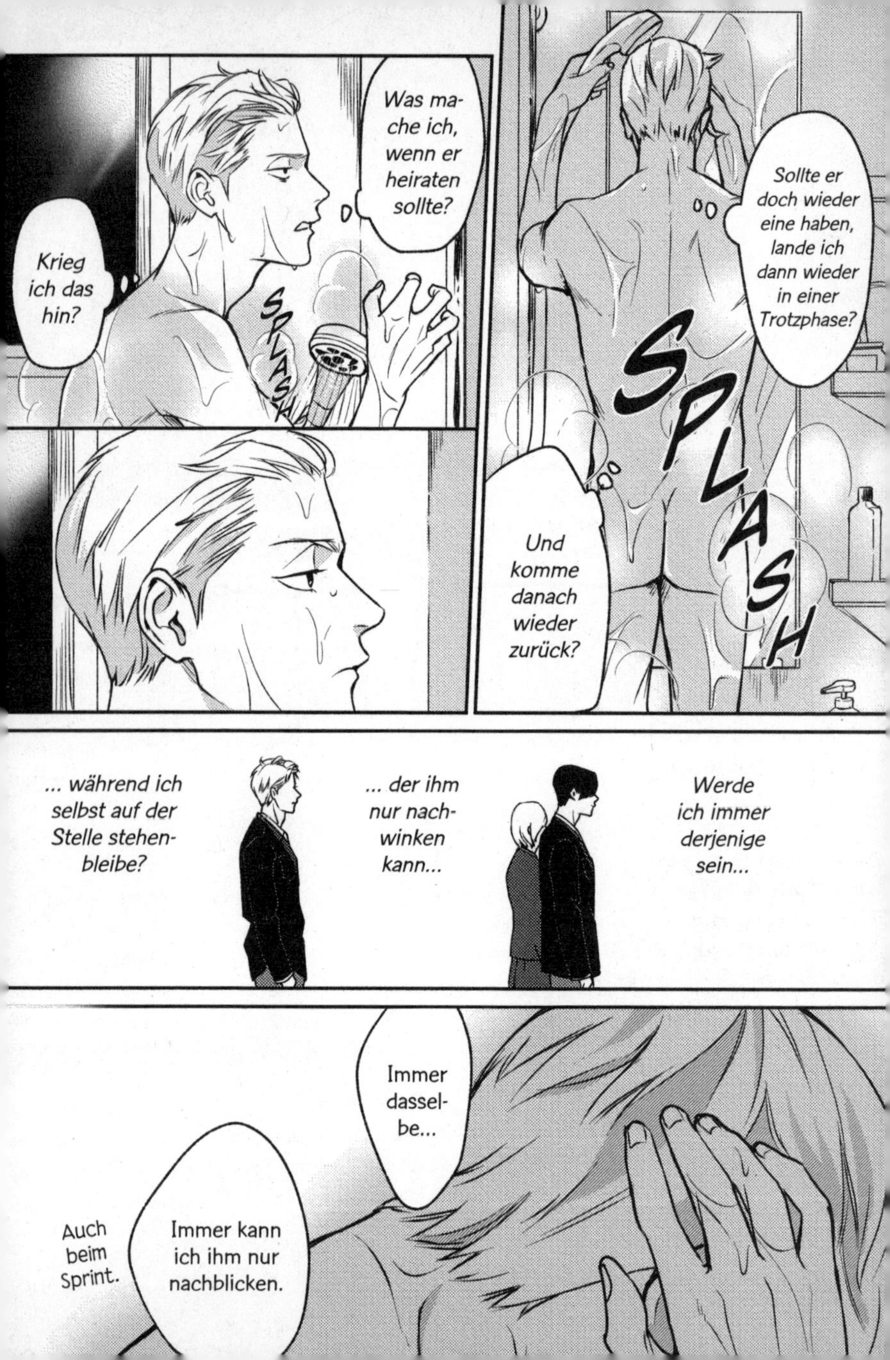
Sollte er doch wieder eine haben, lande ich dann wieder in einer Trotzphase?
SPLASH
Und komme danach wieder zurück?
Was mache ich, wenn er heiraten sollte?
Krieg ich das hin?
SPLASH
Werde ich immer derjenige sein...
... der ihm nur nachwinken kann...
... während ich selbst auf der Stelle stehenbleibe?
Immer dasselbe...
Immer kann ich ihm nur nachblicken.
Auch beim Sprint.

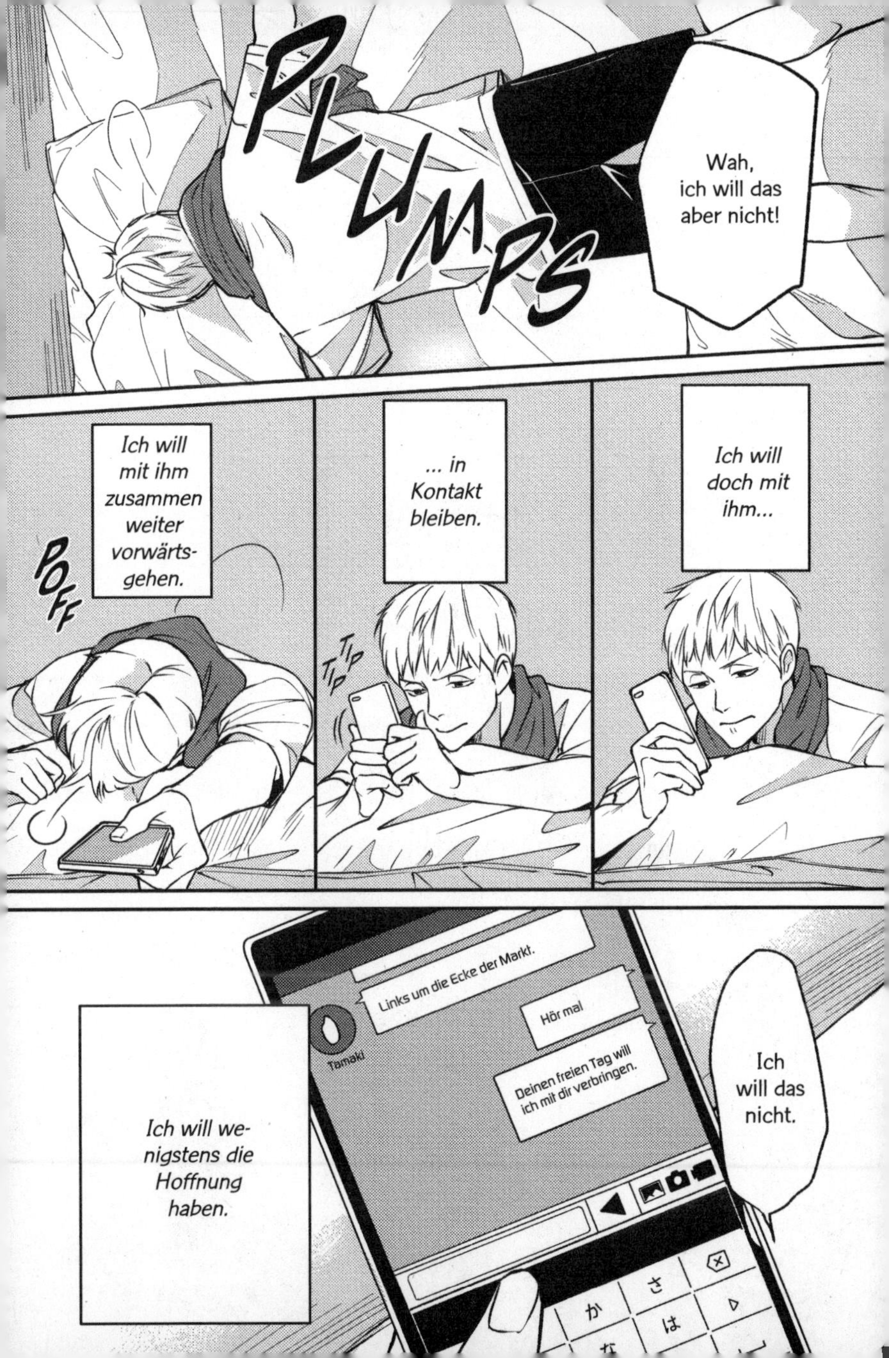
PLUMPS
Wah, ich will das aber nicht!
Ich will doch mit ihm...
... in Kontakt bleiben.
Ich will mit ihm zusammen weiter vorwärts-gehen.
POFF
Ich will das nicht.
Links um die Ecke der Markt.
Tamaki
Hör mal
Deinen freien Tag will ich mit dir verbringen.
Ich will wenigstens die Hoffnung haben.

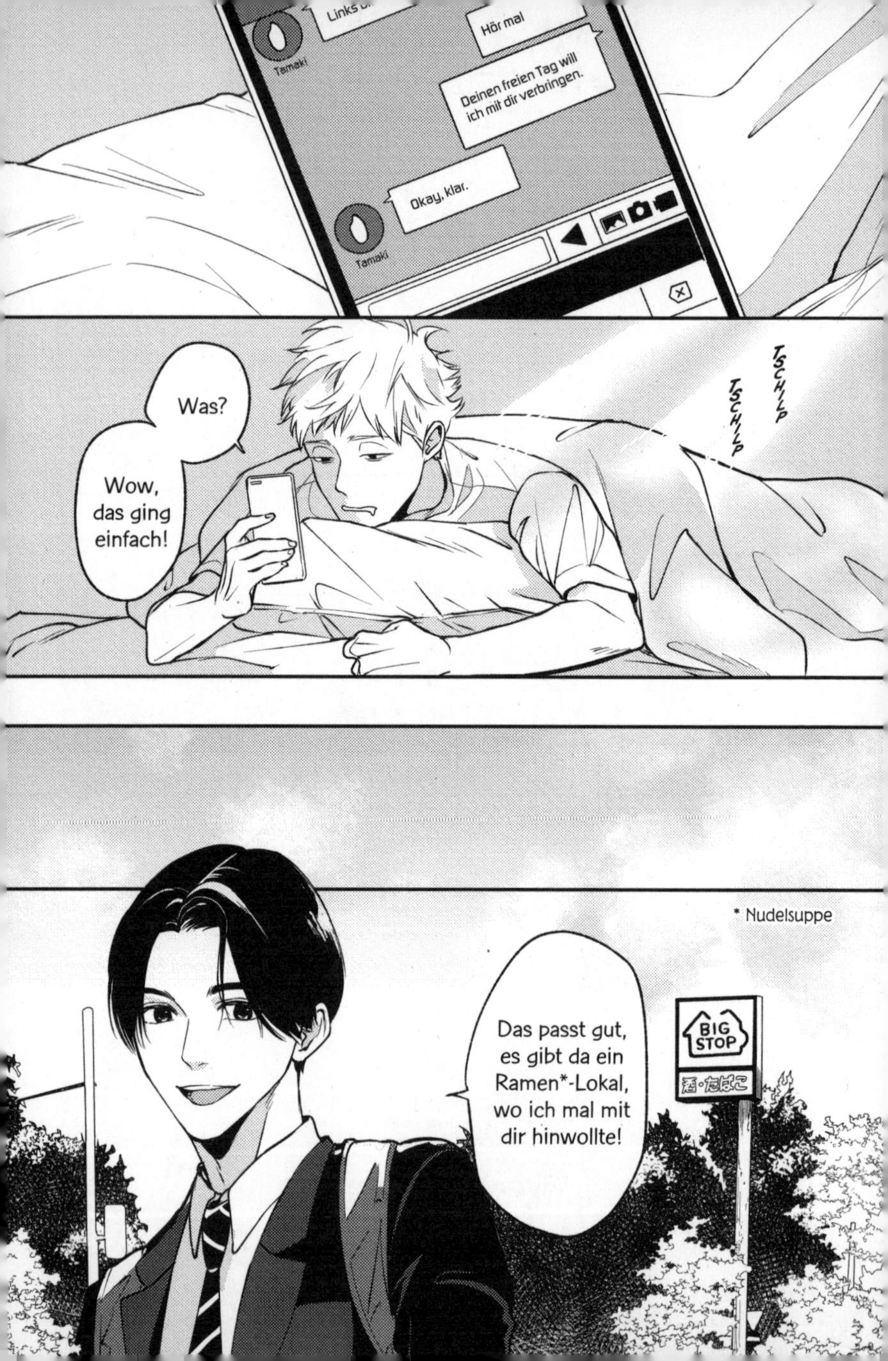
Hör mal
Deinen freien Tag will ich mit dir verbringen.
Okay, klar.
Tamaki
Was?
Wow, das ging einfach!
TSCHILP TSCHILP
* Nudelsuppe
BIG STOP
酒・たばこ
Das passt gut, es gibt da ein Ramen*-Lokal, wo ich mal mit dir hinwollte!

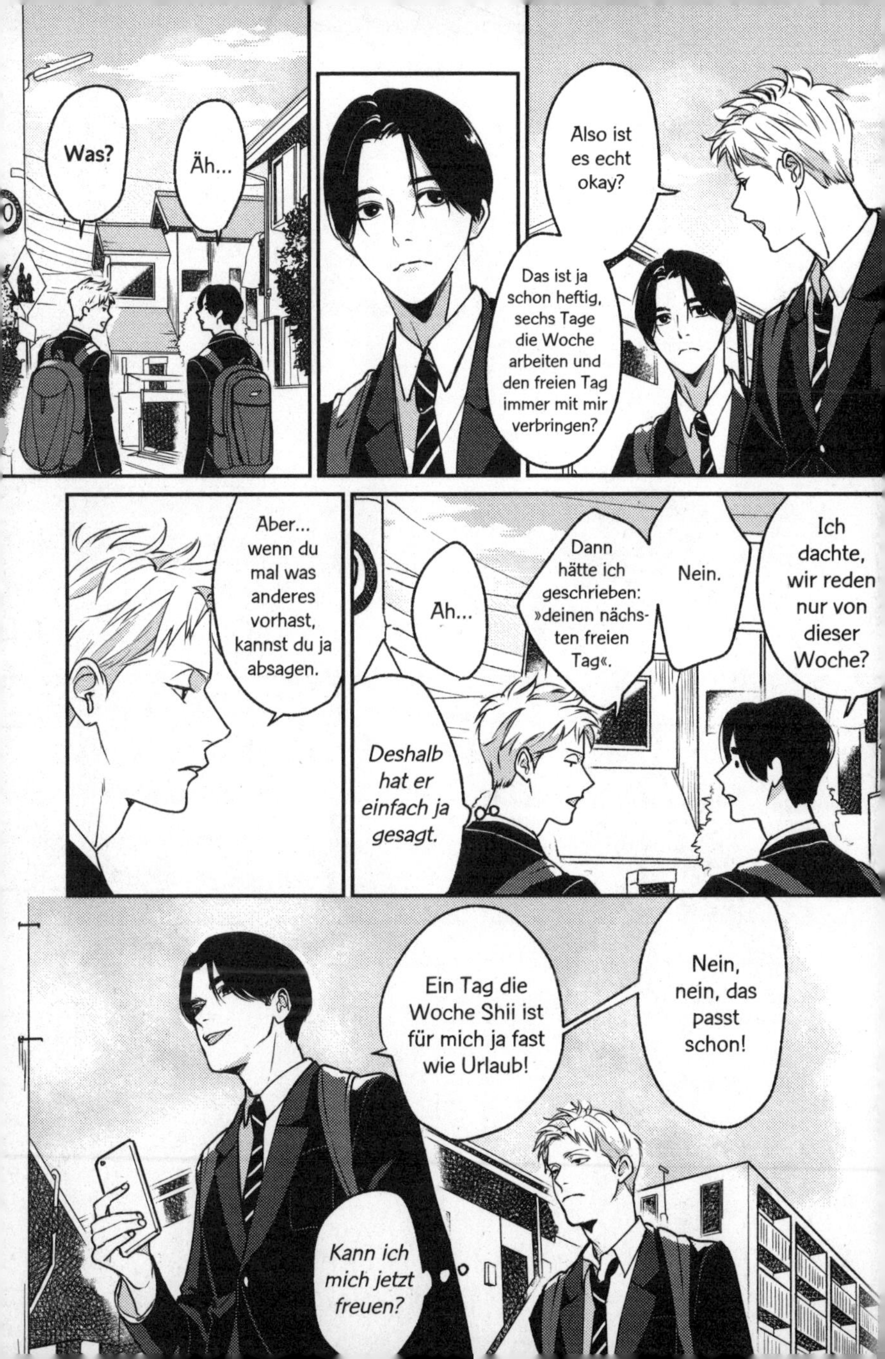
Also ist es echt okay?
Das ist ja schon heftig, sechs Tage die Woche arbeiten und den freien Tag immer mit mir verbringen?
Äh...
Was?
Ich dachte, wir reden nur von dieser Woche?
Nein.
Dann hätte ich geschrieben: »deinen nächsten freien Tag«.
Äh...
Deshalb hat er einfach ja gesagt.
Aber... wenn du mal was anderes vorhast, kannst du ja absagen.
Nein, nein, das passt schon!
Ein Tag die Woche Shii ist für mich ja fast wie Urlaub!
Kann ich mich jetzt freuen?

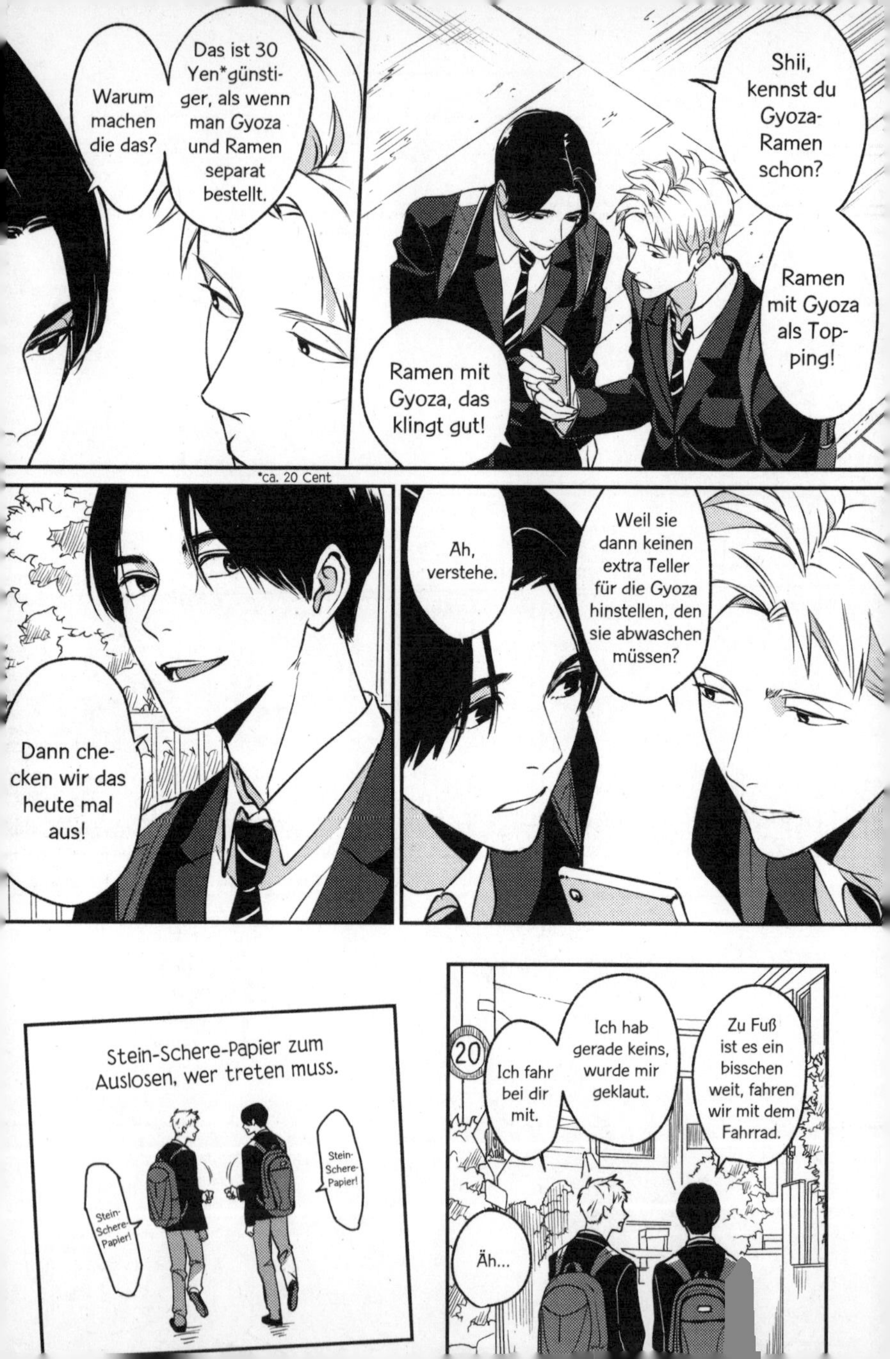
Shii, kennst du Gyoza-Ramen schon?
Ramen mit Gyoza als Topping!
Ramen mit Gyoza, das klingt gut!
Das ist 30 Yen*günstiger, als wenn man Gyoza und Ramen separat bestellt.
Warum machen die das?
Weil sie dann keinen extra Teller für die Gyoza hinstellen, den sie abwaschen müssen?
Äh, verstehe.
Dann checken wir das heute mal aus!
Zu Fuß ist es ein bisschen weit, fahren wir mit dem Fahrrad.
Ich hab gerade keins, wurde mir geklaut.
Ich fahr bei dir mit.
Äh...
20
Stein-Schere-Papier zum Auslosen, wer treten muss.
Stein-Schere-Papier!
Stein-Schere-Papier!

*ca. 20 Cent

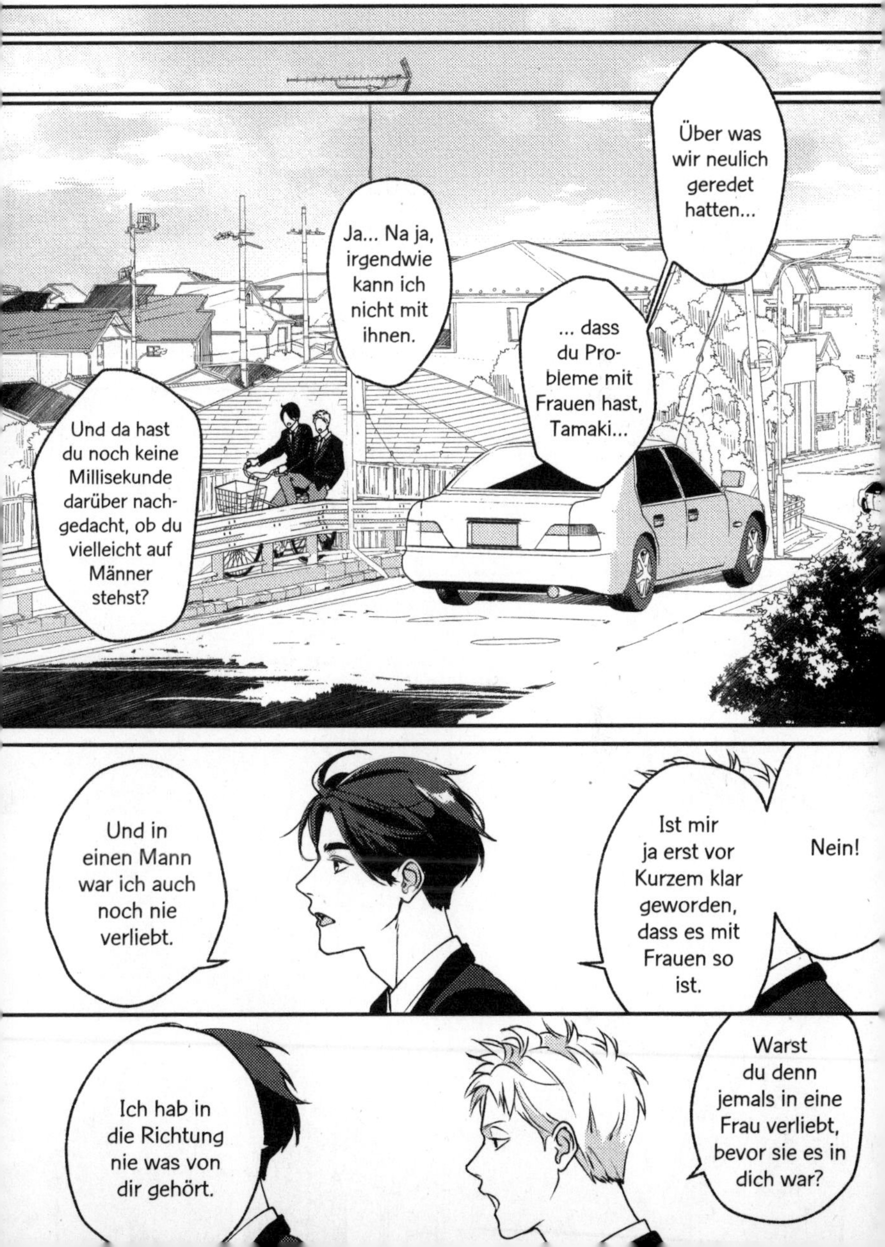
Über was wir neulich geredet hatten...
... dass du Probleme mit Frauen hast, Tamaki...
Ja... Na ja, irgendwie kann ich nicht mit ihnen.
Und da hast du noch keine Millisekunde darüber nachgedacht, ob du vielleicht auf Männer stehst?
Nein!
Ist mir ja erst vor Kurzem klar geworden, dass es mit Frauen so ist.
Und in einen Mann war ich auch noch nie verliebt.
Warst du denn jemals in eine Frau verliebt, bevor sie es in dich war?
Ich hab in die Richtung nie was von dir gehört.

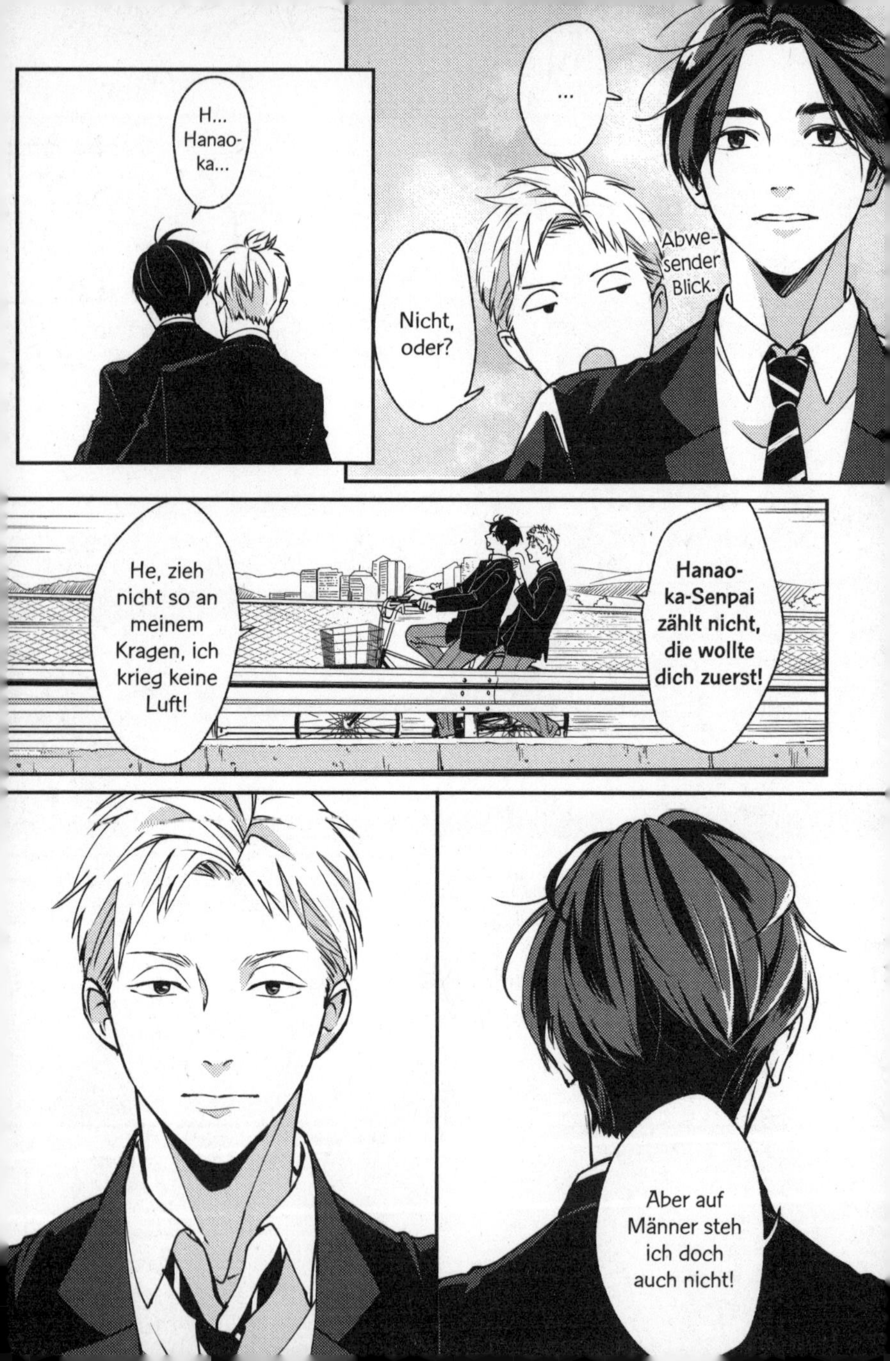
...
Abwesender Blick.
Nicht, oder?
H... Hanaoka...
Hanaoka-Senpai zählt nicht, die wollte dich zuerst!
He, zieh nicht so an meinem Kragen, ich krieg keine Luft!
Aber auf Männer steh ich doch auch nicht!

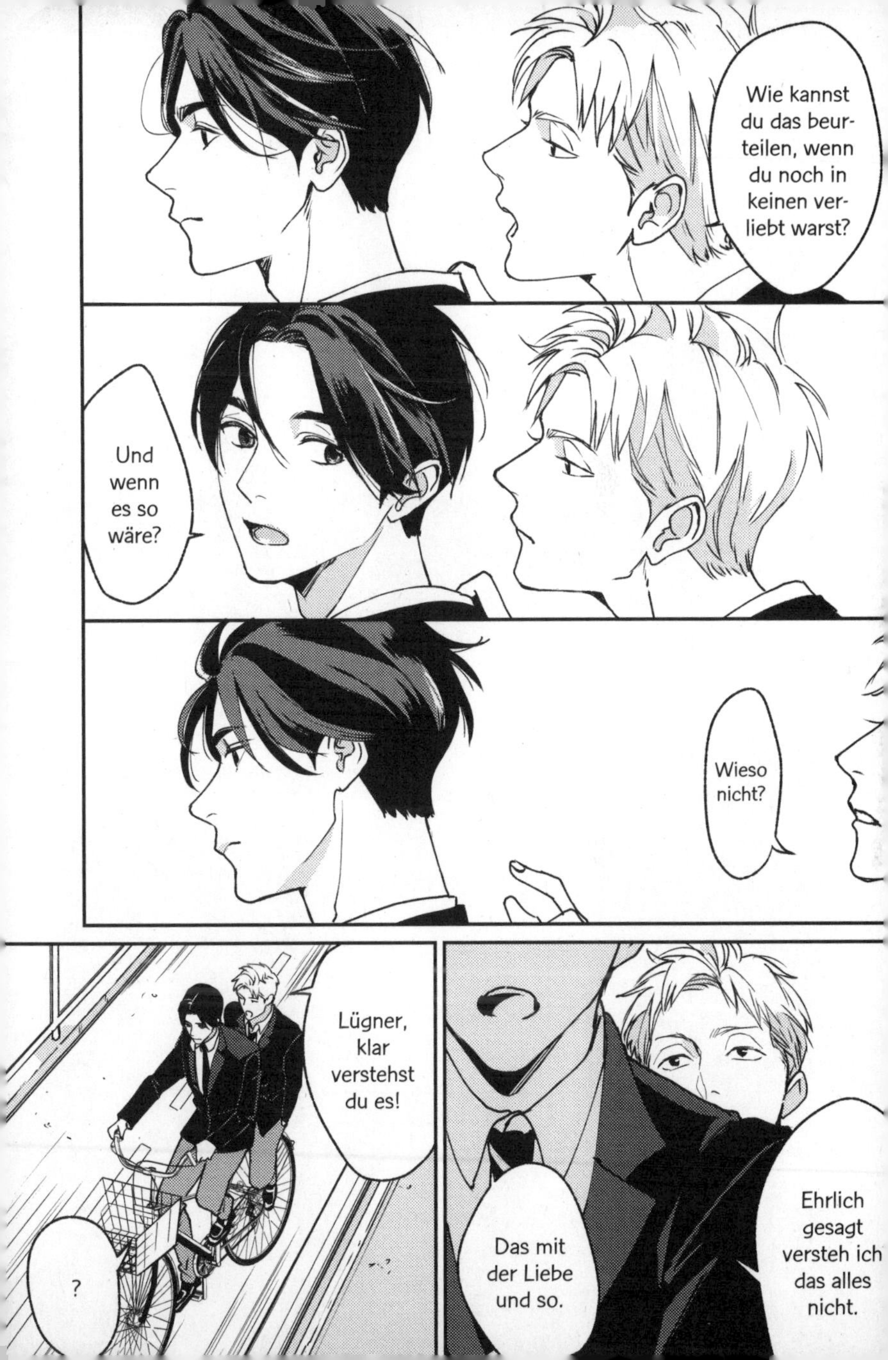
Wie kannst du das beurteilen, wenn du noch in keinen verliebt warst?
Und wenn es so wäre?
Wieso nicht?
Ehrlich gesagt versteh ich das alles nicht.
Das mit der Liebe und so.
Lügner, klar verstehst du es!
?

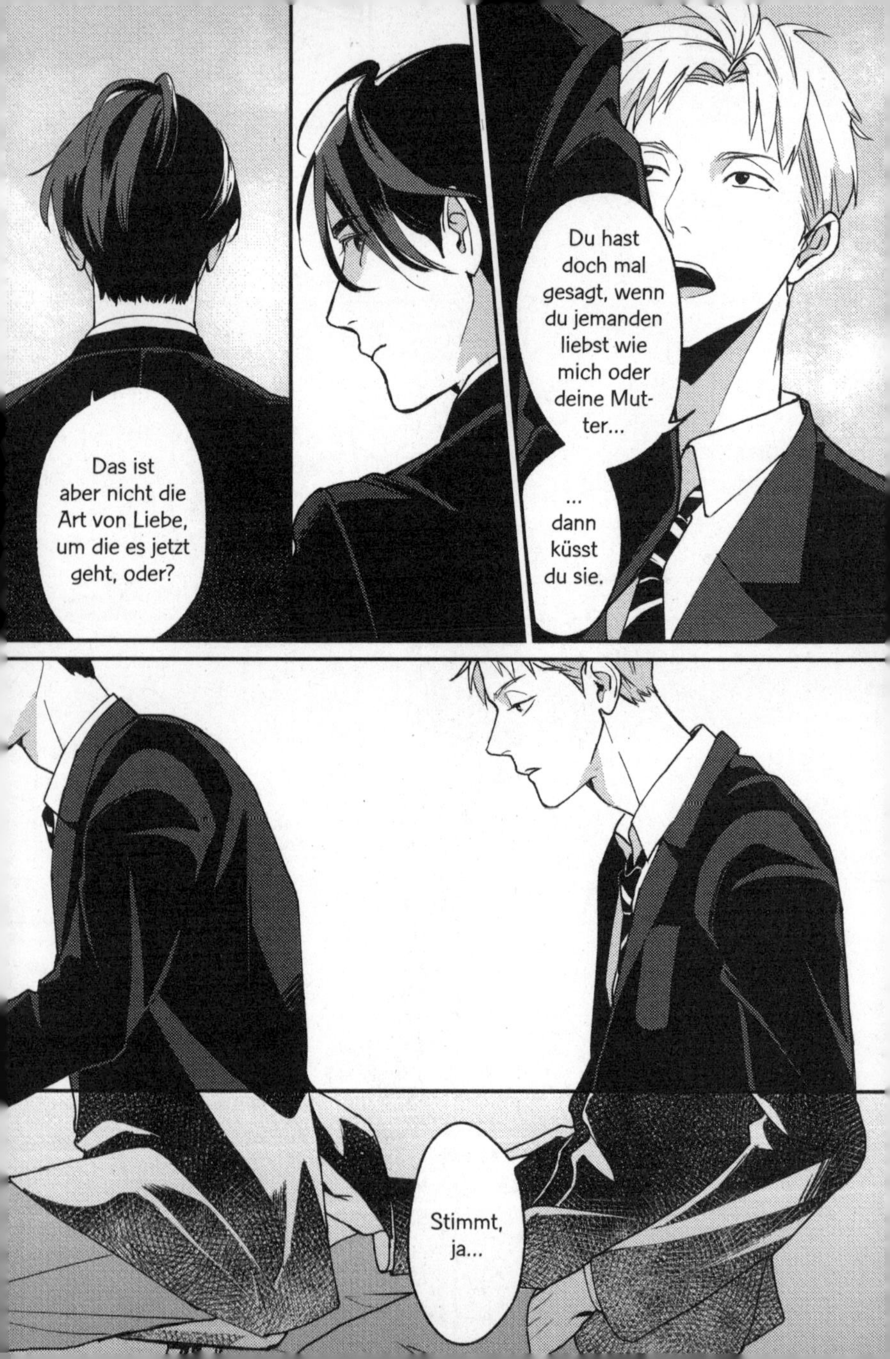
Du hast doch mal gesagt, wenn du jemanden liebst wie mich oder deine Mutter...
... dann küsst du sie.
Das ist aber nicht die Art von Liebe, um die es jetzt geht, oder?
Stimmt, ja...

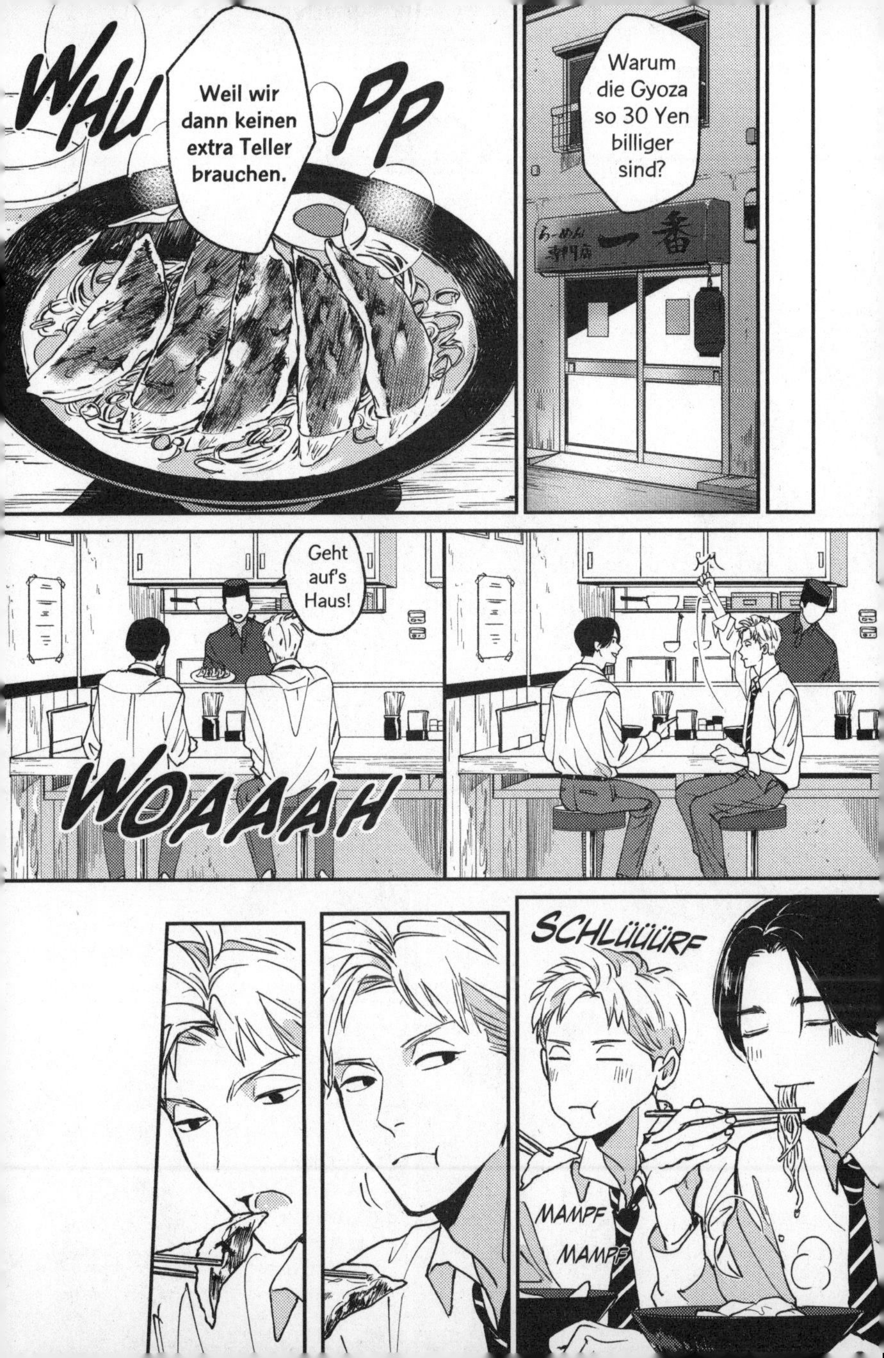
Warum die Gyoza so 30 Yen billiger sind?
WHUPP
Weil wir dann keinen extra Teller brauchen.
Geht auf's Haus!
WOAAAH
SCHLÜÜÜRF
MAMPF
MAMPF

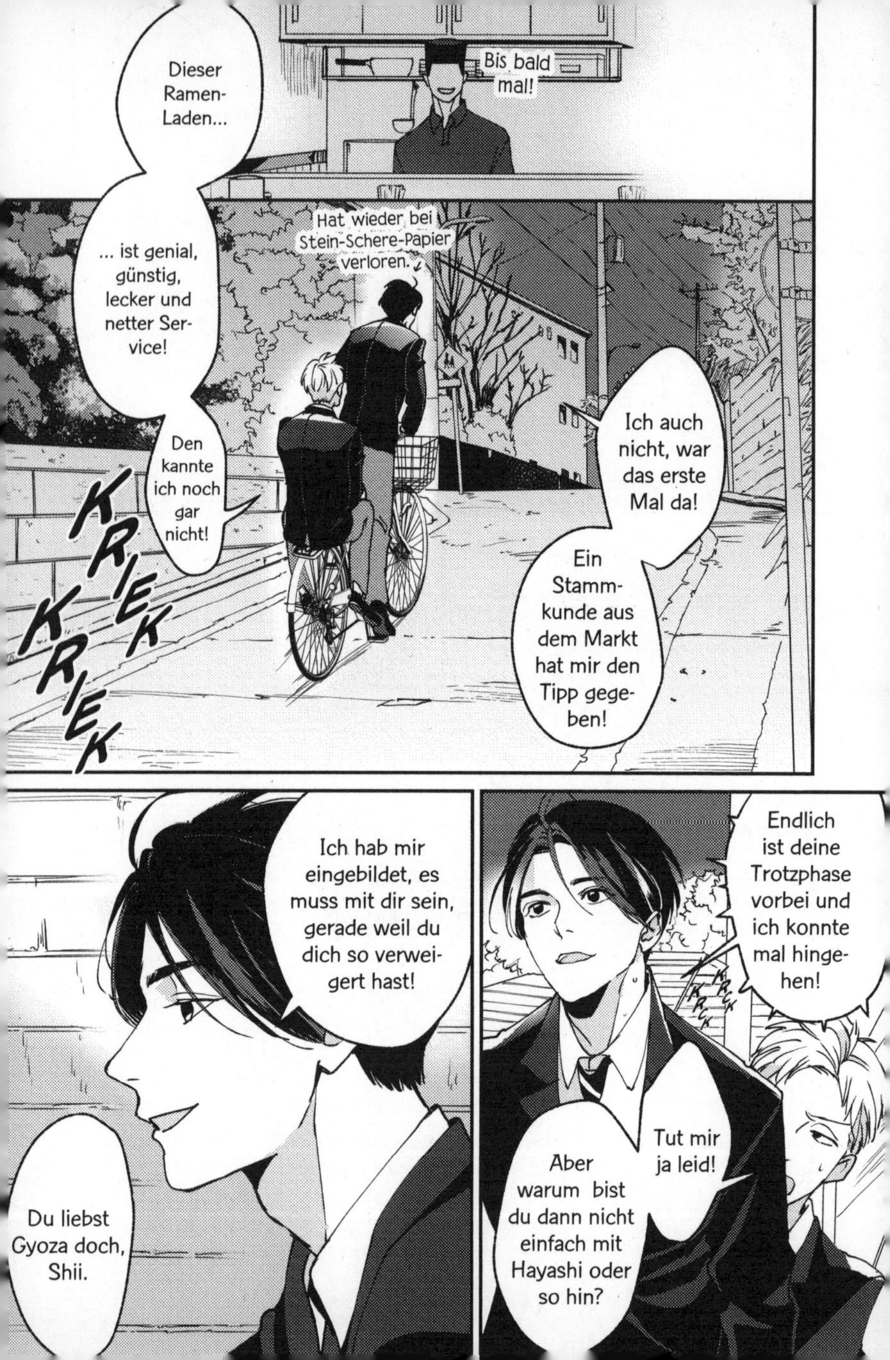
Bis bald mal!
Dieser Ramen-Laden...
... ist genial, günstig, lecker und netter Service!
Hat wieder bei Stein-Schere-Papier verloren.
Den kannte ich noch gar nicht!
Ich auch nicht, war das erste Mal da!
Ein Stammkunde aus dem Markt hat mir den Tipp gegeben!
KRIEK KRIEK
Endlich ist deine Trotzphase vorbei und ich konnte mal hingehen!
KRCK KRCK
Tut mir ja leid!
Aber warum bist du dann nicht einfach mit Hayashi oder so hin?
Ich hab mir eingebildet, es muss mit dir sein, gerade weil du dich so verweigert hast!
Du liebst Gyoza doch, Shii.

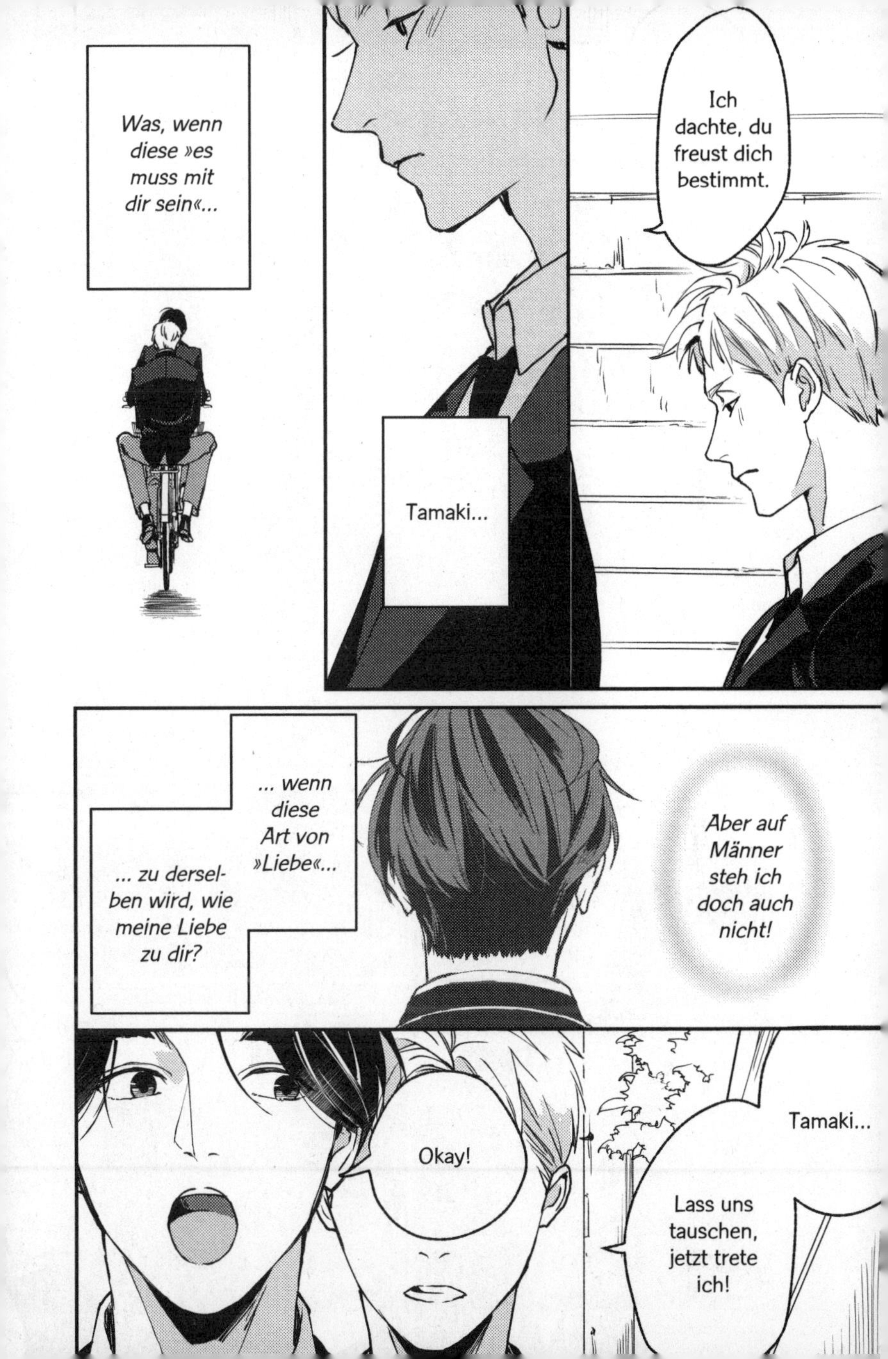
Ich dachte, du freust dich bestimmt.
Tamaki...
Was, wenn diese »es muss mit dir sein«...
Aber auf Männer steh ich doch auch nicht!
... wenn diese Art von »Liebe«...
... zu dersel-ben wird, wie meine Liebe zu dir?
Tamaki...
Lass uns tauschen, jetzt trete ich!
Okay!

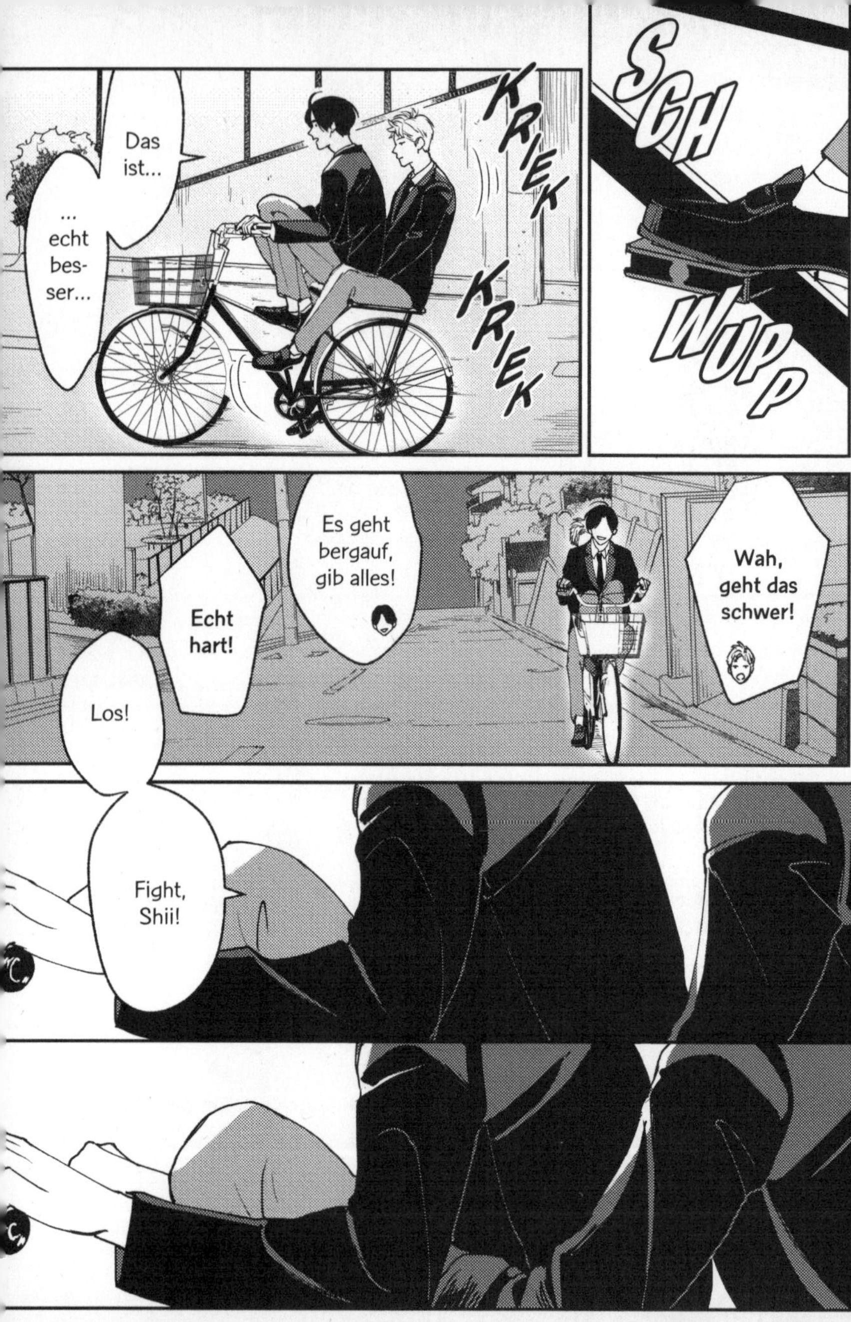
SCH
WUPP
KRIEK
KRIEK
Das ist...
... echt besser...
Wah, geht das schwer!
Es geht bergauf, gib alles!
Echt hart!
Los!
Fight, Shii!

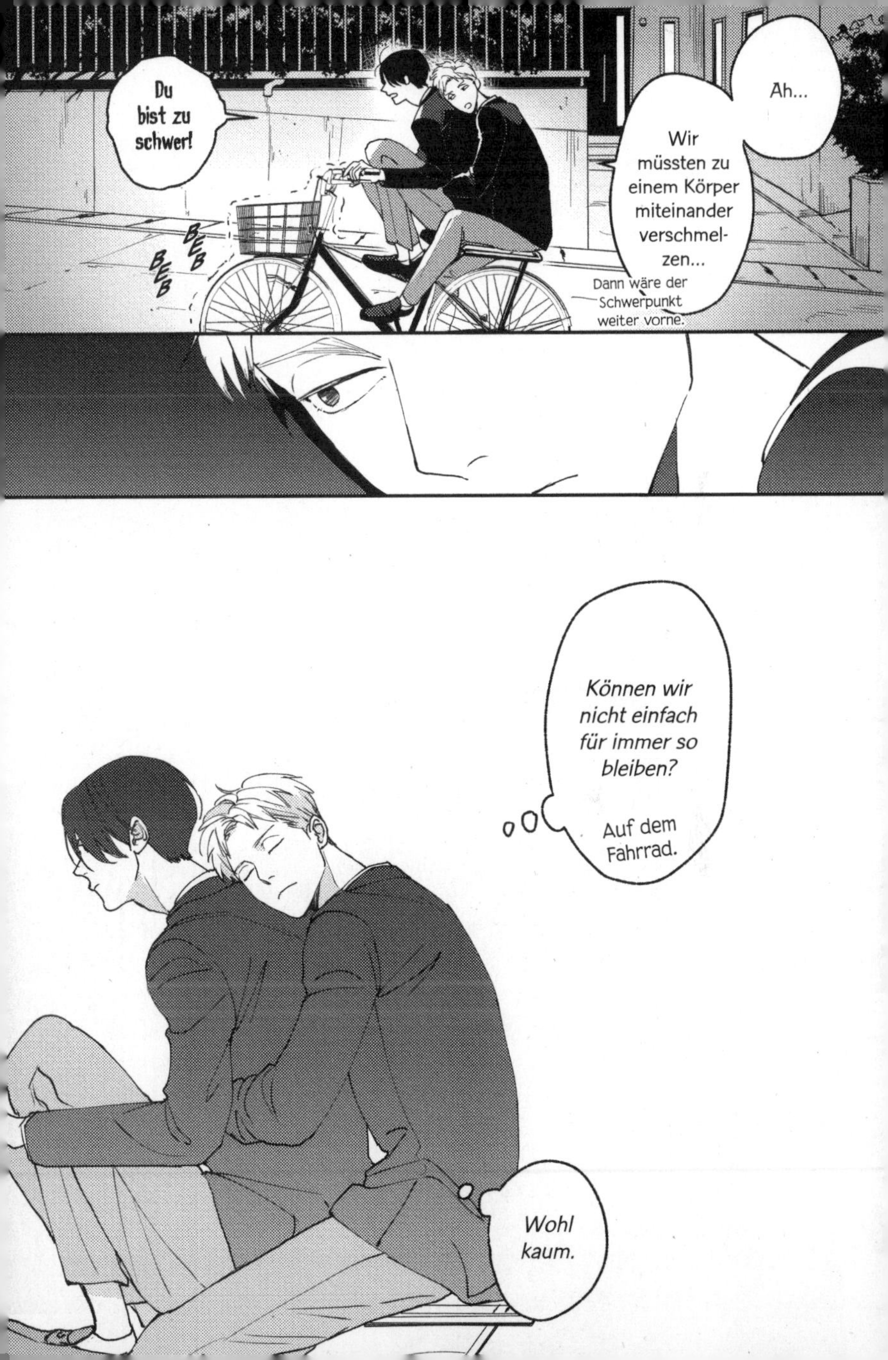
Ah...
Wir müssten zu einem Körper miteinander verschmelzen...
Dann wäre der Schwerpunkt weiter vorne.
Du bist zu schwer!
BEB BEB
Können wir nicht einfach für immer so bleiben?
Auf dem Fahrrad.
Wohl kaum.

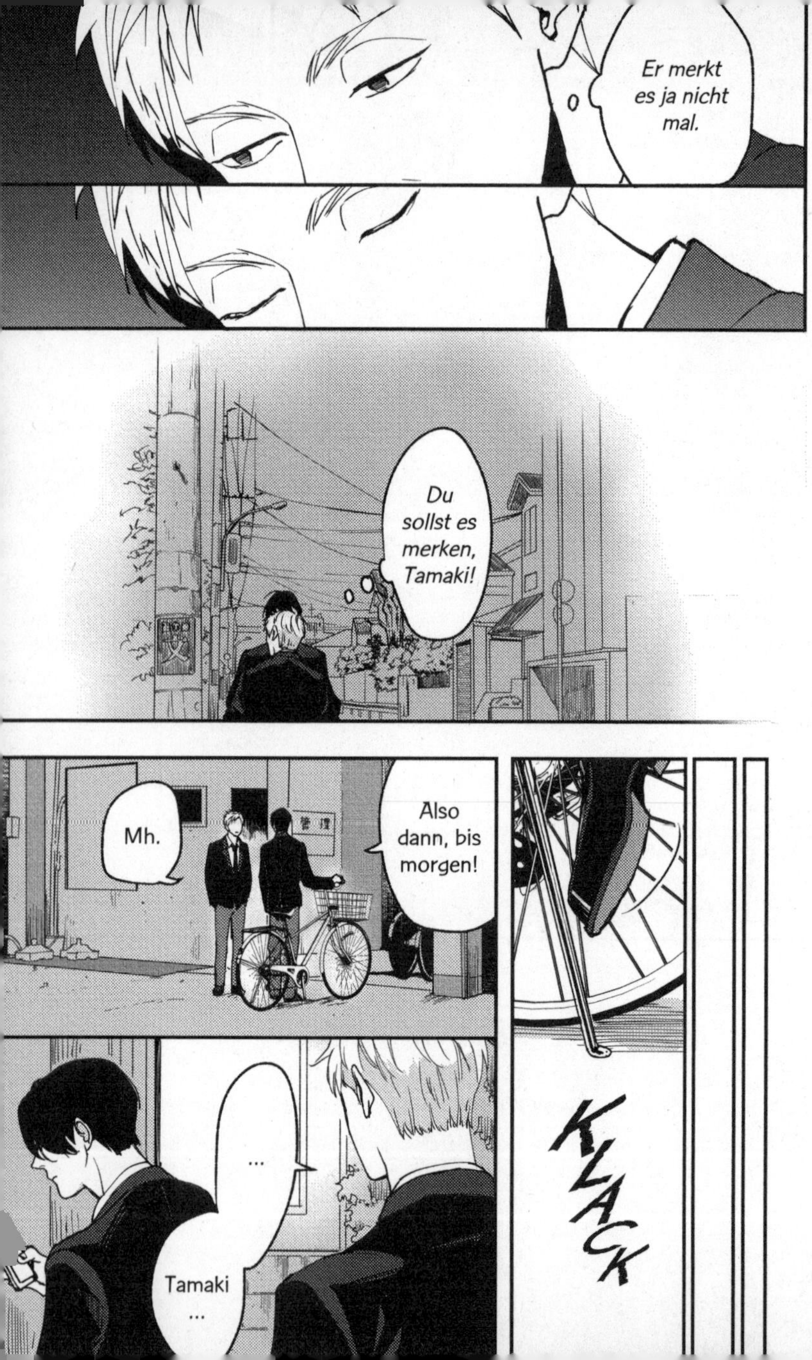

Er merkt es ja nicht mal.
Du sollst es merken, Tamaki!
Also dann, bis morgen!
Mh.
KLACK
...
Tamaki ...

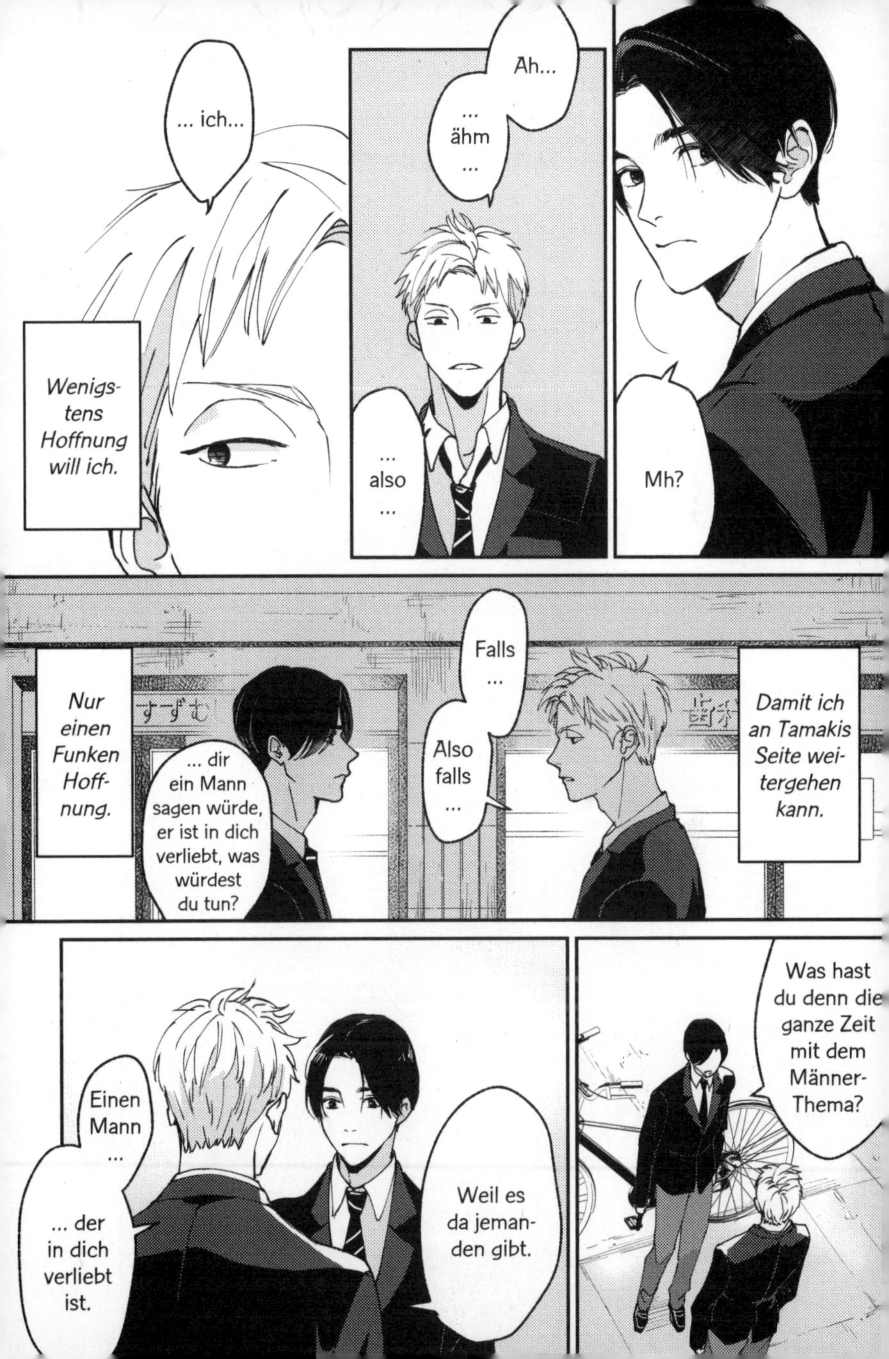

Mh?
Ah...
... ähm ...
... also ...
... ich...
Wenigstens Hoffnung will ich.
Damit ich an Tamakis Seite weitergehen kann.
Falls ...
Also falls ...
... dir ein Mann sagen würde, er ist in dich verliebt, was würdest du tun?
Nur einen Funken Hoffnung.
Was hast du denn die ganze Zeit mit dem Männer-Thema?
Weil es da jemanden gibt.
Einen Mann ...
... der in dich verliebt ist.

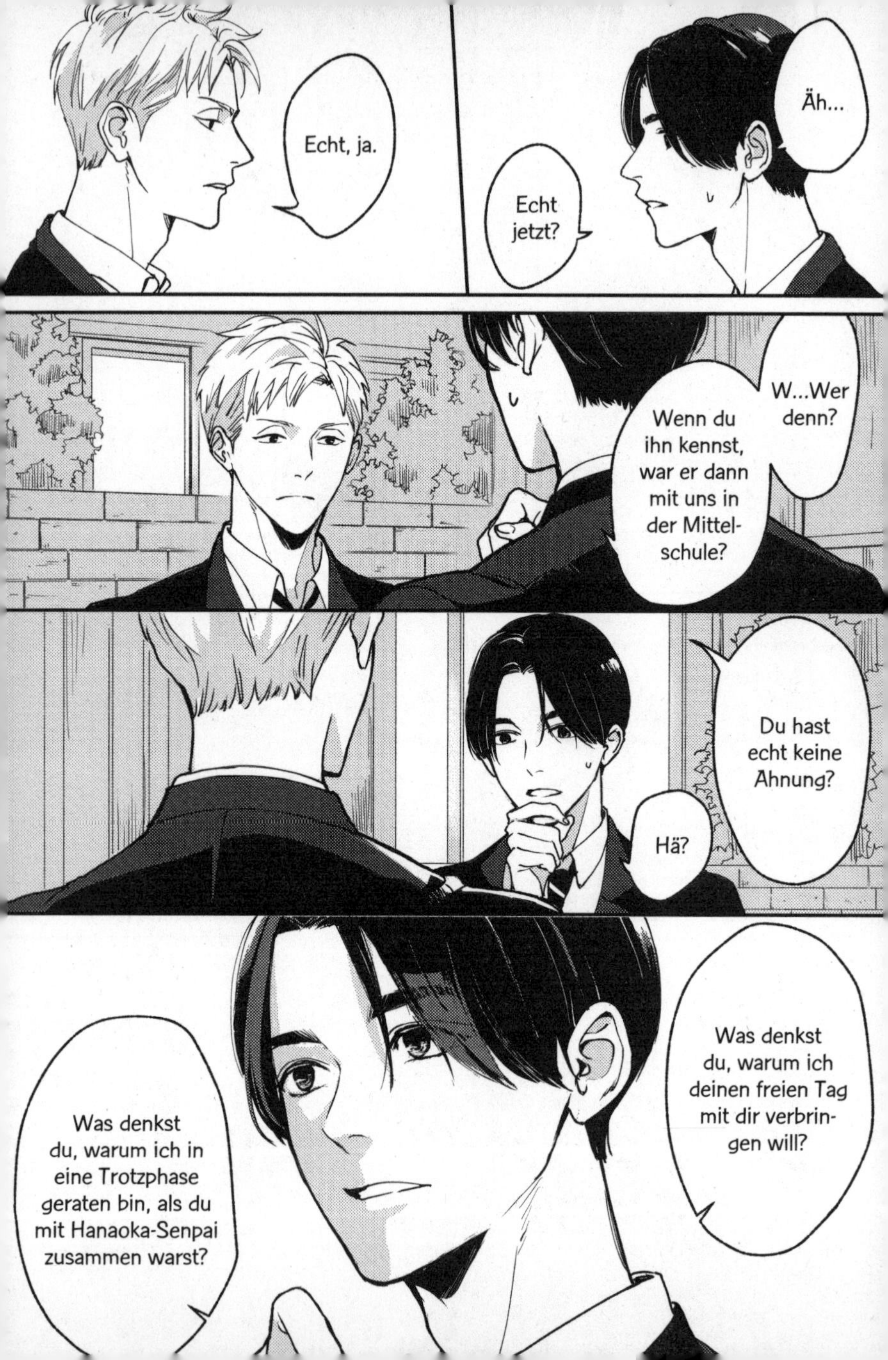
Äh…
Echt jetzt?
Echt, ja.
W…Wer denn?
Wenn du ihn kennst, war er dann mit uns in der Mittel-schule?
Du hast echt keine Ahnung?
Hä?
Was denkst du, warum ich deinen freien Tag mit dir verbrin-gen will?
Was denkst du, warum ich in eine Trotzphase geraten bin, als du mit Hanaoka-Senpai zusammen warst?

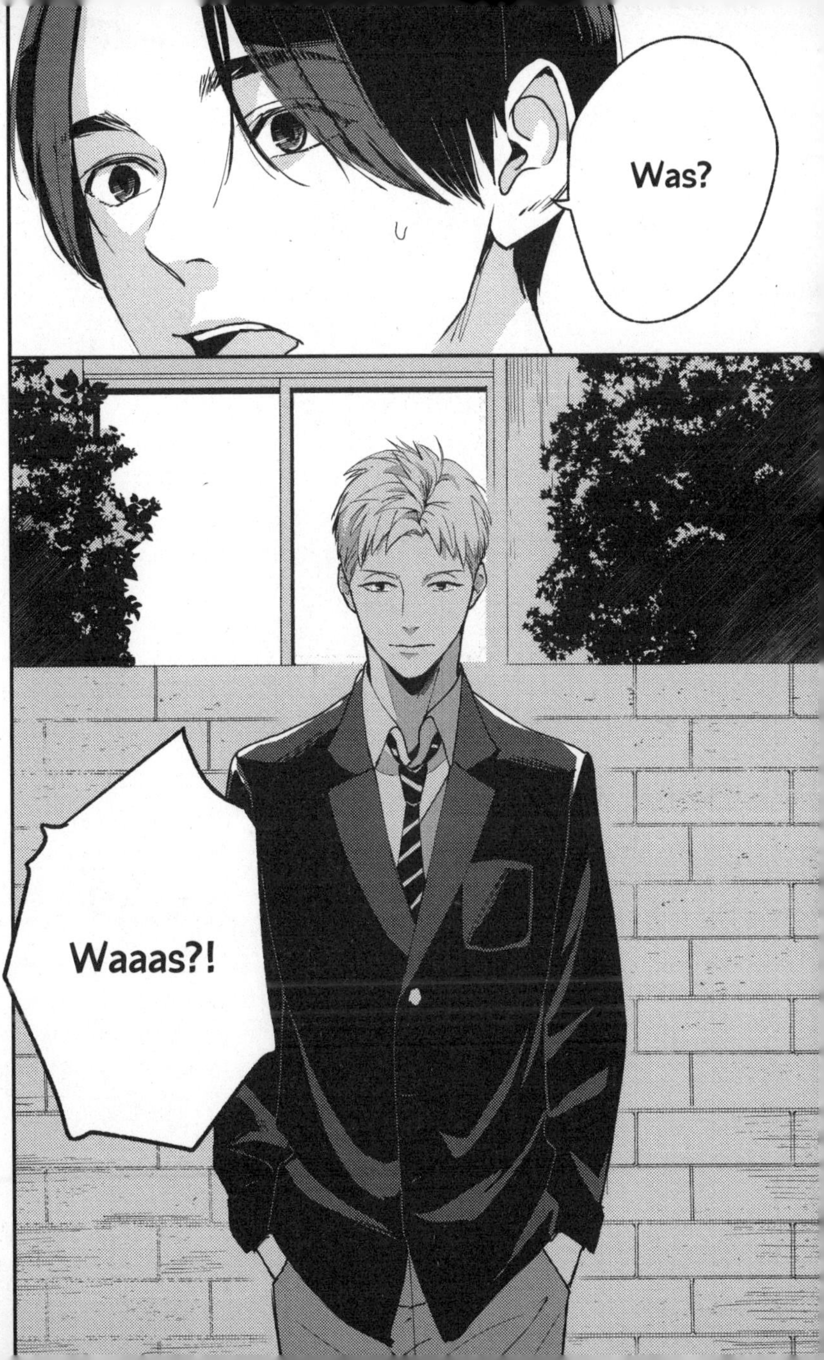
Was?
Waaas?!

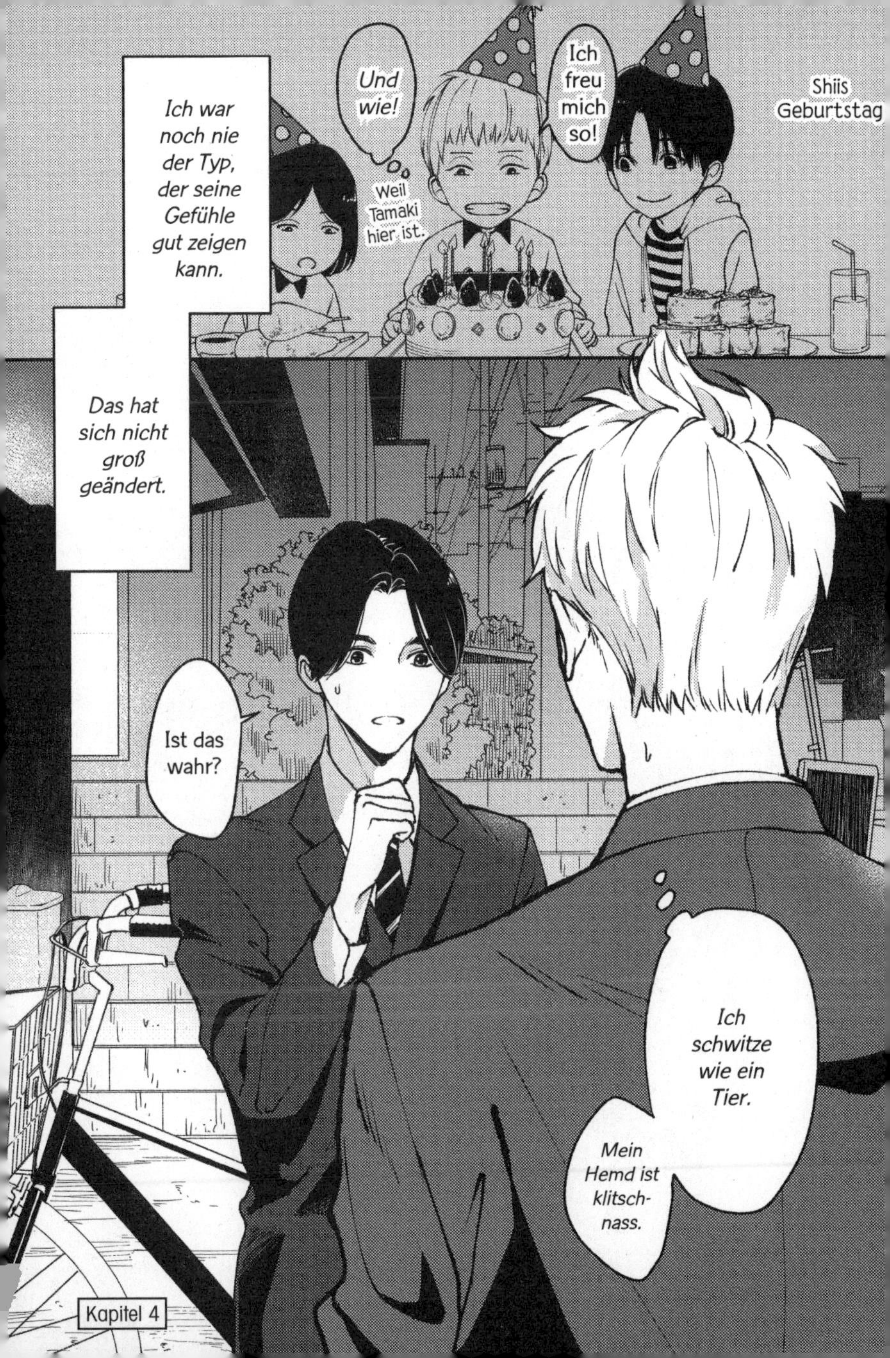
Shiis Geburtstag
Ich freu mich so!
Und wie!
Weil Tamaki hier ist.
Ich war noch nie der Typ, der seine Gefühle gut zeigen kann.
Das hat sich nicht groß geändert.
Ich schwitze wie ein Tier.
Mein Hemd ist klitsch-nass.
Ist das wahr?
Kapitel 4

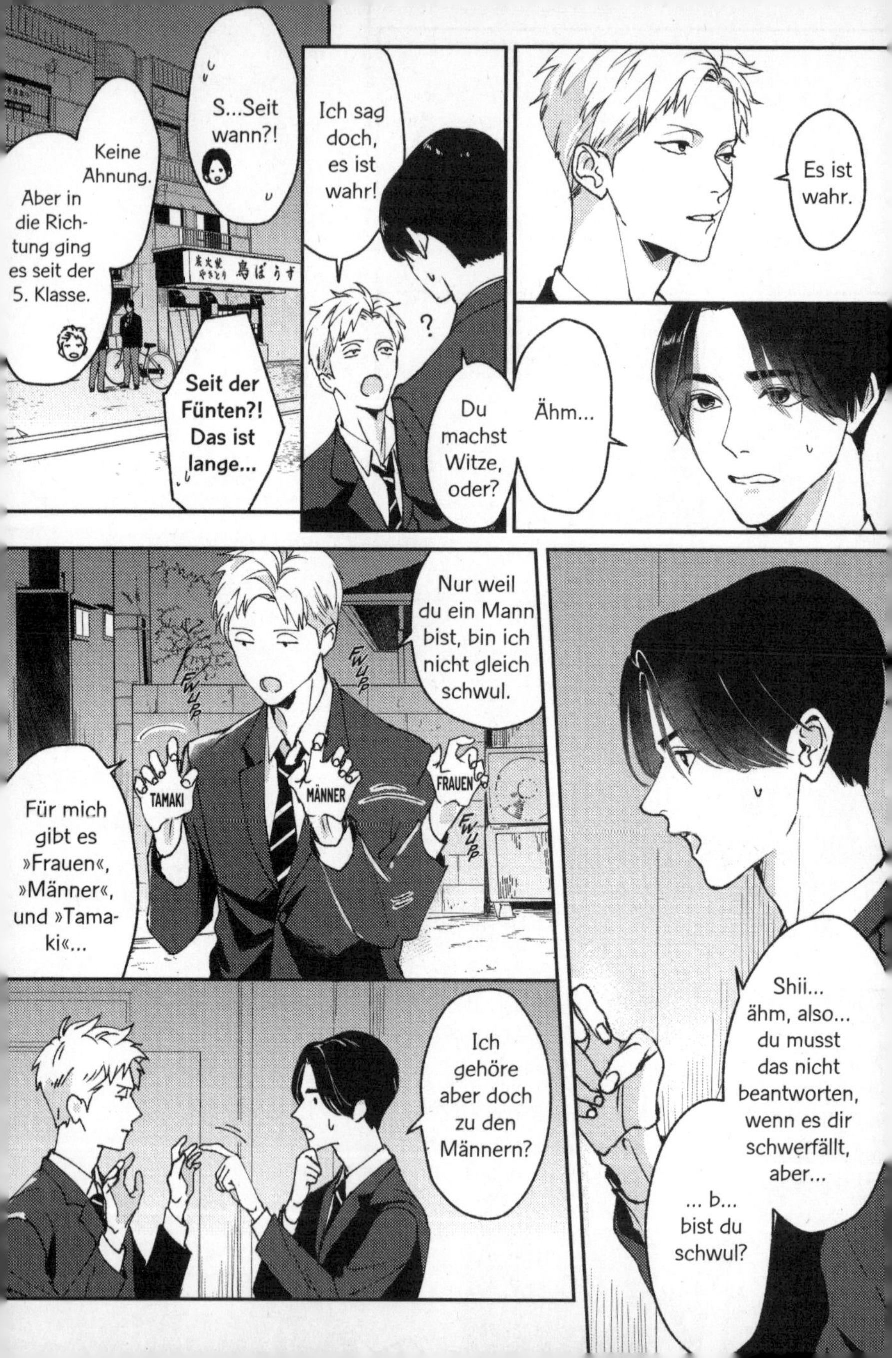
Es ist wahr.
Ähm...
Du machst Witze, oder?
Ich sag doch, es ist wahr!
S...Seit wann?!
Keine Ahnung. Aber in die Richtung ging es seit der 5. Klasse.
Seit der Fünten?! Das ist lange...
Shii... ähm, also... du musst das nicht beantworten, wenn es dir schwerfällt, aber...
... b... bist du schwul?
Nur weil du ein Mann bist, bin ich nicht gleich schwul.
FWUPP
FWUPP
TAMAKI
MÄNNER
FRAUEN
Für mich gibt es »Frauen«, »Männer«, und »Tamaki«...
Ich gehöre aber doch zu den Männern?

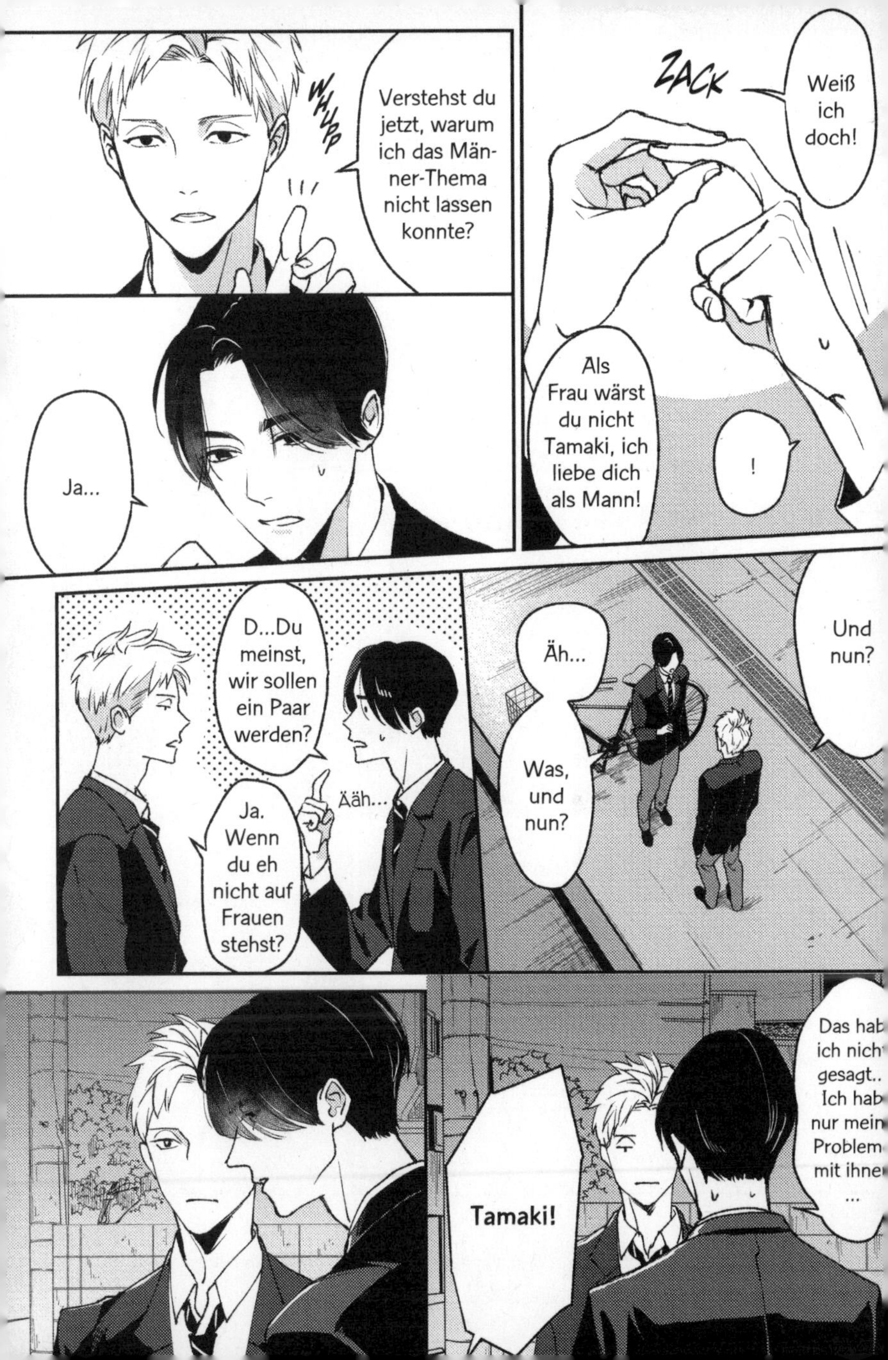
WHUPP
Verstehst du jetzt, warum ich das Männer-Thema nicht lassen konnte?
Ja...
ZACK
Weiß ich doch!
Als Frau wärst du nicht Tamaki, ich liebe dich als Mann!
!
Und nun?
Äh...
Was, und nun?
D...Du meinst, wir sollen ein Paar werden?
Ja. Wenn du eh nicht auf Frauen stehst?
Ääh...
Das hab ich nich gesagt.. Ich hab nur mein Problem mit ihne ...
Tamaki!

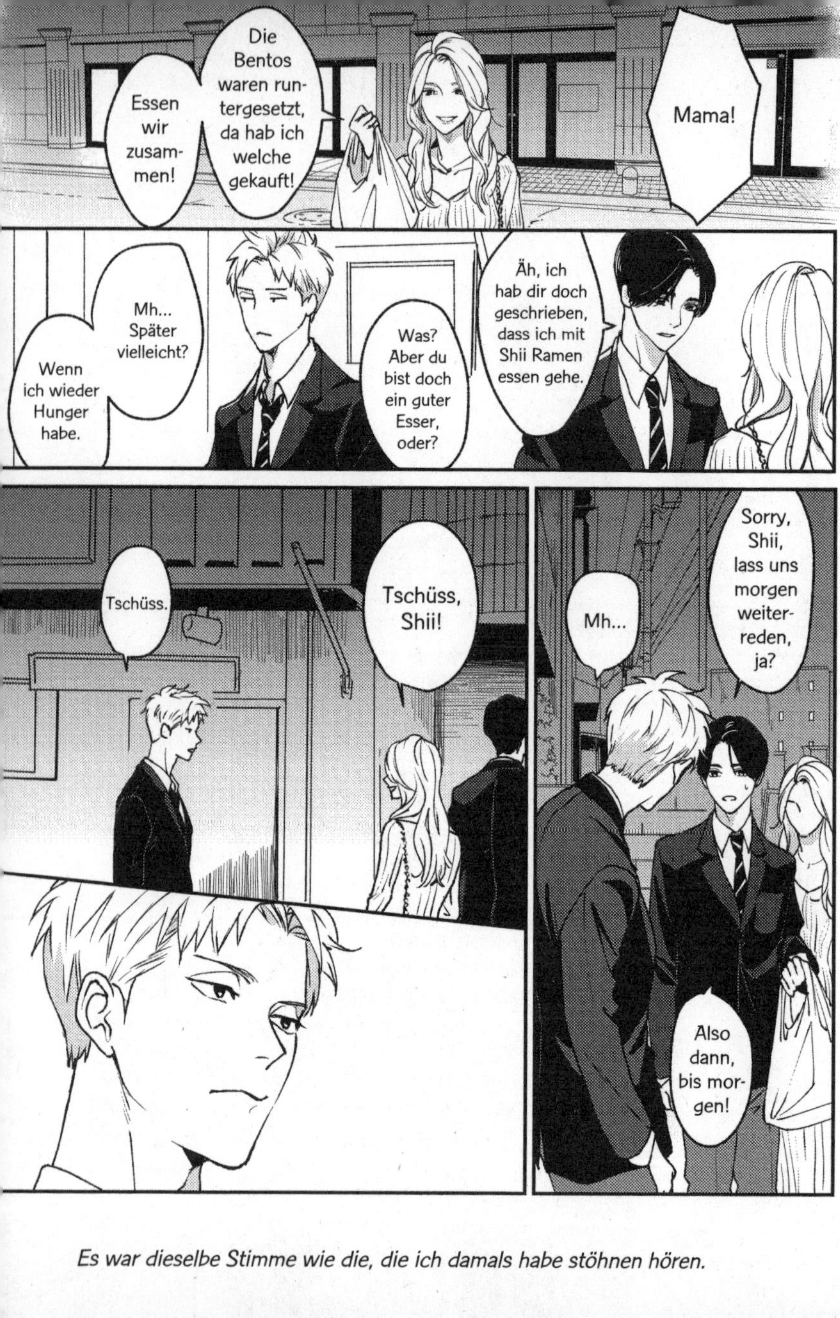

Es war dieselbe Stimme wie die, die ich damals habe stöhnen hören.

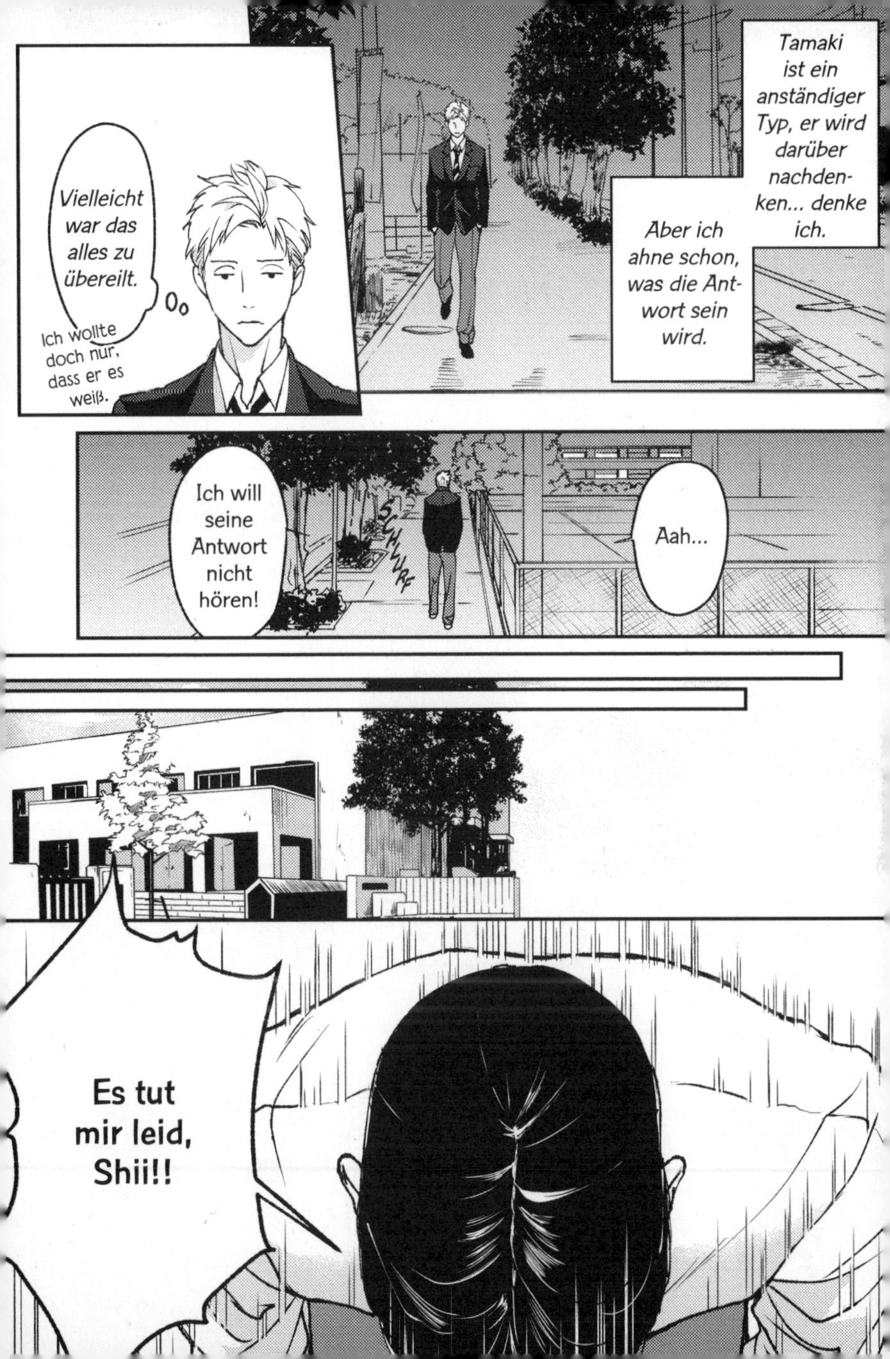
Tamaki ist ein anständiger Typ, er wird darüber nachdenken... denke ich.
Aber ich ahne schon, was die Antwort sein wird.
Vielleicht war das alles zu übereilt.
Ich wollte doch nur, dass er es weiß.
Aah...
SCHLURF
Ich will seine Antwort nicht hören!
Es tut mir leid, Shii!!

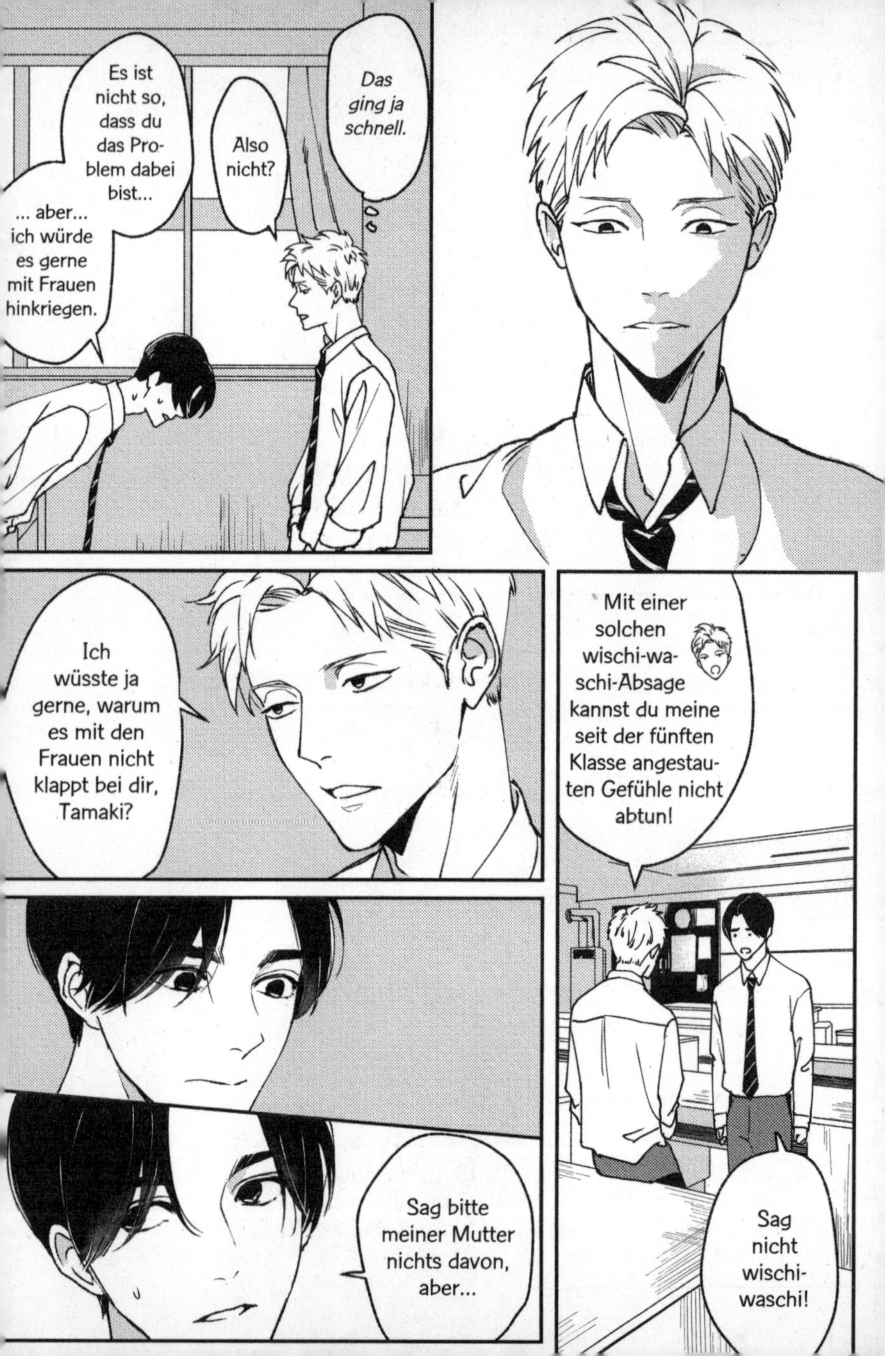
Das ging ja schnell.
Also nicht?
Es ist nicht so, dass du das Problem dabei bist...
... aber... ich würde es gerne mit Frauen hinkriegen.
Mit einer solchen wischi-waschi-Absage kannst du meine seit der fünften Klasse angestauten Gefühle nicht abtun!
Sag nicht wischi-waschi!
Ich wüsste ja gerne, warum es mit den Frauen nicht klappt bei dir, Tamaki?
Sag bitte meiner Mutter nichts davon, aber...

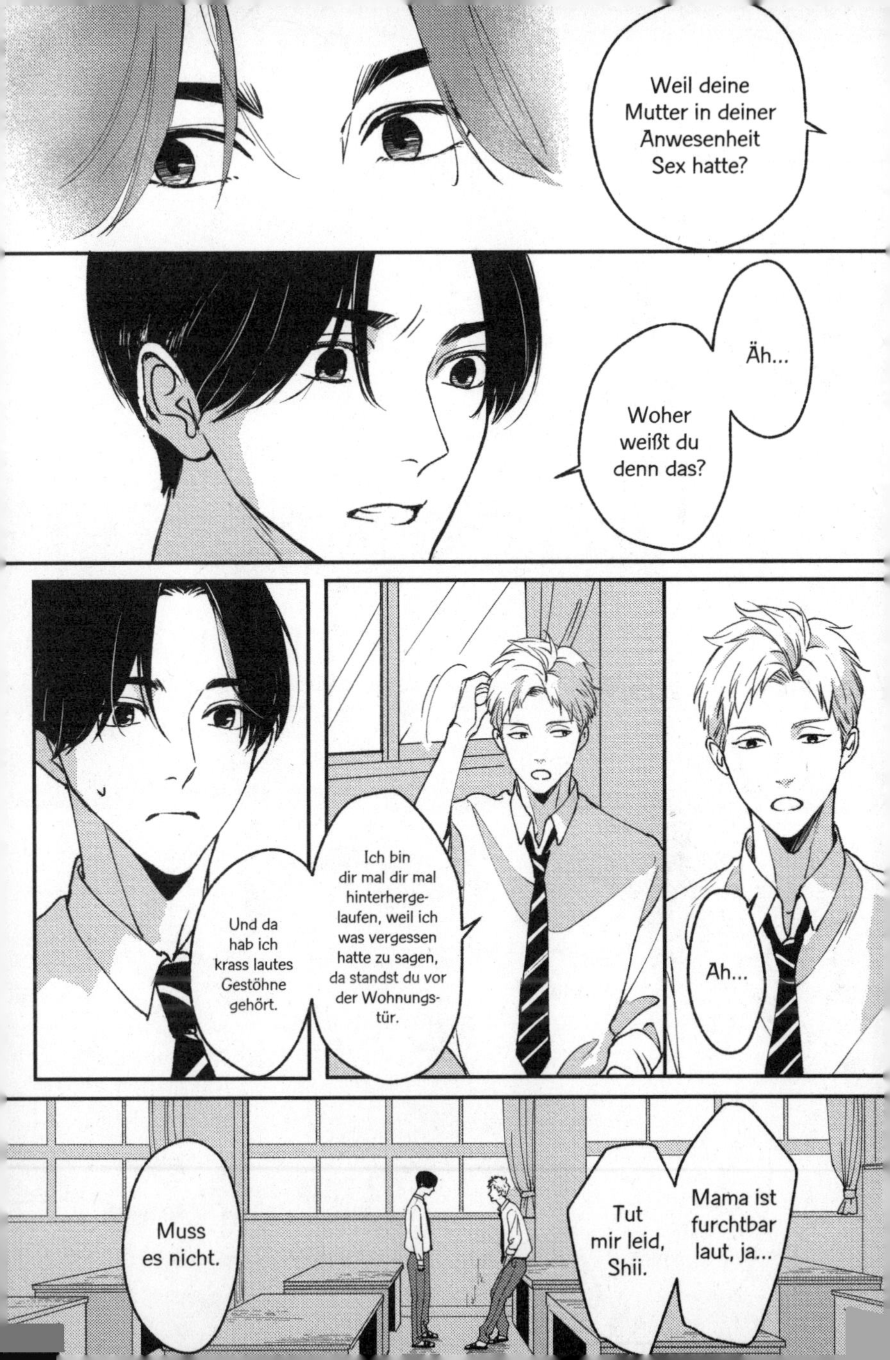
Weil deine Mutter in deiner Anwesenheit Sex hatte?
Äh...
Woher weißt du denn das?
Äh...
Ich bin dir mal dir mal hinterhergelaufen, weil ich was vergessen hatte zu sagen, da standst du vor der Wohnungstür.
Und da hab ich krass lautes Gestöhne gehört.
Mama ist furchtbar laut, ja...
Tut mir leid, Shii.
Muss es nicht.

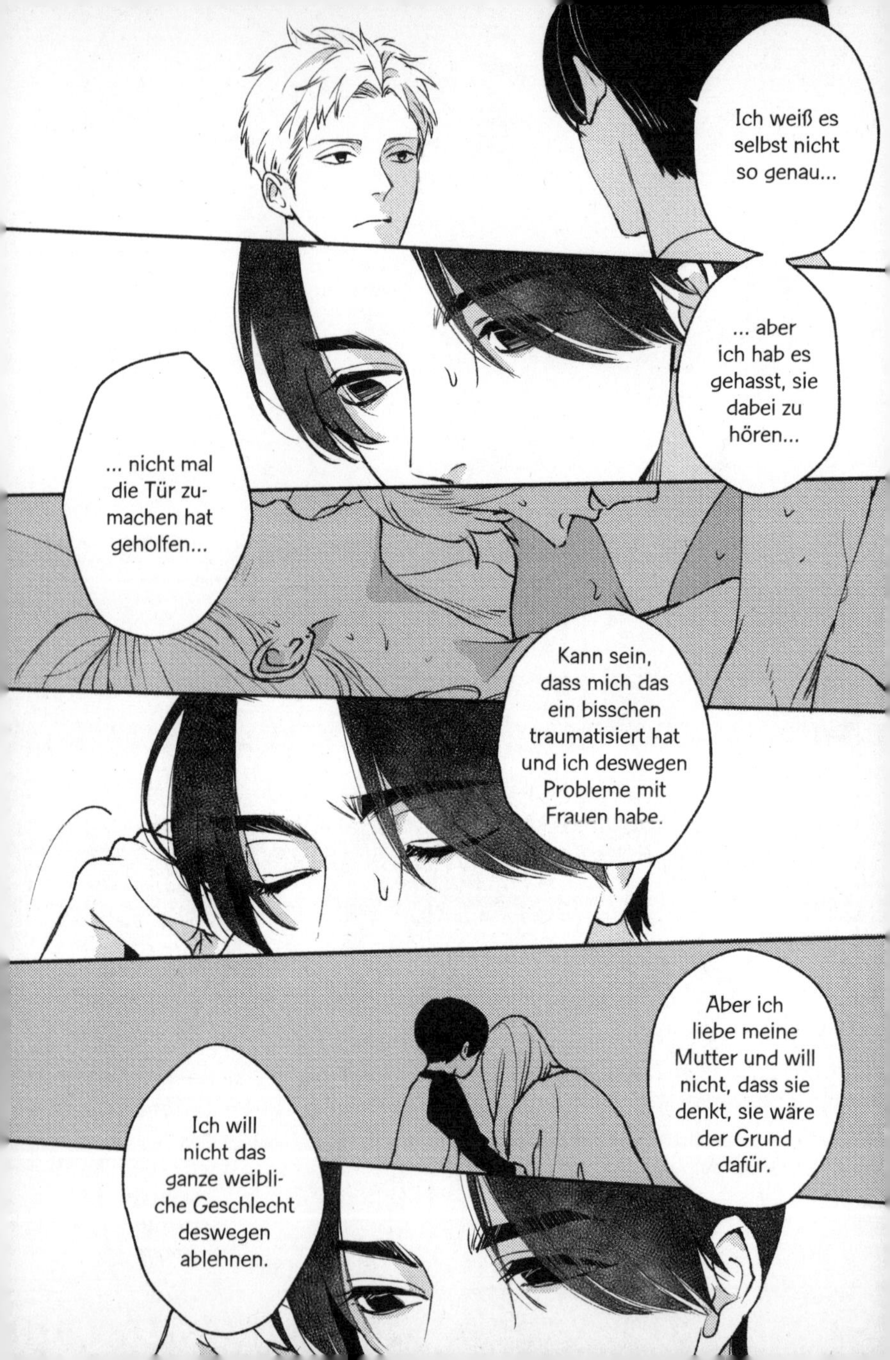
Ich weiß es selbst nicht so genau...
... aber ich hab es gehasst, sie dabei zu hören...
... nicht mal die Tür zumachen hat geholfen...
Kann sein, dass mich das ein bisschen traumatisiert hat und ich deswegen Probleme mit Frauen habe.
Aber ich liebe meine Mutter und will nicht, dass sie denkt, sie wäre der Grund dafür.
Ich will nicht das ganze weibliche Geschlecht deswegen ablehnen.

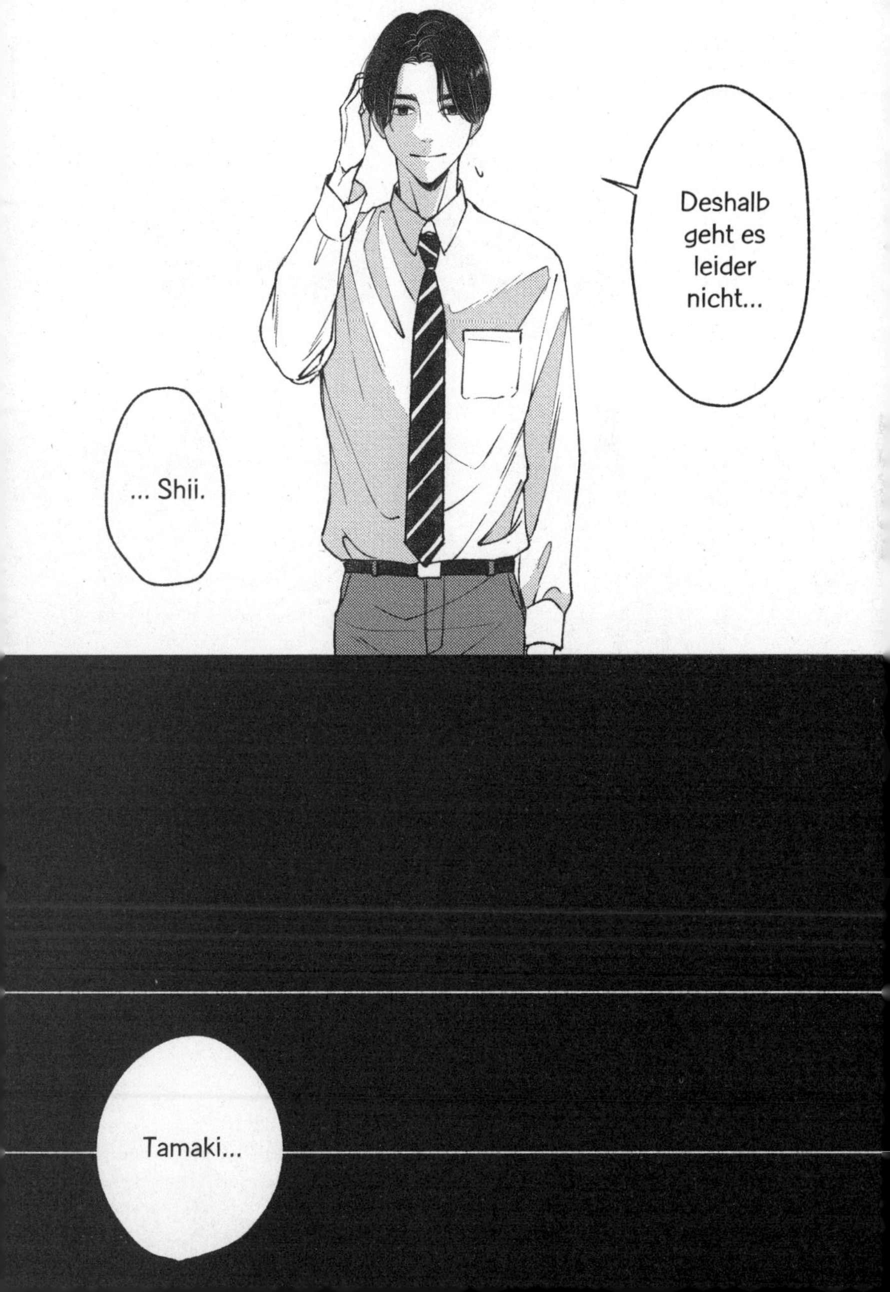
Deshalb geht es leider nicht...
... Shii.
Tamaki...

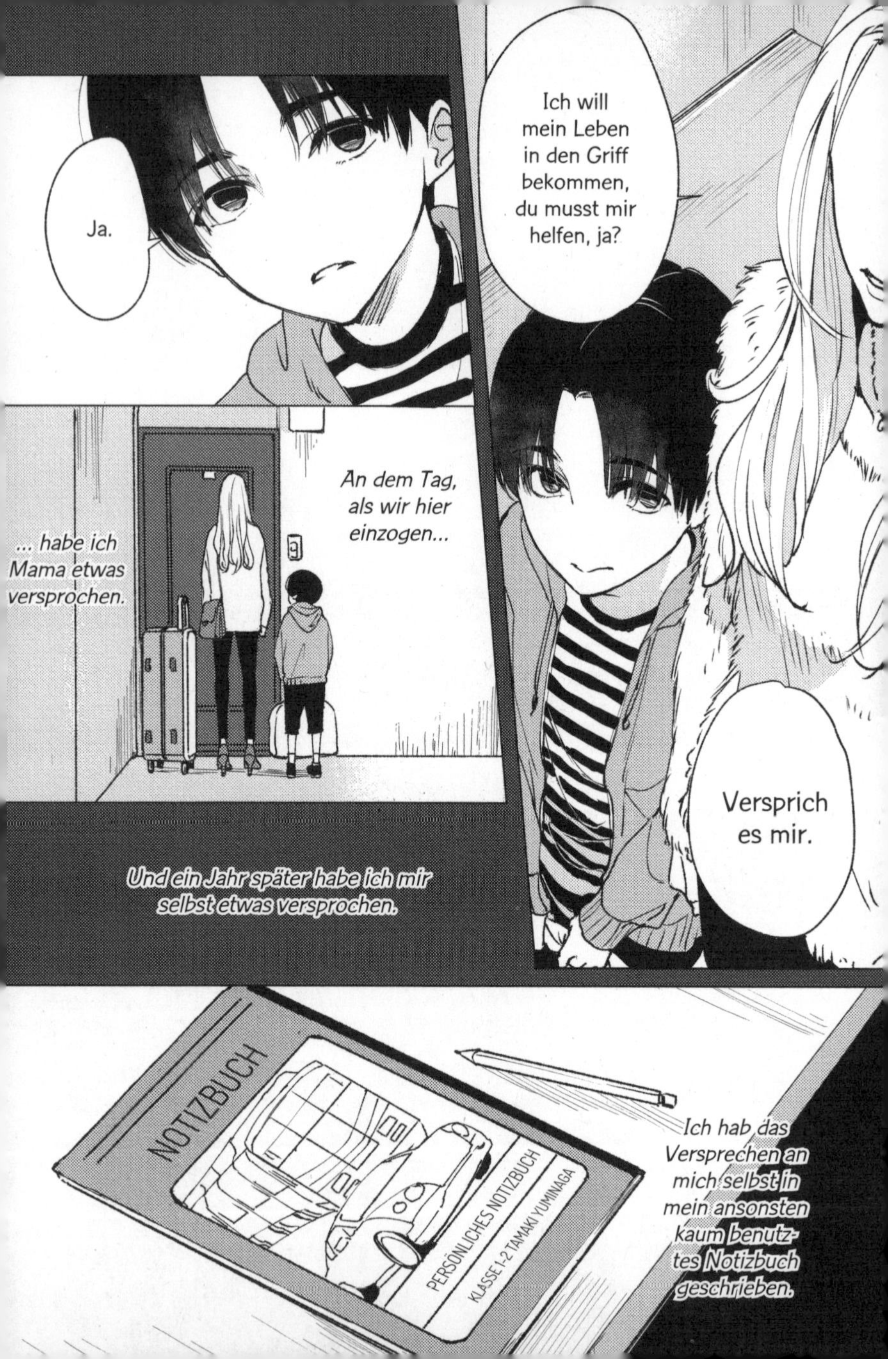

Ich will mein Leben in den Griff bekommen, du musst mir helfen, ja?
Versprich es mir.
Ja.
An dem Tag, als wir hier einzogen...
... habe ich Mama etwas versprochen.
Und ein Jahr später habe ich mir selbst etwas versprochen.
NOTIZBUCH
PERSÖNLICHES NOTIZBUCH
KLASSE 1-2 TAMAKI YUMINAGA
Ich hab das Versprechen an mich selbst in mein ansonsten kaum benutztes Notizbuch geschrieben.

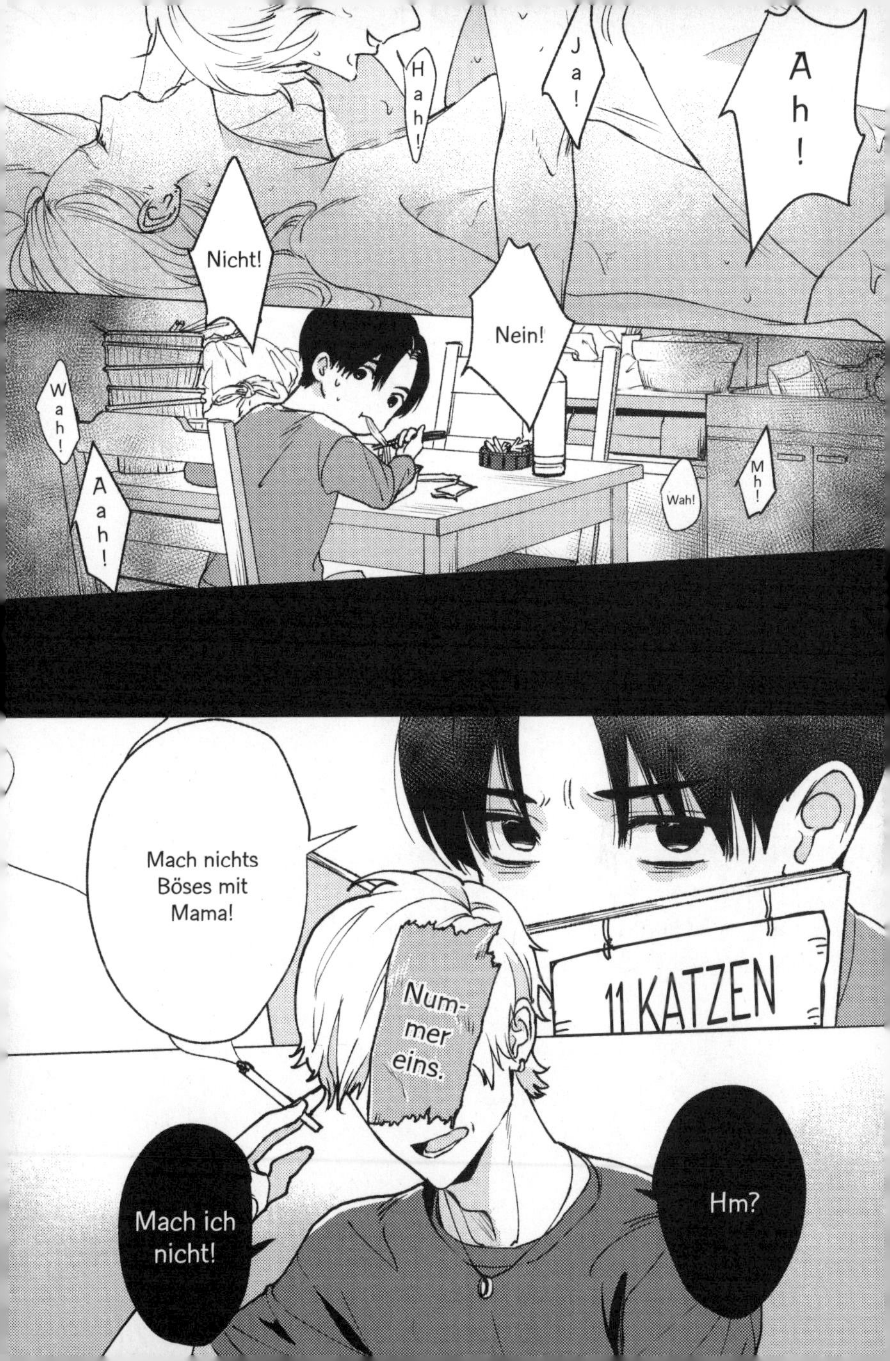
Ah!
Ja!
Hah!
Nicht!
Nein!
Mh!
Wah!
Wah!
Aah!
Mach nichts Böses mit Mama!
11 KATZEN
Nummer eins.
Hm?
Mach ich nicht!

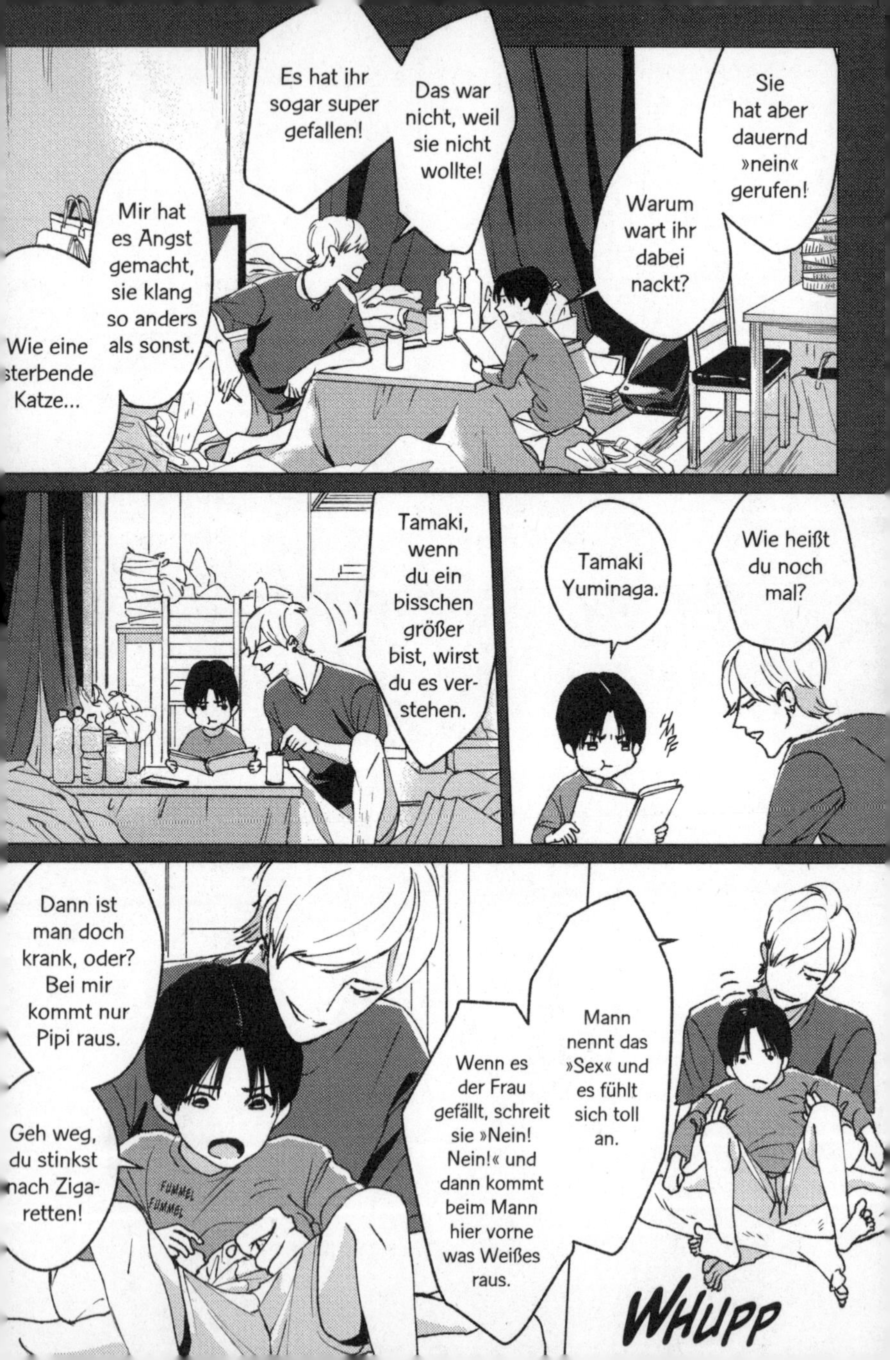
Sie hat aber dauernd »nein« gerufen!
Warum wart ihr dabei nackt?
Das war nicht, weil sie nicht wollte!
Es hat ihr sogar super gefallen!
Mir hat es Angst gemacht, sie klang so anders als sonst.
Wie eine sterbende Katze…
Wie heißt du noch mal?
Tamaki Yuminaga.
HMPF
Tamaki, wenn du ein bisschen größer bist, wirst du es verstehen.
Mann nennt das »Sex« und es fühlt sich toll an.
Wenn es der Frau gefällt, schreit sie »Nein! Nein!« und dann kommt beim Mann hier vorne was Weißes raus.
WHUPP
Dann ist man doch krank, oder? Bei mir kommt nur Pipi raus.
Geh weg, du stinkst nach Zigaretten!
FUMMEL FUMMEL

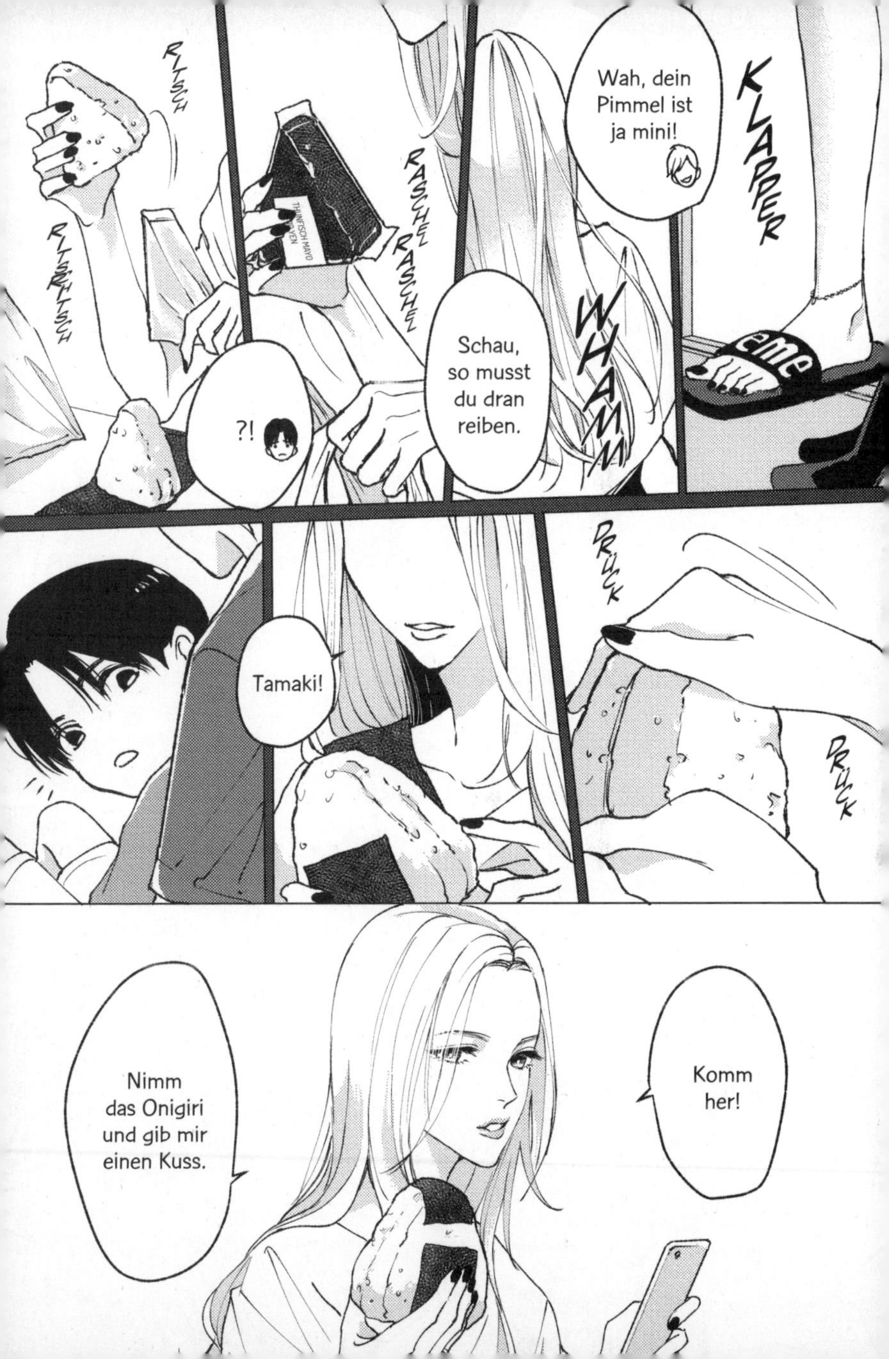
KLAPPER
Wah, dein Pimmel ist ja mini!
WHAMM
Schau, so musst du dran reiben.
RASCHEL RASCHEL
THUNFISCH MAYO
?!
RITSCH
RITSCHRITSCH
DRÜCK
DRÜCK
Tamaki!
Komm her!
Nimm das Onigiri und gib mir einen Kuss.

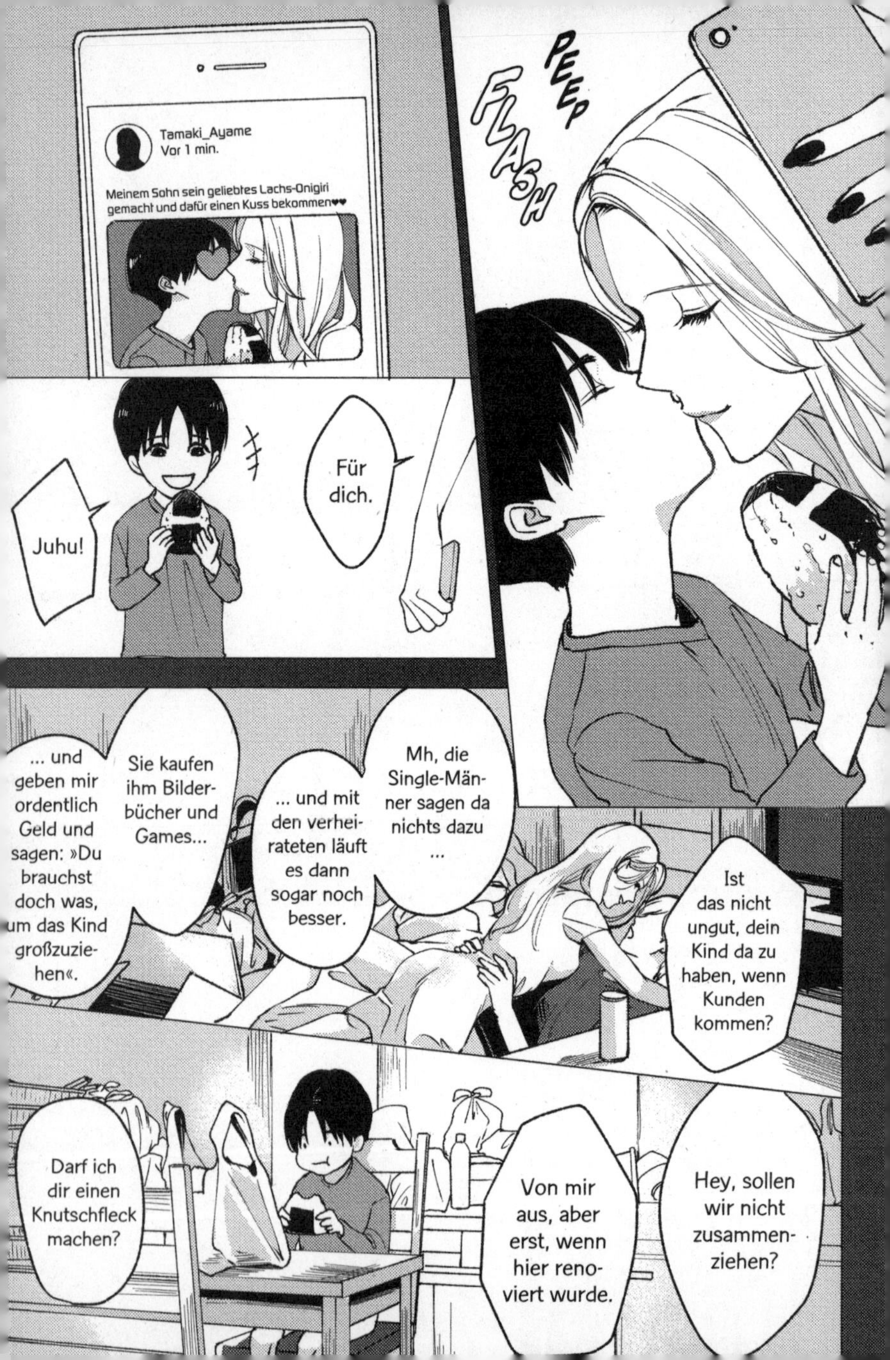

PEEP
FLASH
Tamaki_Ayame
Vor 1 min.
Meinem Sohn sein geliebtes Lachs-Onigiri gemacht und dafür einen Kuss bekommen♥♥
Für dich.
Juhu!
Ist das nicht ungut, dein Kind da zu haben, wenn Kunden kommen?
Mh, die Single-Männer sagen da nichts dazu ...
... und mit den verheirateten läuft es dann sogar noch besser.
Sie kaufen ihm Bilderbücher und Games...
... und geben mir ordentlich Geld und sagen: »Du brauchst doch was, um das Kind großzuziehen«.
Hey, sollen wir nicht zusammenziehen?
Von mir aus, aber erst, wenn hier renoviert wurde.
Darf ich dir einen Knutschfleck machen?

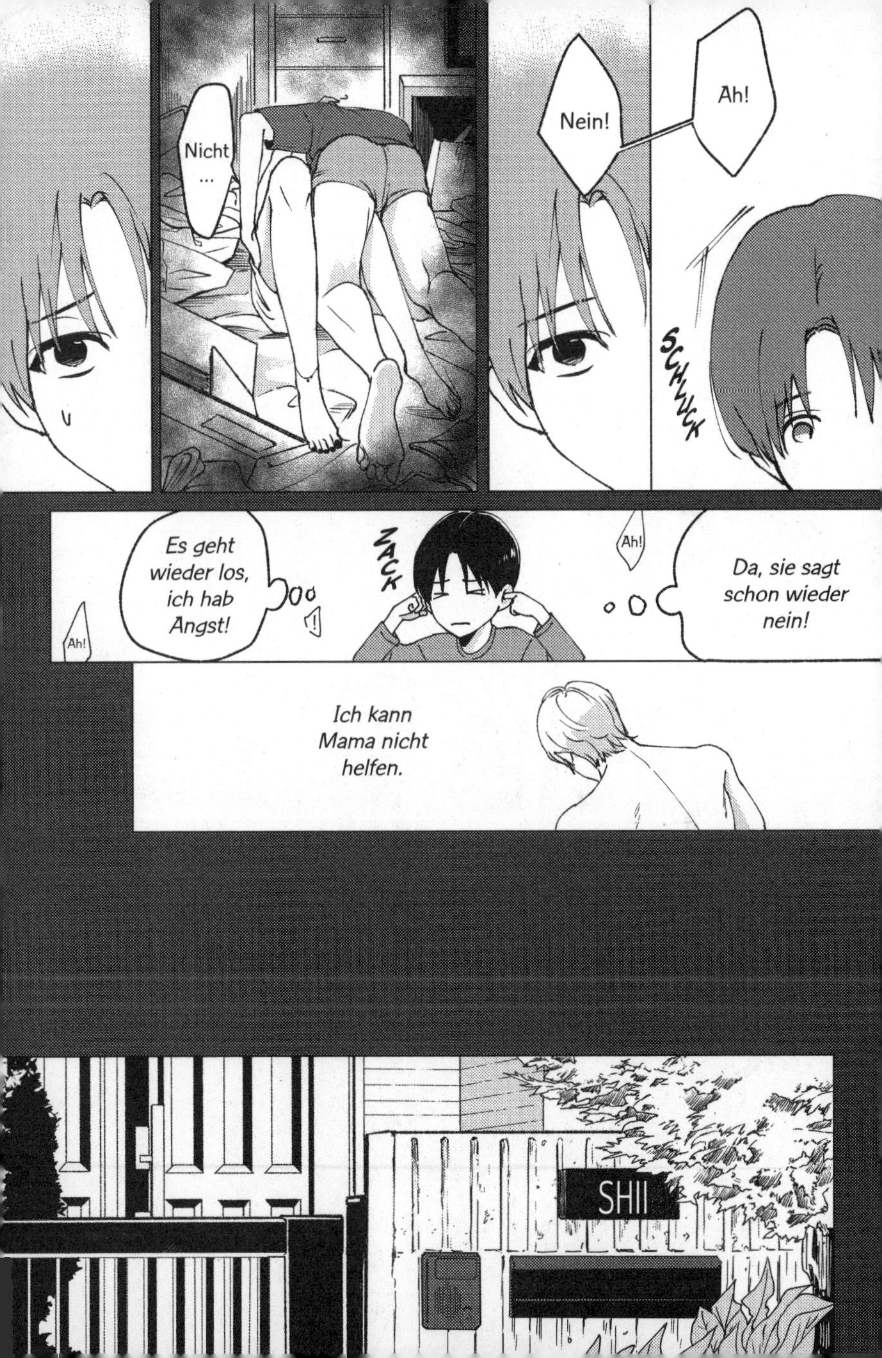
Ah!
Nein!
SCHLUCK
Nicht ...
Da, sie sagt schon wieder nein!
Ah!
ZACK
Es geht wieder los, ich hab Angst!
Ah!
Ich kann Mama nicht helfen.
SHII

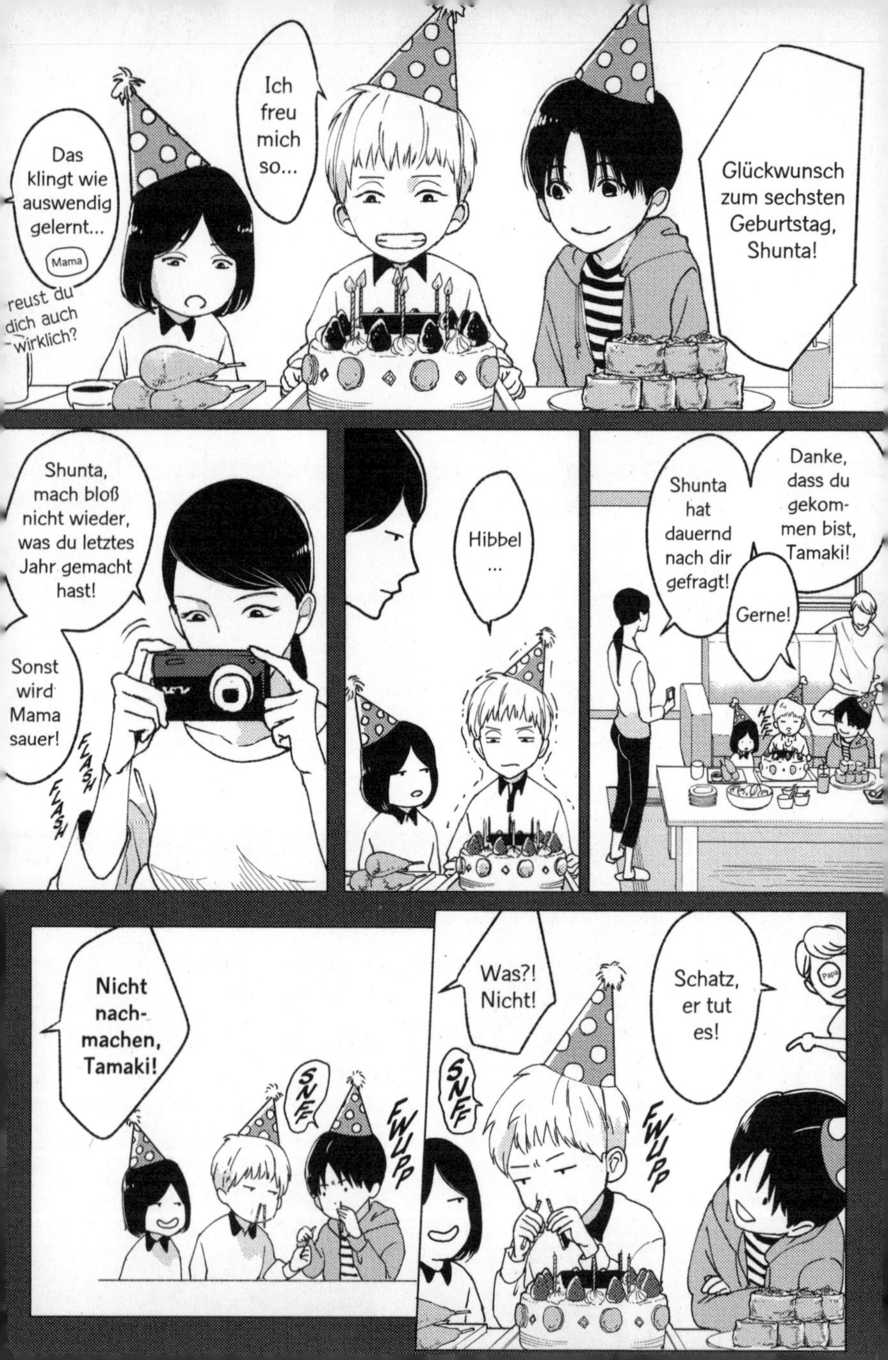
Glückwunsch zum sechsten Geburtstag, Shunta!
Ich freu mich so...
Das klingt wie auswendig gelernt...
Mama
reust du dich auch wirklich?
Danke, dass du gekommen bist, Tamaki!
Shunta hat dauernd nach dir gefragt!
Gerne!
Hibbel ...
Shunta, mach bloß nicht wieder, was du letztes Jahr gemacht hast!
Sonst wird Mama sauer!
FLASH
FLASH
Papa
Schatz, er tut es!
Was?! Nicht!
SNFF
FWUPP
Nicht nachmachen, Tamaki!
SNFF
FWUPP

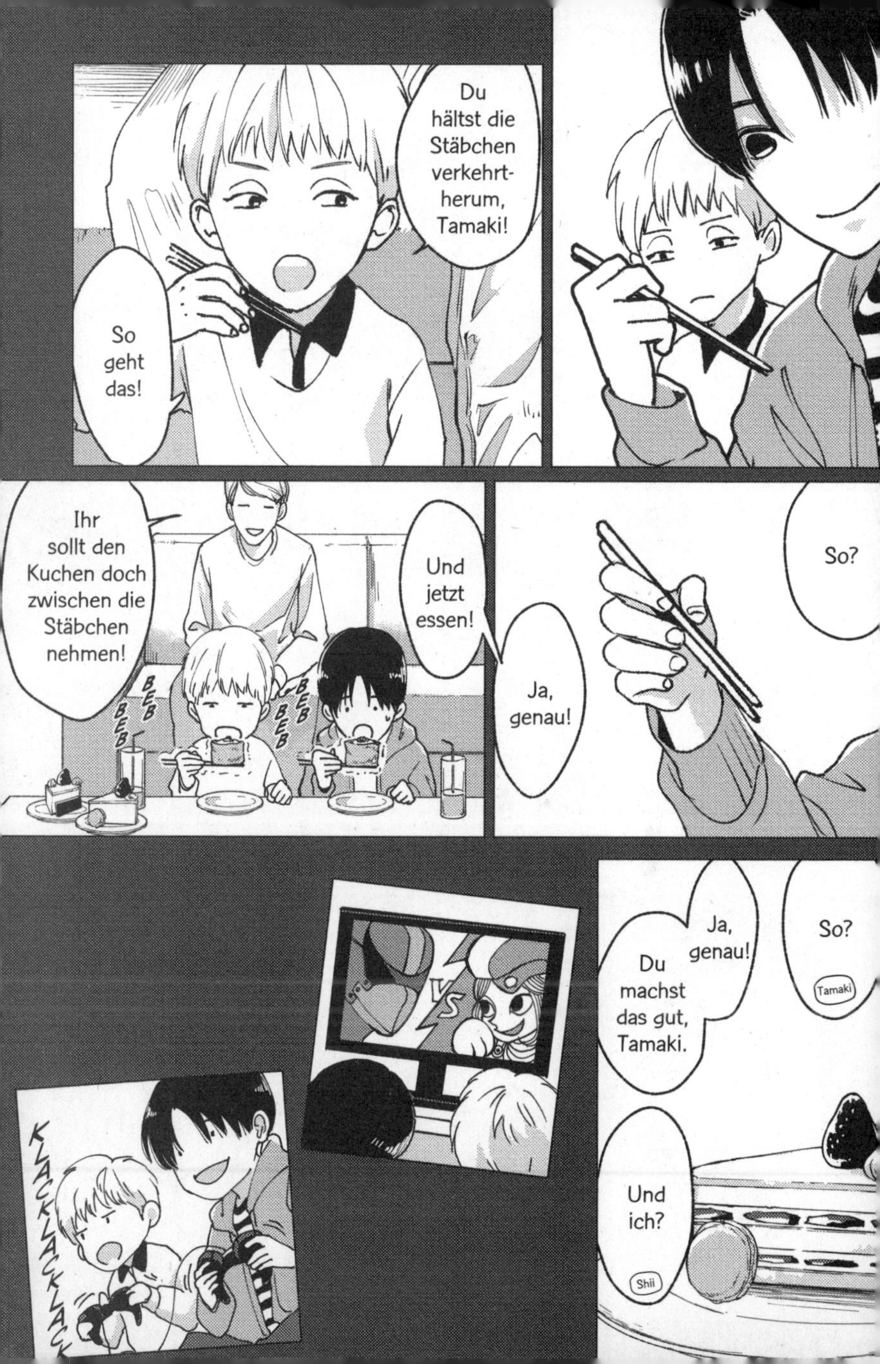
Du hältst die Stäbchen verkehrtherum, Tamaki!
So geht das!
So?
Ja, genau!
Und jetzt essen!
Ihr sollt den Kuchen doch zwischen die Stäbchen nehmen!
BEB BEB
BEB BEB
So?
Tamaki
Ja, genau!
Du machst das gut, Tamaki.
Und ich?
Shii
KLACKKLACKKLACK

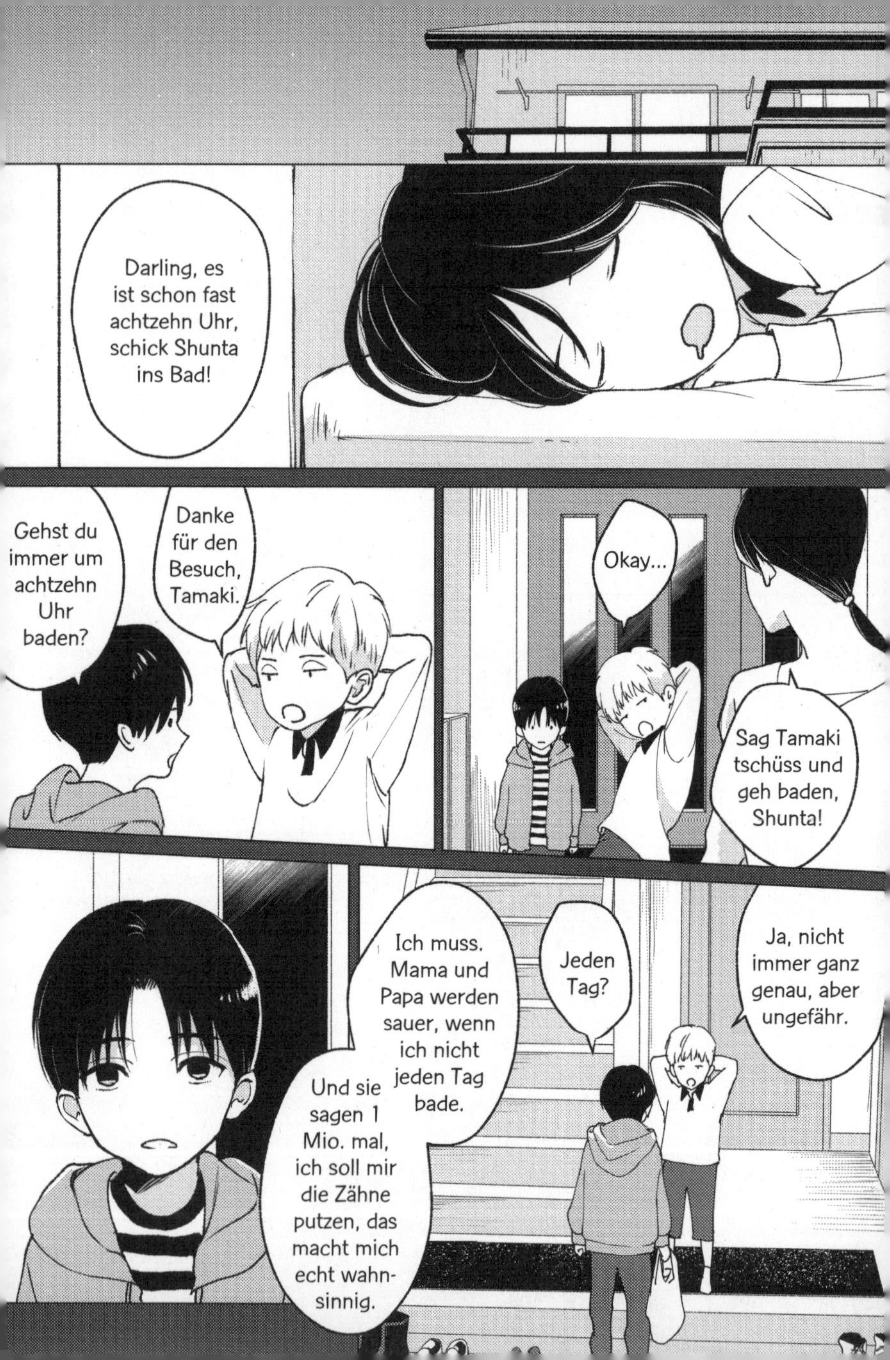
Darling, es ist schon fast achtzehn Uhr, schick Shunta ins Bad!
Sag Tamaki tschüss und geh baden, Shunta!
Okay...
Danke für den Besuch, Tamaki.
Gehst du immer um achtzehn Uhr baden?
Ja, nicht immer ganz genau, aber ungefähr.
Jeden Tag?
Ich muss. Mama und Papa werden sauer, wenn ich nicht jeden Tag bade.
Und sie sagen 1 Mio. mal, ich soll mir die Zähne putzen, das macht mich echt wahnsinnig.

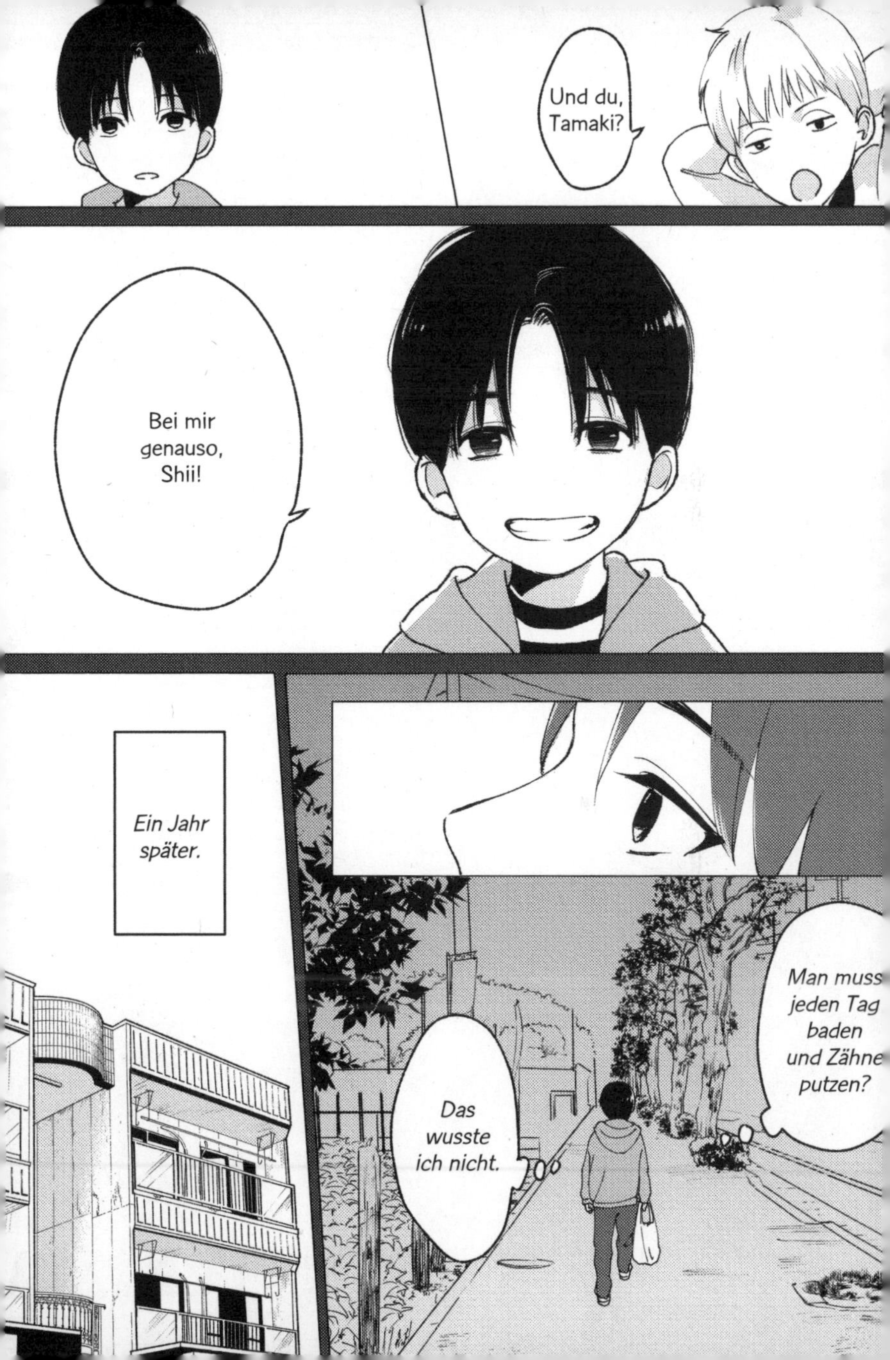
Und du, Tamaki?
Bei mir genauso, Shii!
Ein Jahr später.
Man muss jeden Tag baden und Zähne putzen?
Das wusste ich nicht.

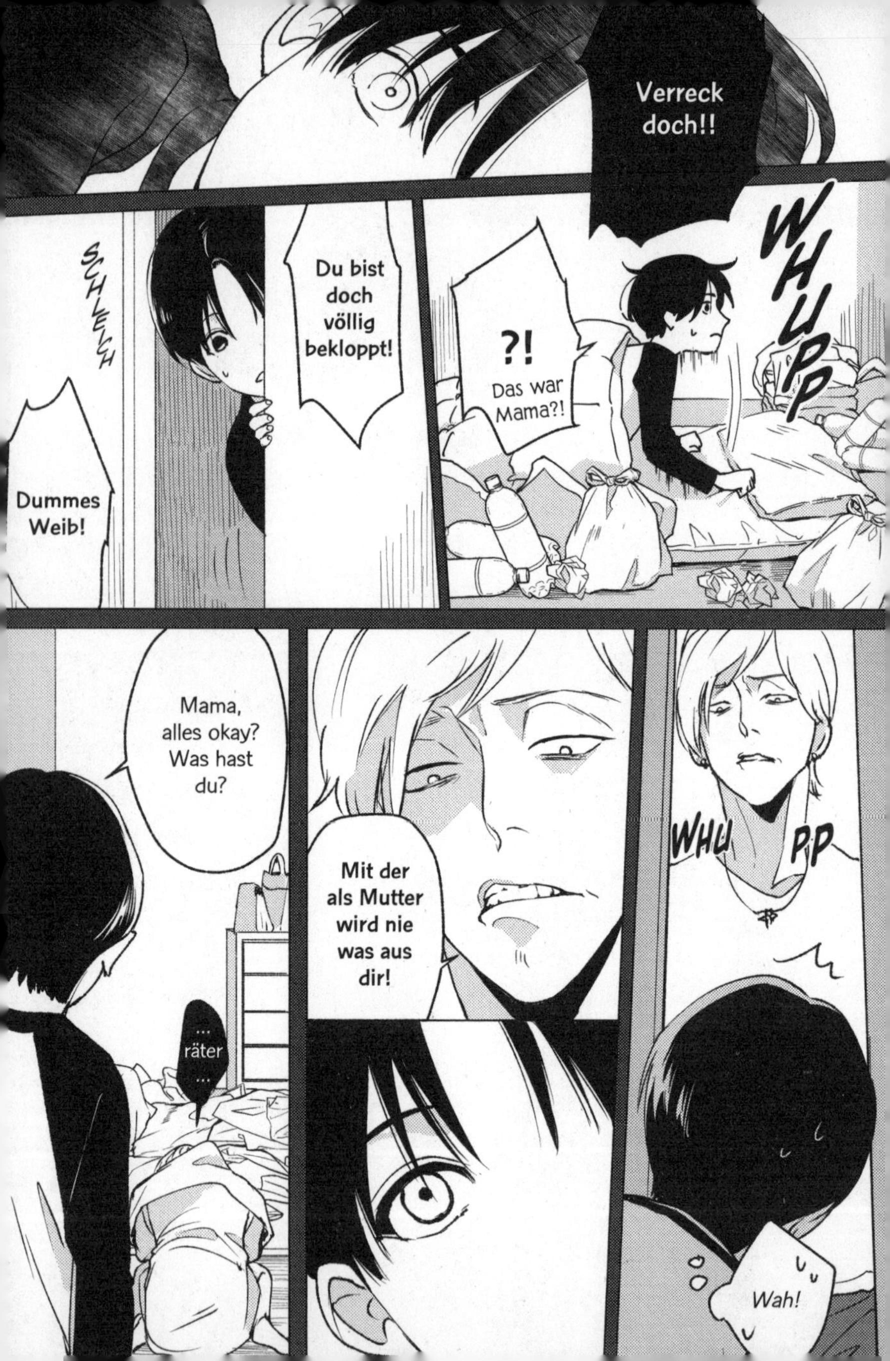
Verreck doch!!
WHUPP
?!
Das war Mama?!
Du bist doch völlig bekloppt!
SCHLEICH
Dummes Weib!
WHUPP
Mit der als Mutter wird nie was aus dir!
Mama, alles okay? Was hast du?
... räter ...
Wah!

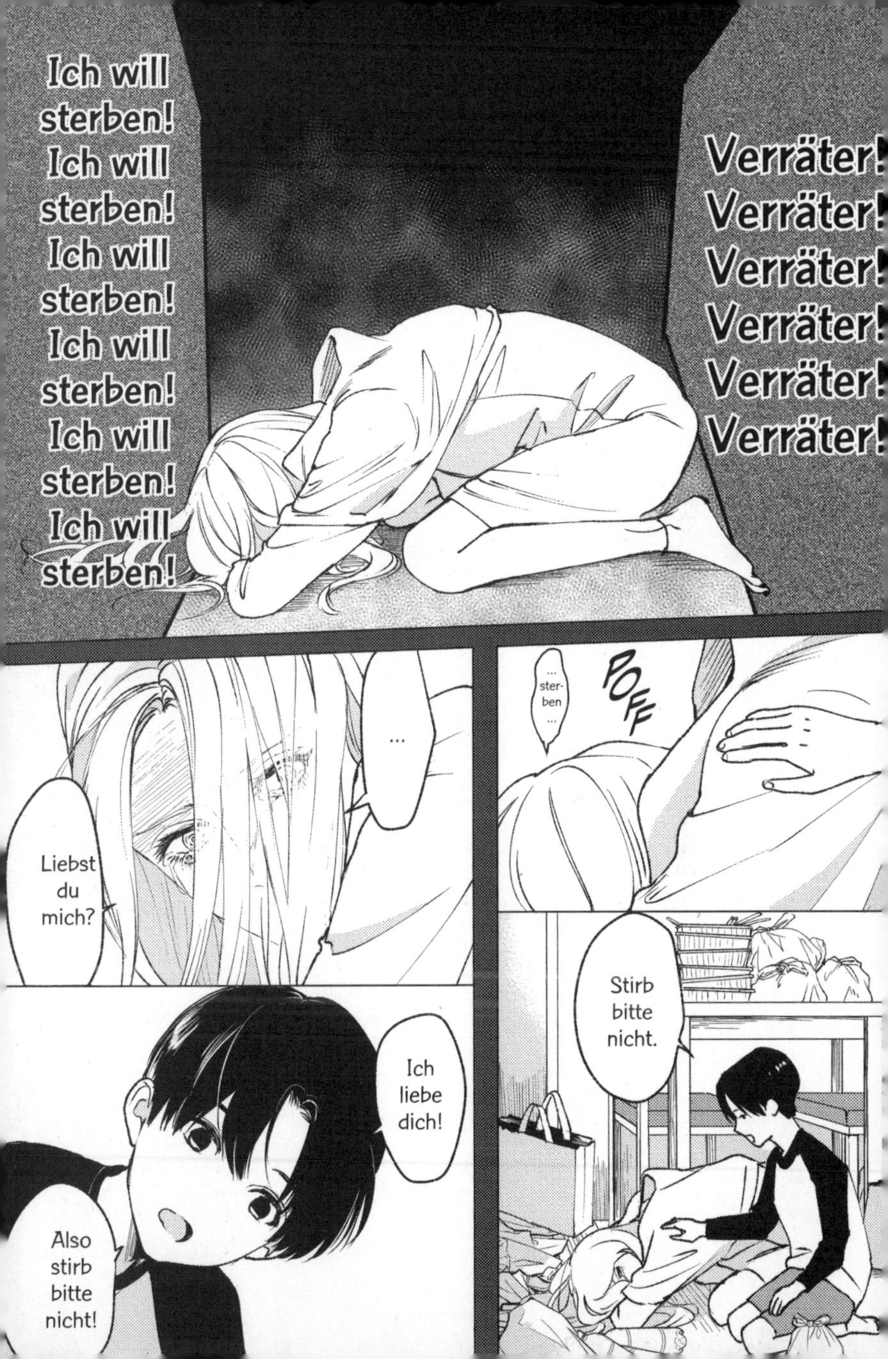
Verräter! Verräter! Verräter! Verräter! Verräter! Verräter!
Ich will sterben! Ich will sterben! Ich will sterben! Ich will sterben! Ich will sterben! Ich will sterben!
... sterben ...
POFF
...
Liebst du mich?
Stirb bitte nicht.
Ich liebe dich!
Also stirb bitte nicht!

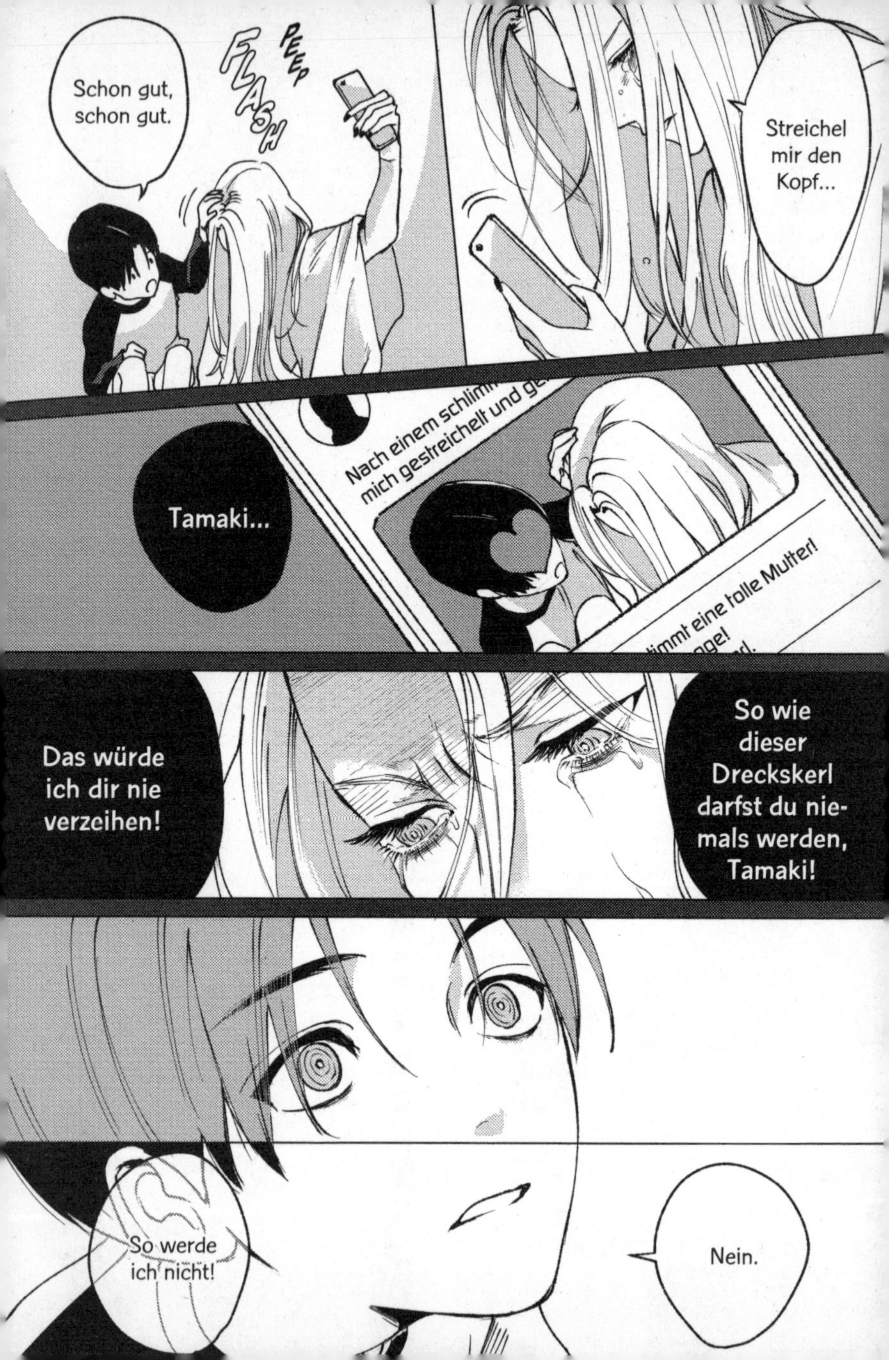
Streichel mir den Kopf...
PEEP
FLASH
Schon gut, schon gut.
Tamaki...
So wie dieser Dreckskerl darfst du nie-mals werden, Tamaki!
Das würde ich dir nie verzeihen!
Nein.
So werde ich nicht!

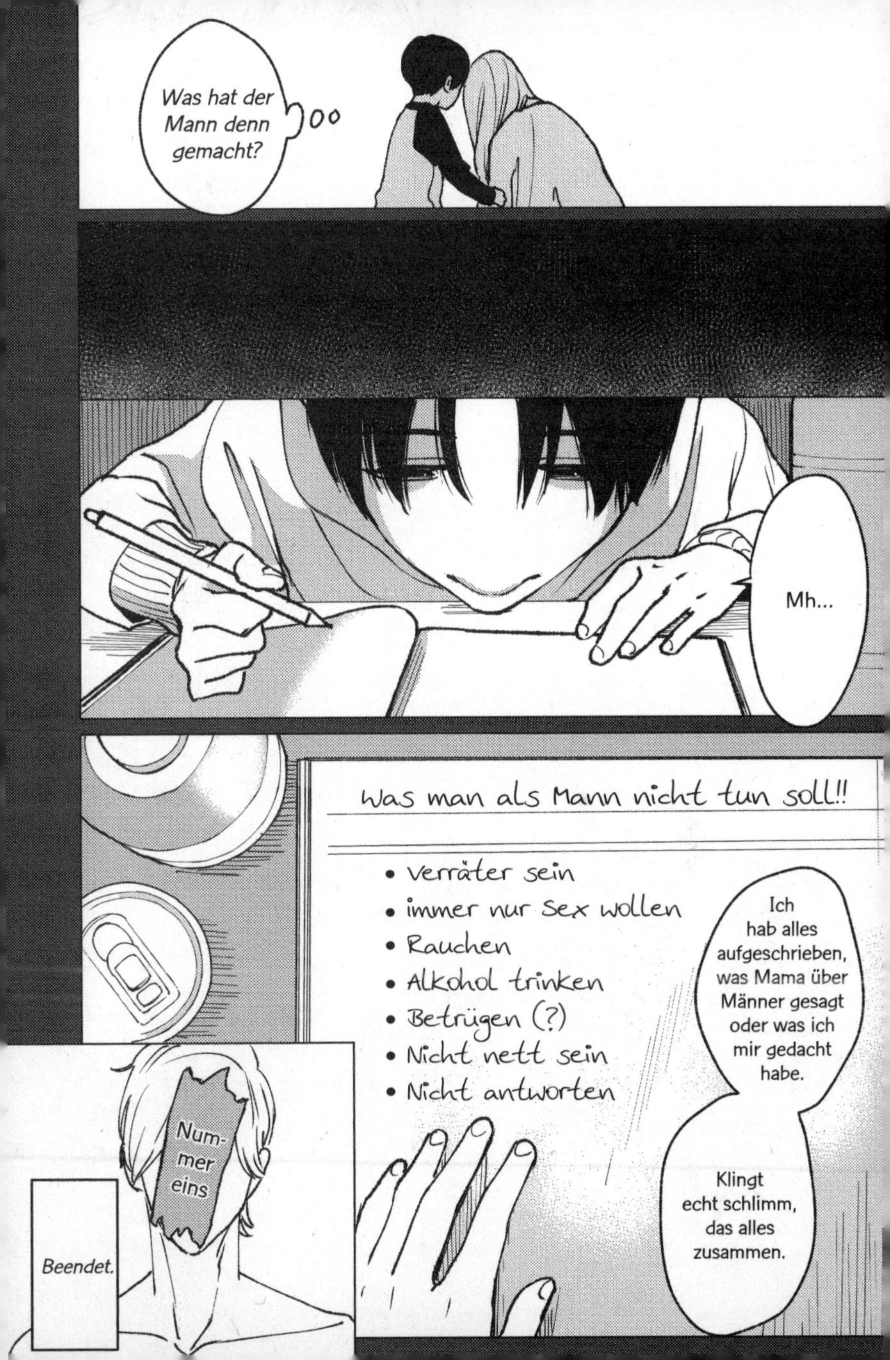
Was hat der Mann denn gemacht?
Mh...
Was man als Mann nicht tun soll!!
• Verräter sein
• immer nur Sex wollen
• Rauchen
• Alkohol trinken
• Betrügen (?)
• Nicht nett sein
• Nicht antworten
Ich hab alles aufgeschrieben, was Mama über Männer gesagt oder was ich mir gedacht habe.
Klingt echt schlimm, das alles zusammen.
Nummer eins
Beendet.

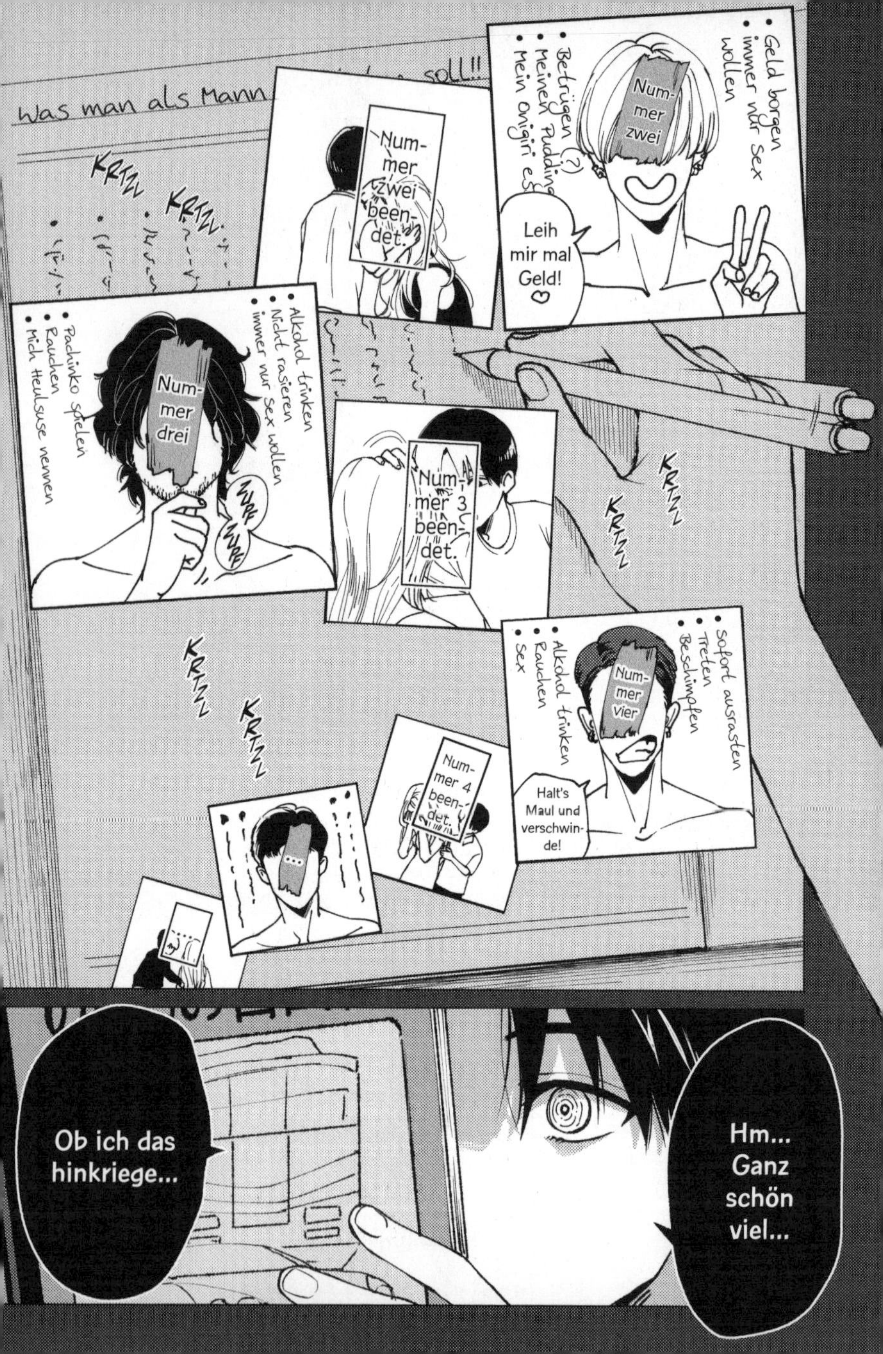

Was man als Mann … soll!!
Geld borgen
immer nur Sex wollen
Betrügen (?)
Meinen Pudding
Mein Onigiri essen
Num-mer zwei
Leih mir mal Geld! ♡
Num-mer zwei been-det.
Alkohol trinken
Nicht rasieren
immer nur Sex wollen
Pachinko spielen
Rauchen
Mich Heulsuse nennen
Num-mer drei
Num-mer 3 been-det.
sofort ausrasten
Treten
Beschimpfen
Alkohol trinken
Rauchen
Sex
Num-mer vier
Halt's Maul und verschwin-de!
Num-mer 4 been-det.
…
Hm… Ganz schön viel…
Ob ich das hinkriege…

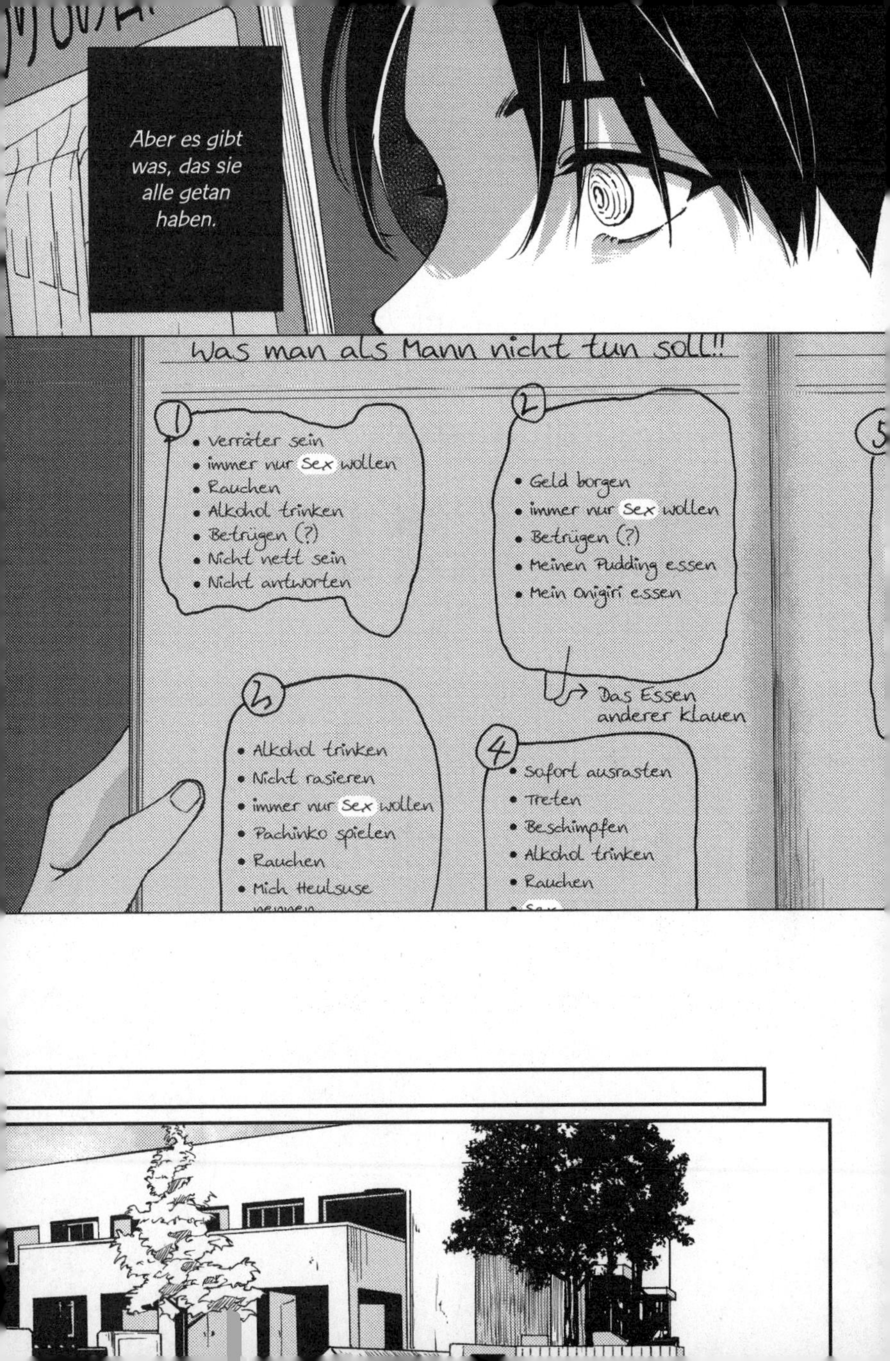
Aber es gibt was, das sie alle getan haben.
Was man als Mann nicht tun soll!!
1
• Verräter sein
• immer nur Sex wollen
• Rauchen
• Alkohol trinken
• Betrügen (?)
• Nicht nett sein
• Nicht antworten
2
• Geld borgen
• immer nur Sex wollen
• Betrügen (?)
• Meinen Pudding essen
• Mein Onigiri essen
→ Das Essen anderer klauen
3
• Alkohol trinken
• Nicht rasieren
• immer nur Sex wollen
• Pachinko spielen
• Rauchen
• Mich Heulsuse
4
• Sofort ausrasten
• Treten
• Beschimpfen
• Alkohol trinken
• Rauchen

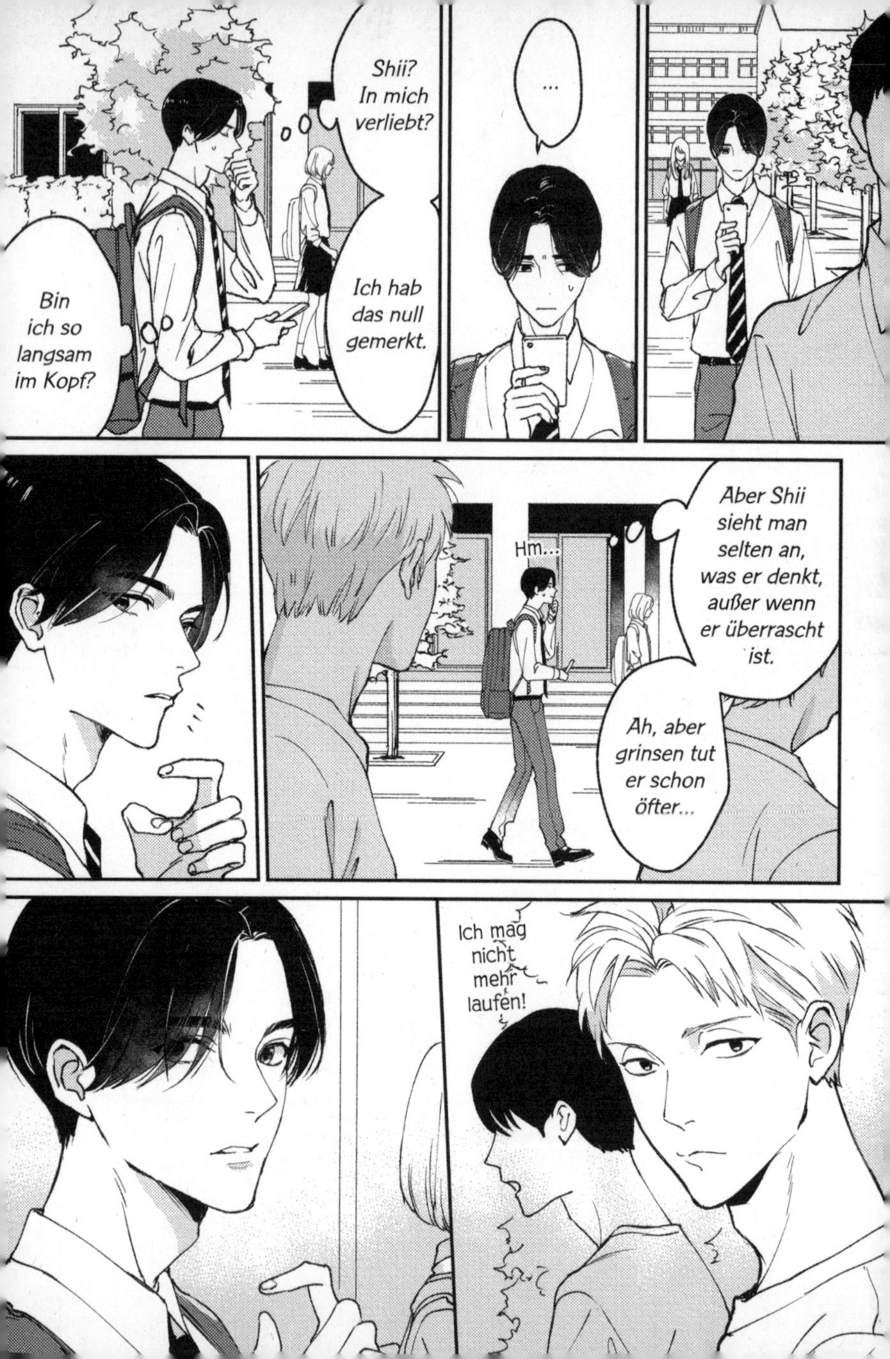
...
Shii? In mich verliebt?
Ich hab das null gemerkt.
Bin ich so langsam im Kopf?
Aber Shii sieht man selten an, was er denkt, außer wenn er überrascht ist.
Ah, aber grinsen tut er schon öfter...
Hm...
Ich mag nicht mehr laufen!

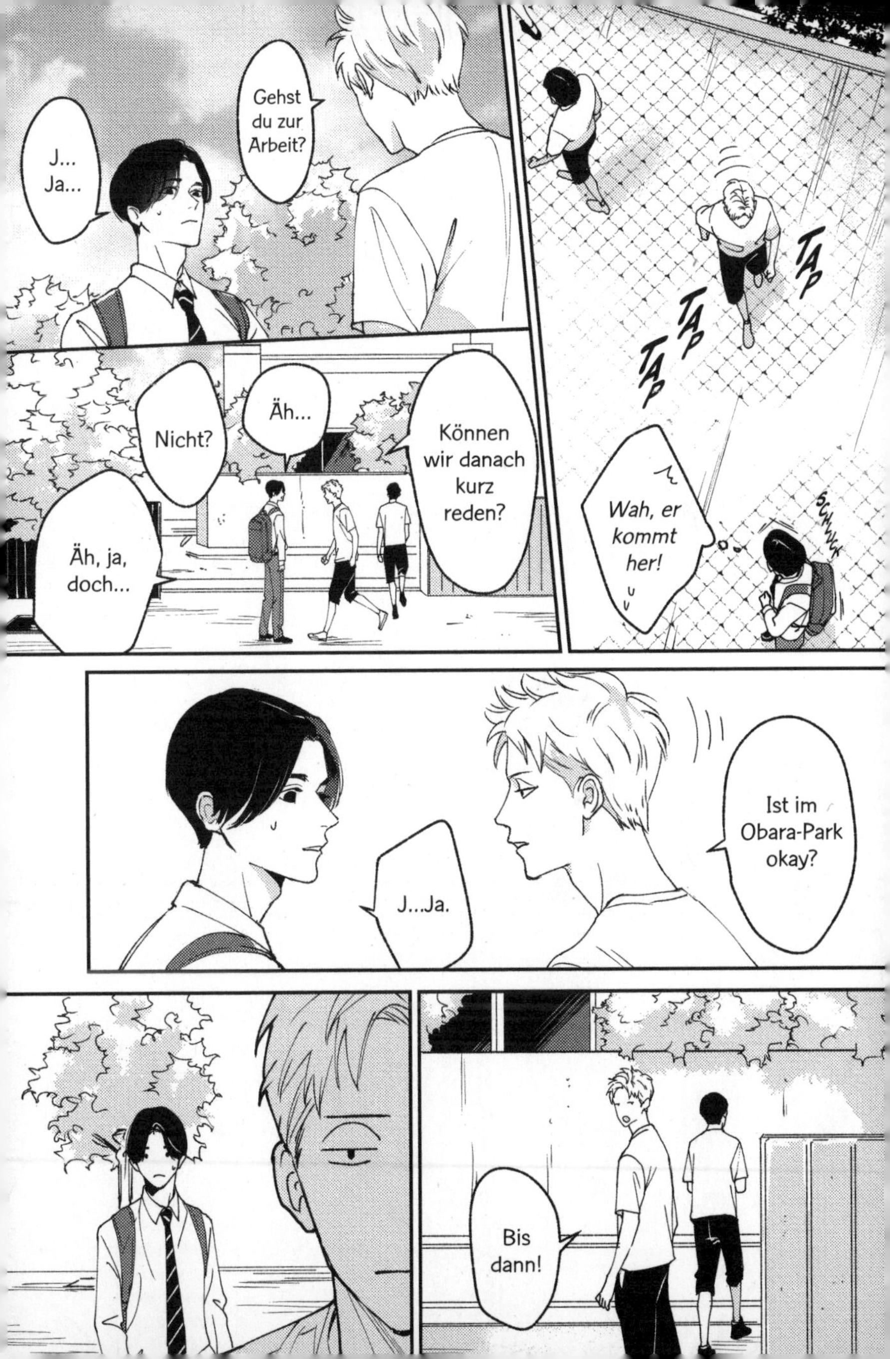
TAP
TAP
TAP
Wah, er kommt her!
SCHWUCK
Gehst du zur Arbeit?
J... Ja...
Können wir danach kurz reden?
Äh...
Nicht?
Äh, ja, doch...
Ist im Obara-Park okay?
J...Ja.
Bis dann!

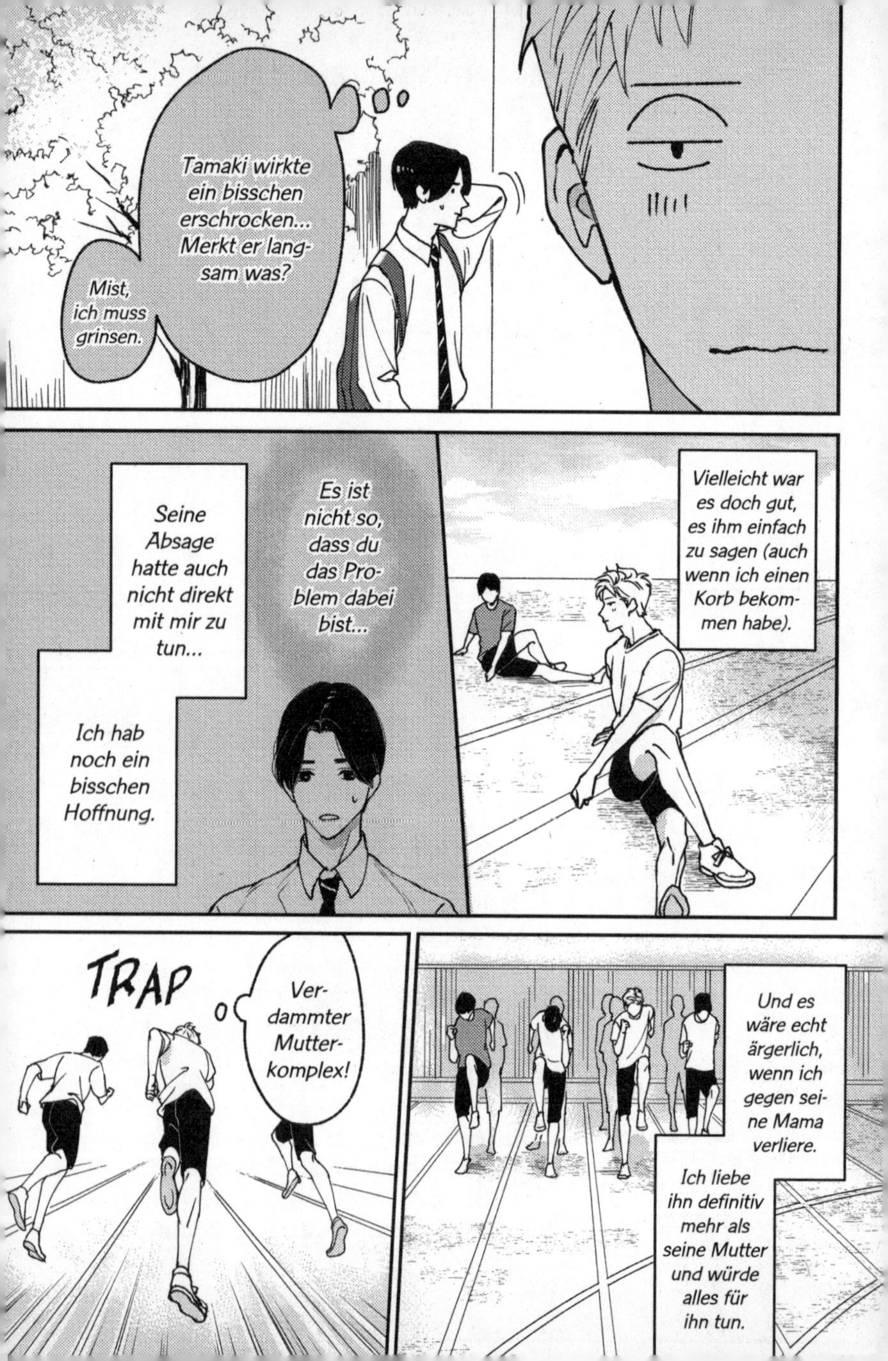
Tamaki wirkte ein bisschen erschrocken... Merkt er langsam was?
Mist, ich muss grinsen.
Vielleicht war es doch gut, es ihm einfach zu sagen (auch wenn ich einen Korb bekommen habe).
Es ist nicht so, dass du das Problem dabei bist...
Seine Absage hatte auch nicht direkt mit mir zu tun...
Ich hab noch ein bisschen Hoffnung.
Und es wäre echt ärgerlich, wenn ich gegen seine Mama verliere.
Ich liebe ihn definitiv mehr als seine Mutter und würde alles für ihn tun.
Verdammter Mutterkomplex!
TRAP

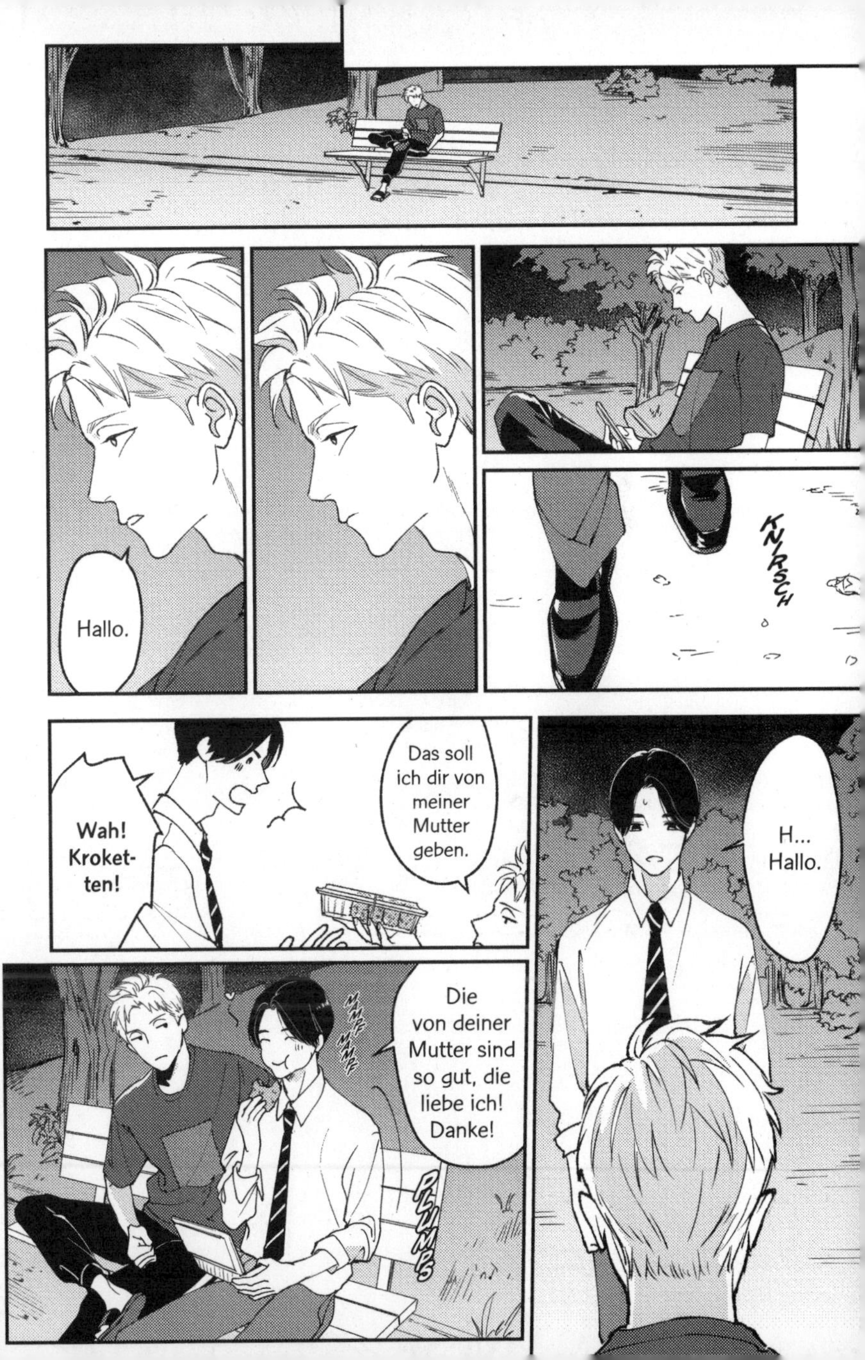
KNIRSCH
Hallo.
H... Hallo.
Das soll ich dir von meiner Mutter geben.
Wah! Kroketten!
MAMPF MAMPF
Die von deiner Mutter sind so gut, die liebe ich! Danke!
PLUMPS

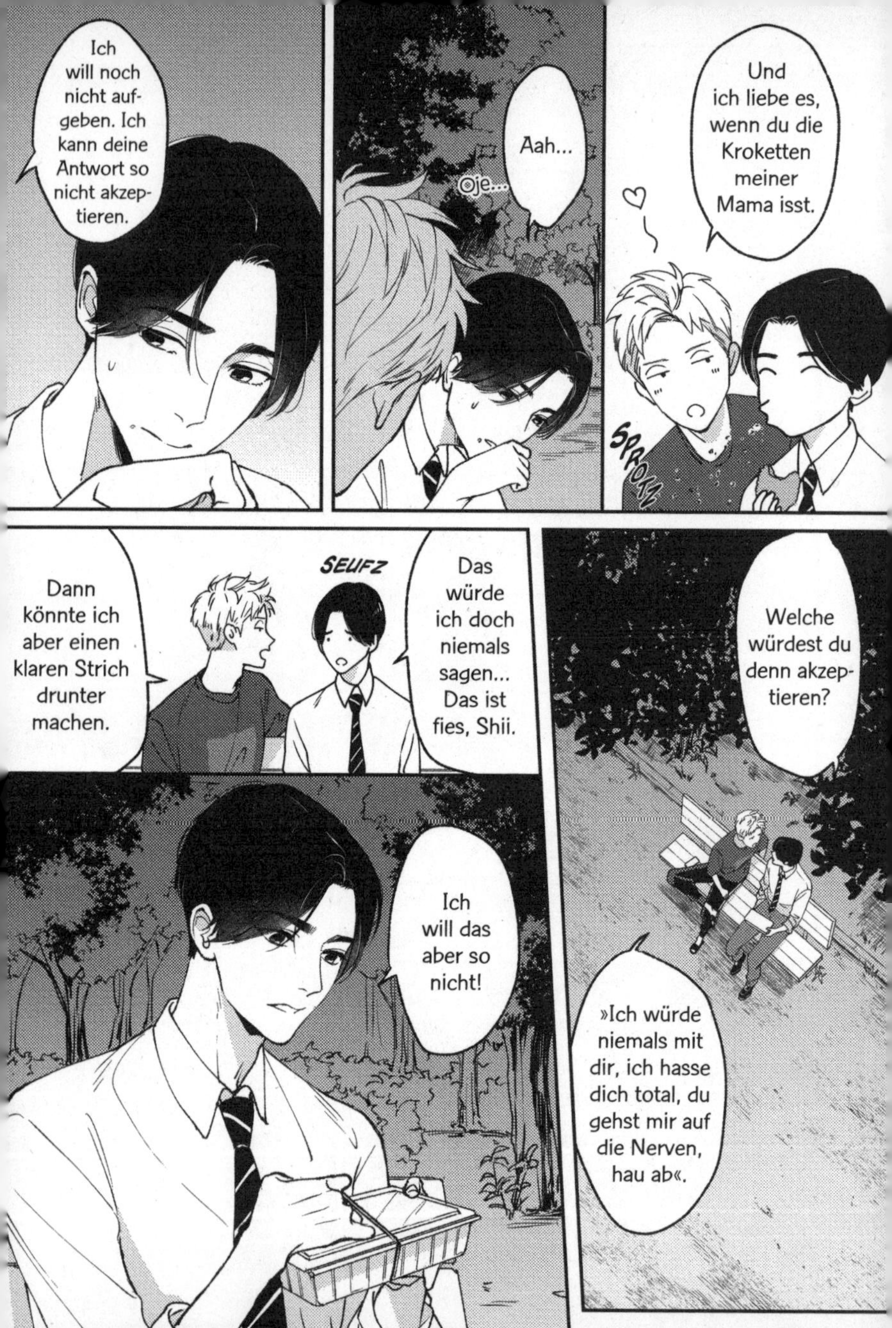
Und ich liebe es, wenn du die Kroketten meiner Mama isst.
SPROIM
Aah...
Oje...
Ich will noch nicht aufgeben. Ich kann deine Antwort so nicht akzeptieren.
Welche würdest du denn akzeptieren?
»Ich würde niemals mit dir, ich hasse dich total, du gehst mir auf die Nerven, hau ab«.
SEUFZ
Das würde ich doch niemals sagen... Das ist fies, Shii.
Dann könnte ich aber einen klaren Strich drunter machen.
Ich will das aber so nicht!

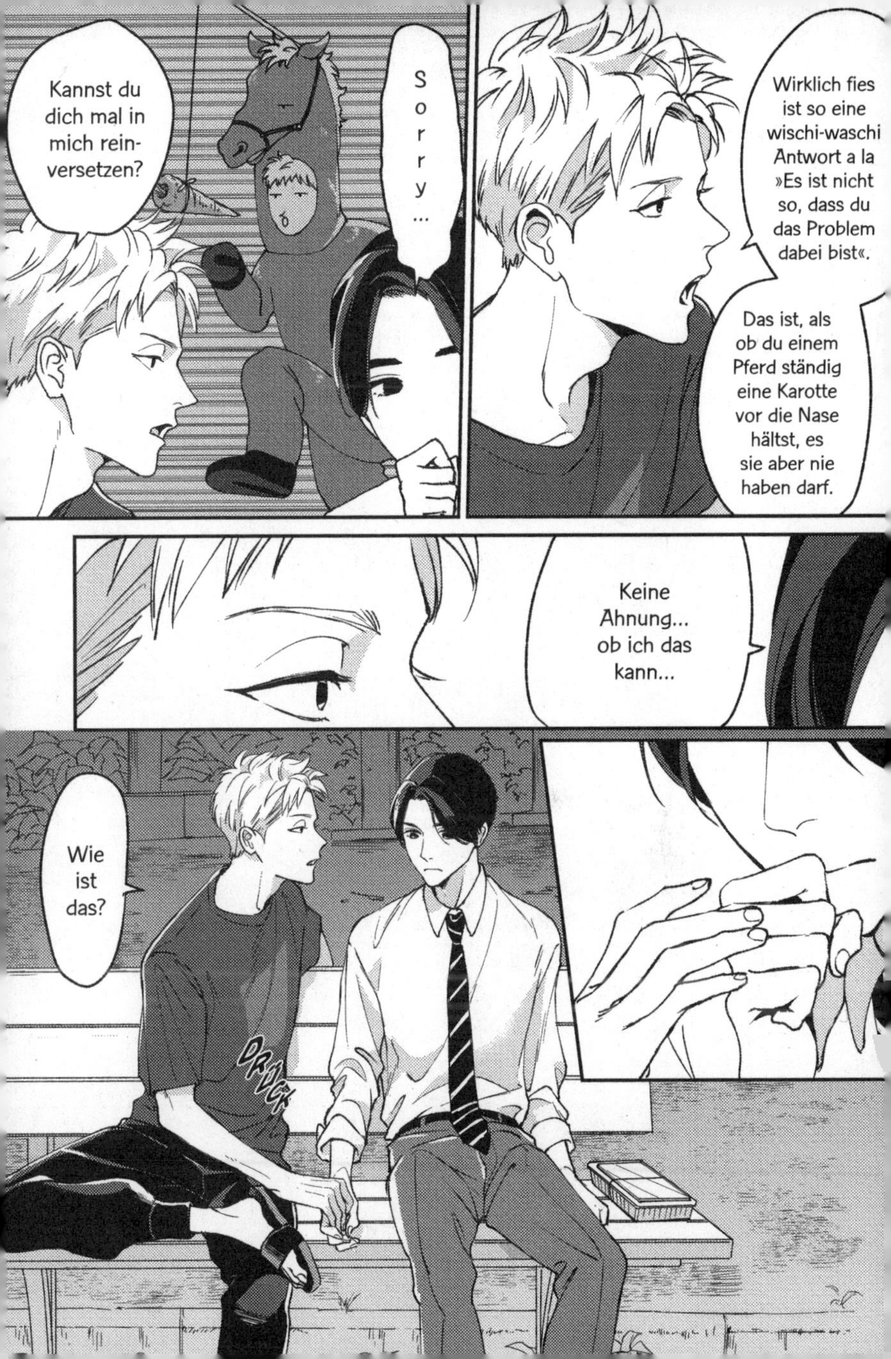
Wirklich fies ist so eine wischi-waschi Antwort a la »Es ist nicht so, dass du das Problem dabei bist«.
Das ist, als ob du einem Pferd ständig eine Karotte vor die Nase hältst, es sie aber nie haben darf.
Sorry...
Kannst du dich mal in mich reinversetzen?
Keine Ahnung... ob ich das kann...
Wie ist das?
DRÜCK

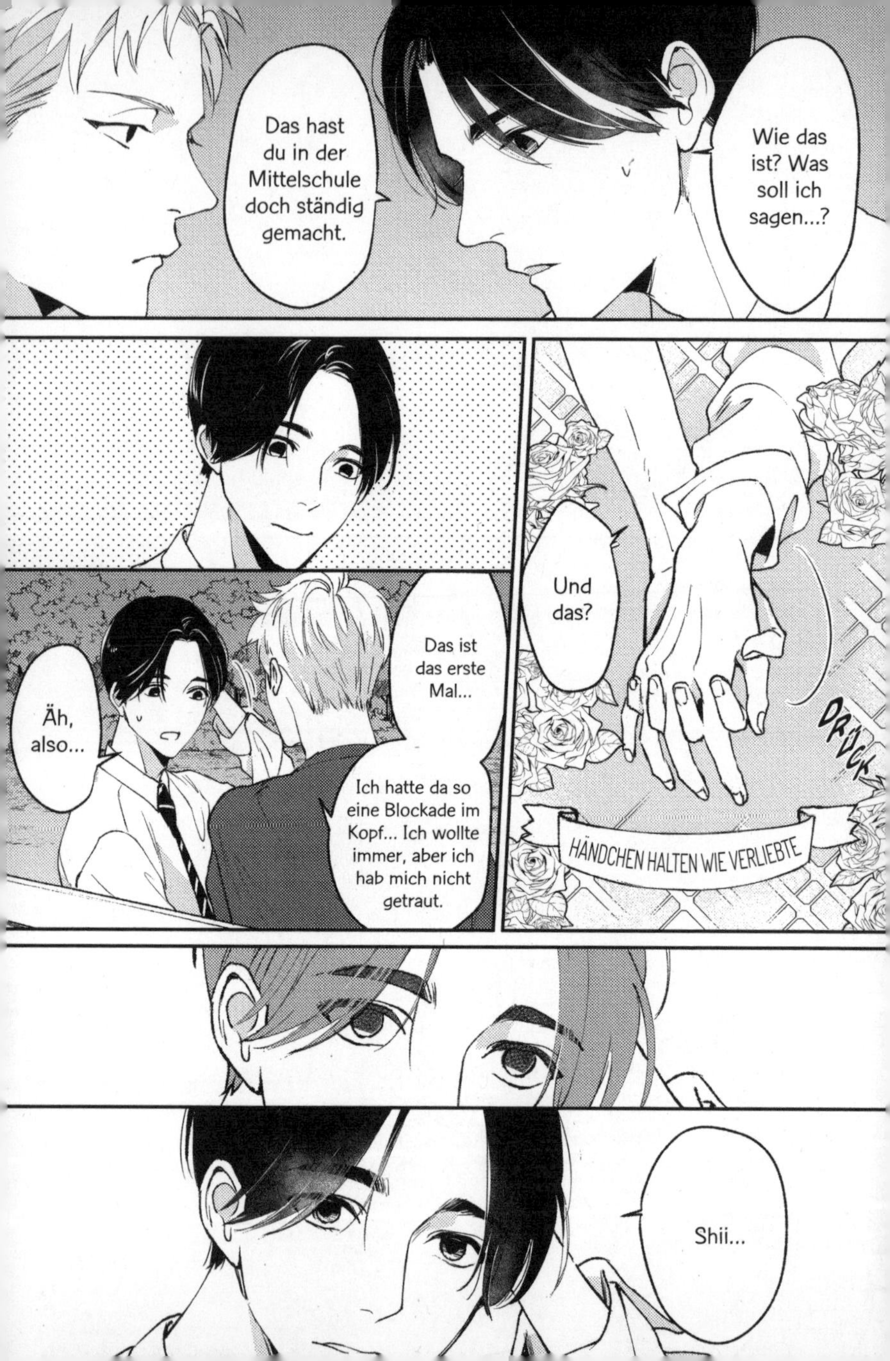
Wie das ist? Was soll ich sagen...?
Das hast du in der Mittelschule doch ständig gemacht.
Und das?
DRÜCK
HÄNDCHEN HALTEN WIE VERLIEBTE
Das ist das erste Mal...
Ich hatte da so eine Blockade im Kopf... Ich wollte immer, aber ich hab mich nicht getraut.
Äh, also...
Shii...

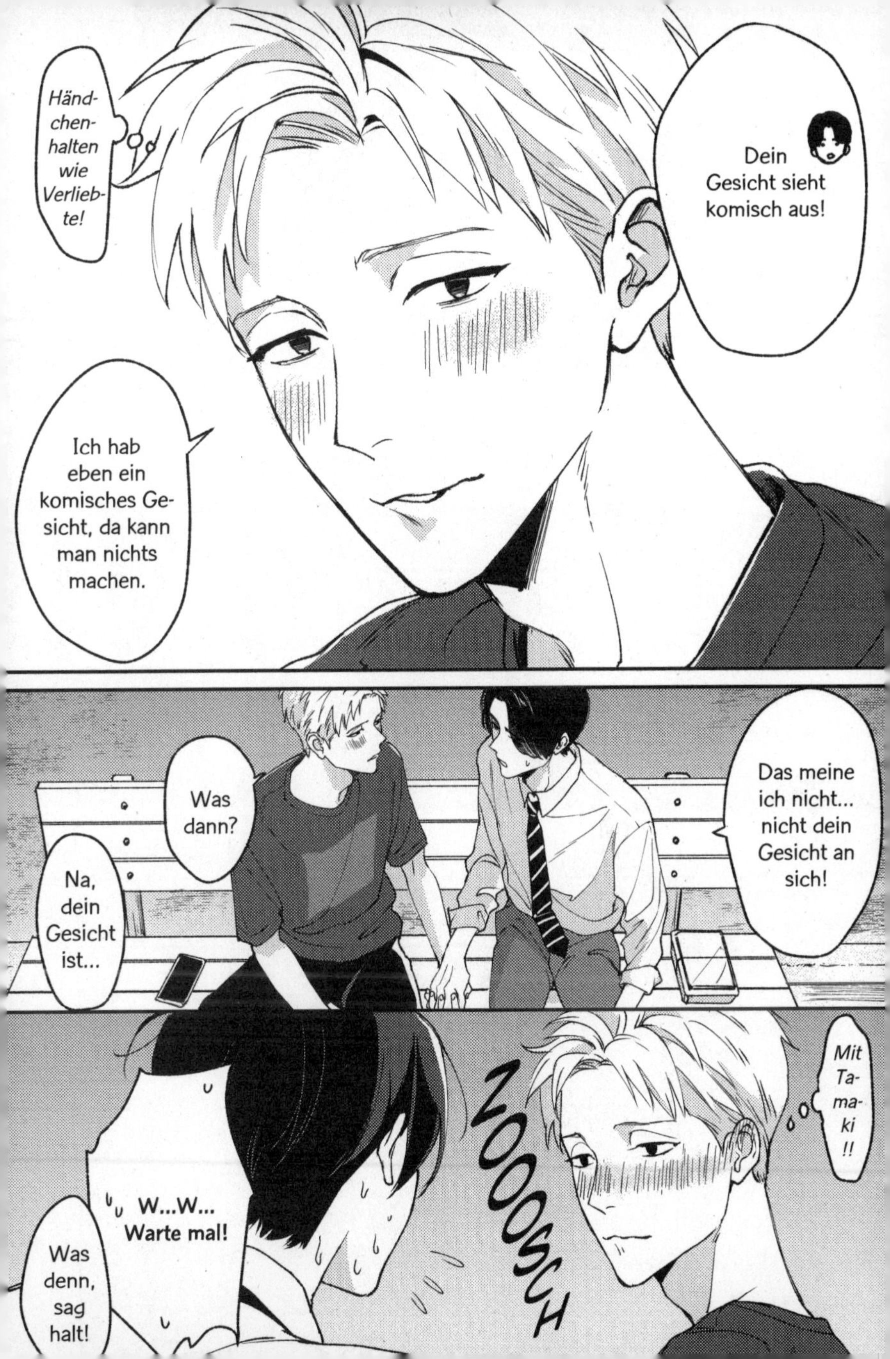
Dein Gesicht sieht komisch aus!
Händchenhalten wie Verliebte!
Ich hab eben ein komisches Gesicht, da kann man nichts machen.
Das meine ich nicht... nicht dein Gesicht an sich!
Was dann?
Na, dein Gesicht ist...
Mit Tamaki!!
NOOOSCH
W...W... Warte mal!
Was denn, sag halt!

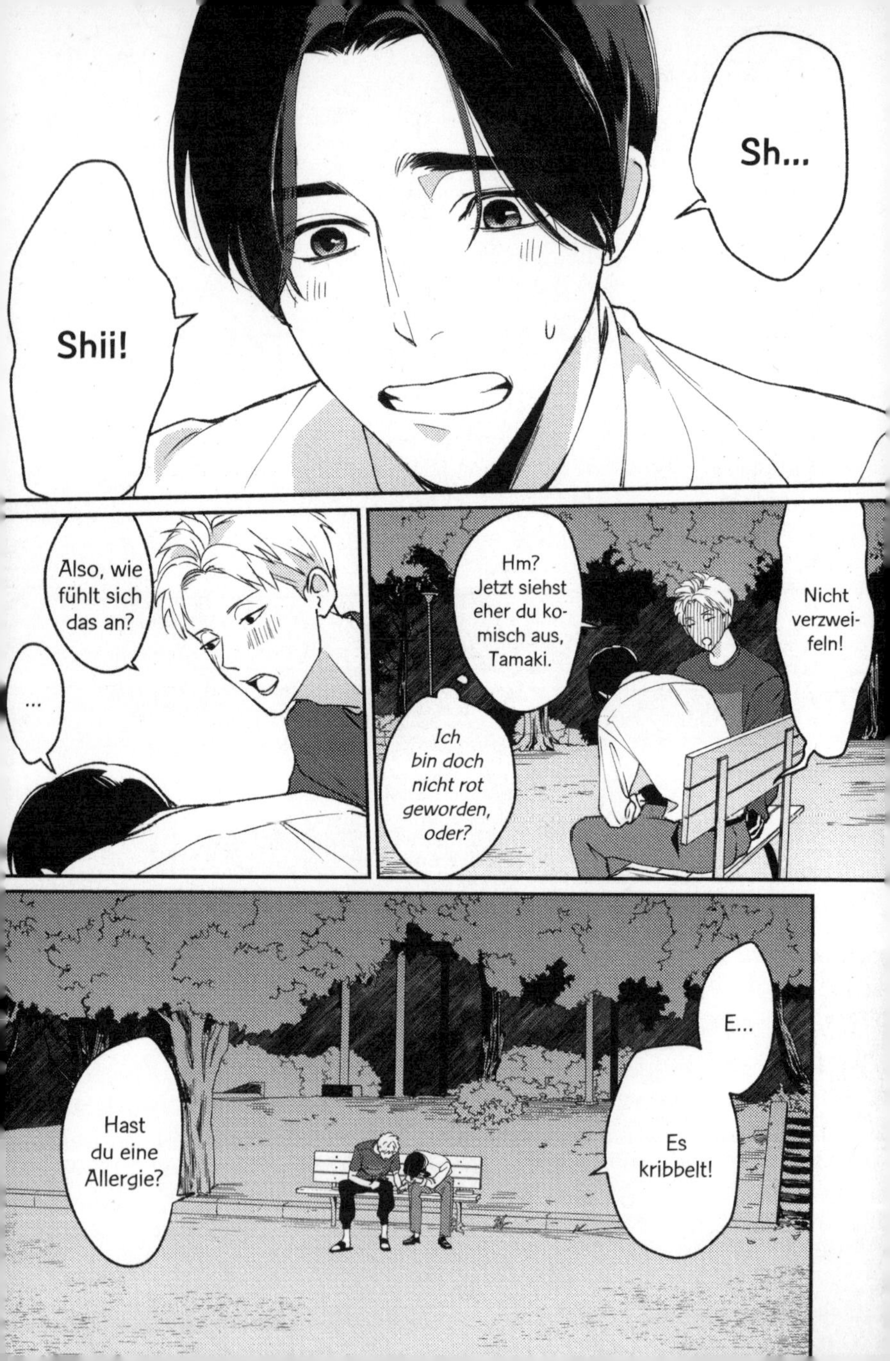

Sh...
Shii!
Nicht verzweifeln!
Hm? Jetzt siehst eher du komisch aus, Tamaki.
Ich bin doch nicht rot geworden, oder?
Also, wie fühlt sich das an?
...
E...
Es kribbelt!
Hast du eine Allergie?

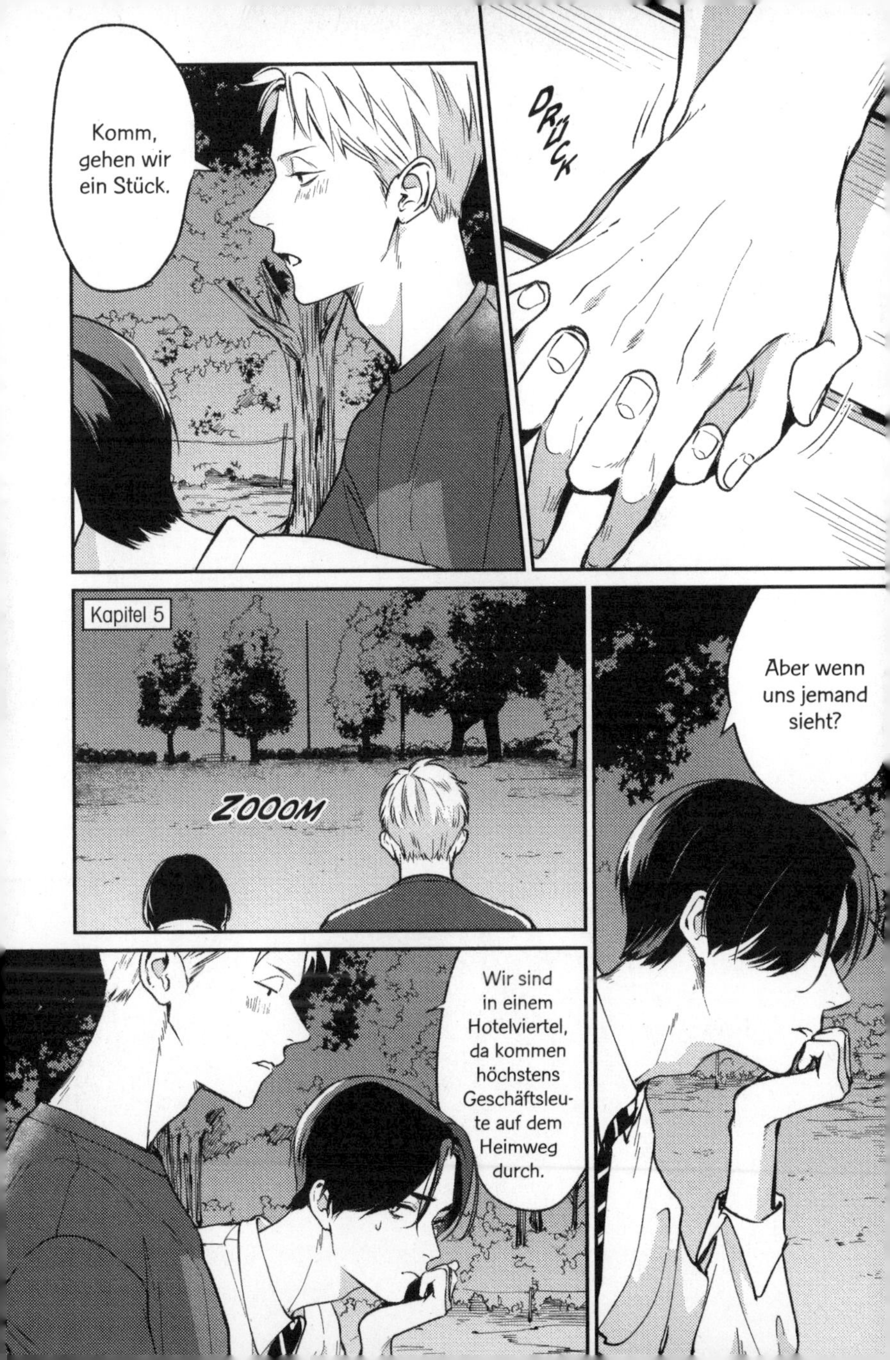
DRÜCK
Komm, gehen wir ein Stück.
Kapitel 5
Aber wenn uns jemand sieht?
ZOOOM
Wir sind in einem Hotelviertel, da kommen höchstens Geschäftsleute auf dem Heimweg durch.

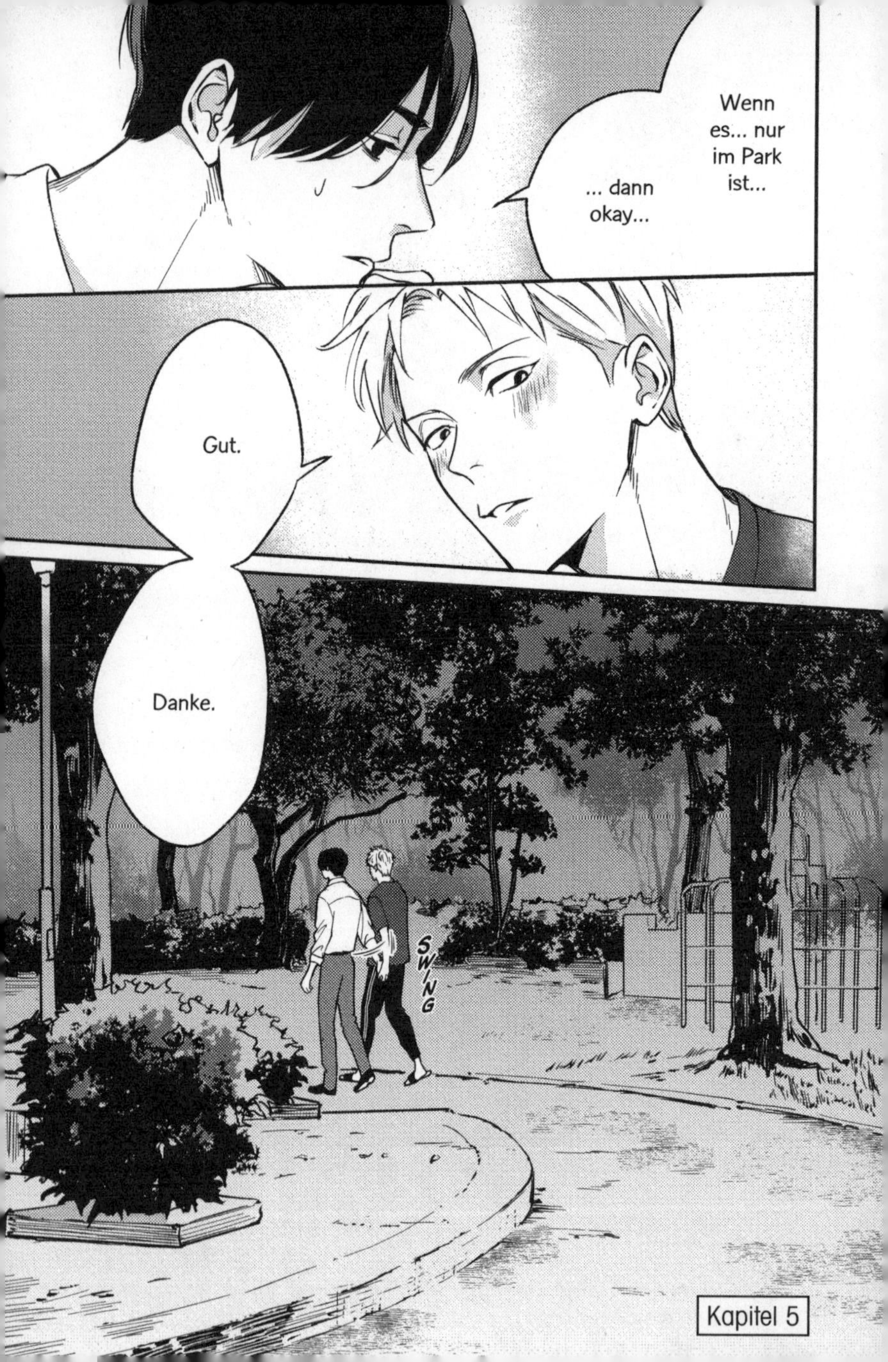

Kapitel 5

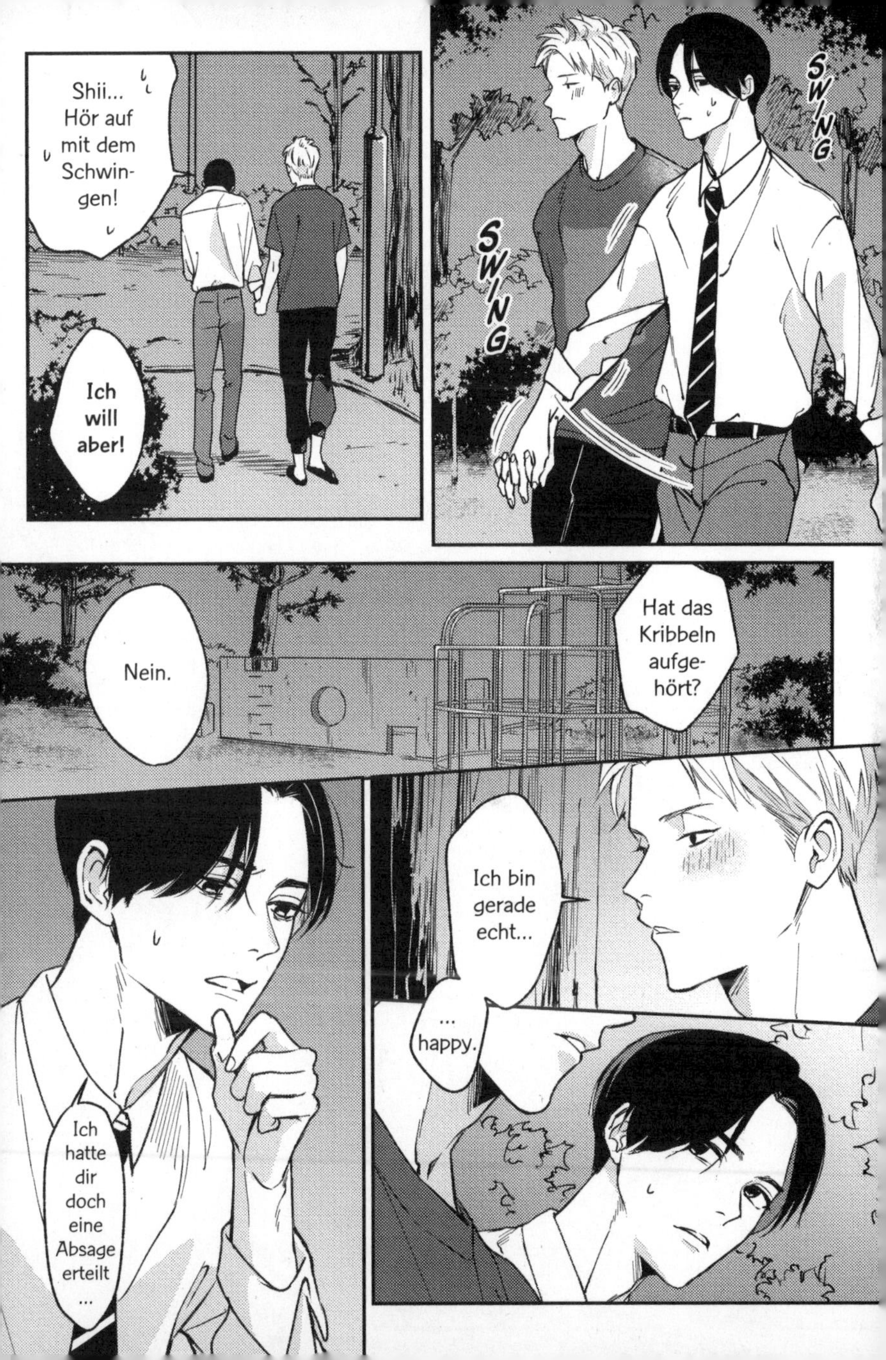
SWING
SWING
Shii... Hör auf mit dem Schwingen!
Ich will aber!
Hat das Kribbeln aufgehört?
Nein.
Ich bin gerade echt...
... happy.
Ich hatte dir doch eine Absage erteilt ...

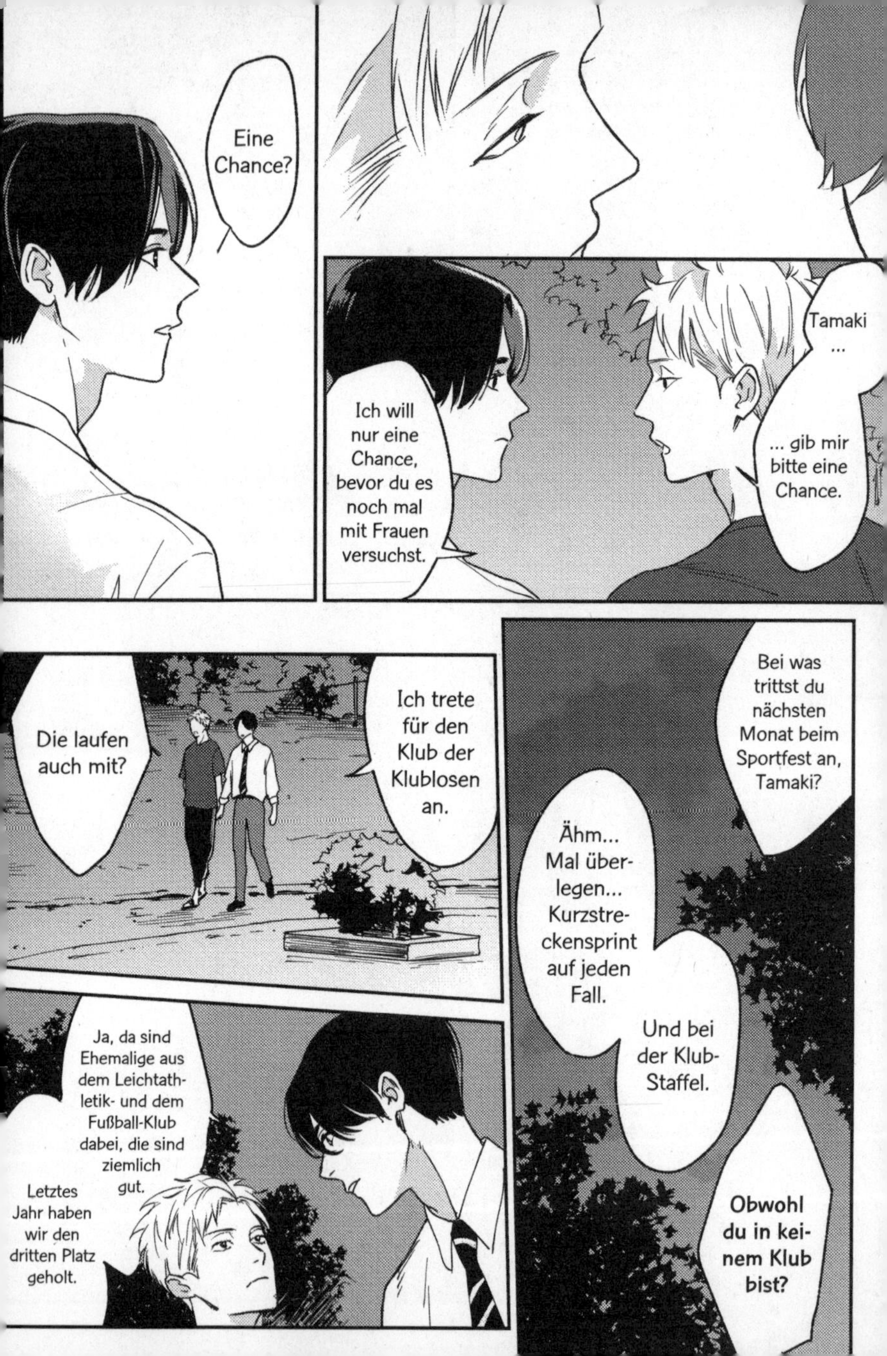
Tamaki ...
... gib mir bitte eine Chance.
Ich will nur eine Chance, bevor du es noch mal mit Frauen versuchst.
Eine Chance?
Bei was trittst du nächsten Monat beim Sportfest an, Tamaki?
Ähm... Mal über-legen... Kurzstre-ckensprint auf jeden Fall.
Und bei der Klub-Staffel.
Obwohl du in kei-nem Klub bist?
Ich trete für den Klub der Klublosen an.
Die laufen auch mit?
Ja, da sind Ehemalige aus dem Leichtath-letik- und dem Fußball-Klub dabei, die sind ziemlich gut.
Letztes Jahr haben wir den dritten Platz geholt.

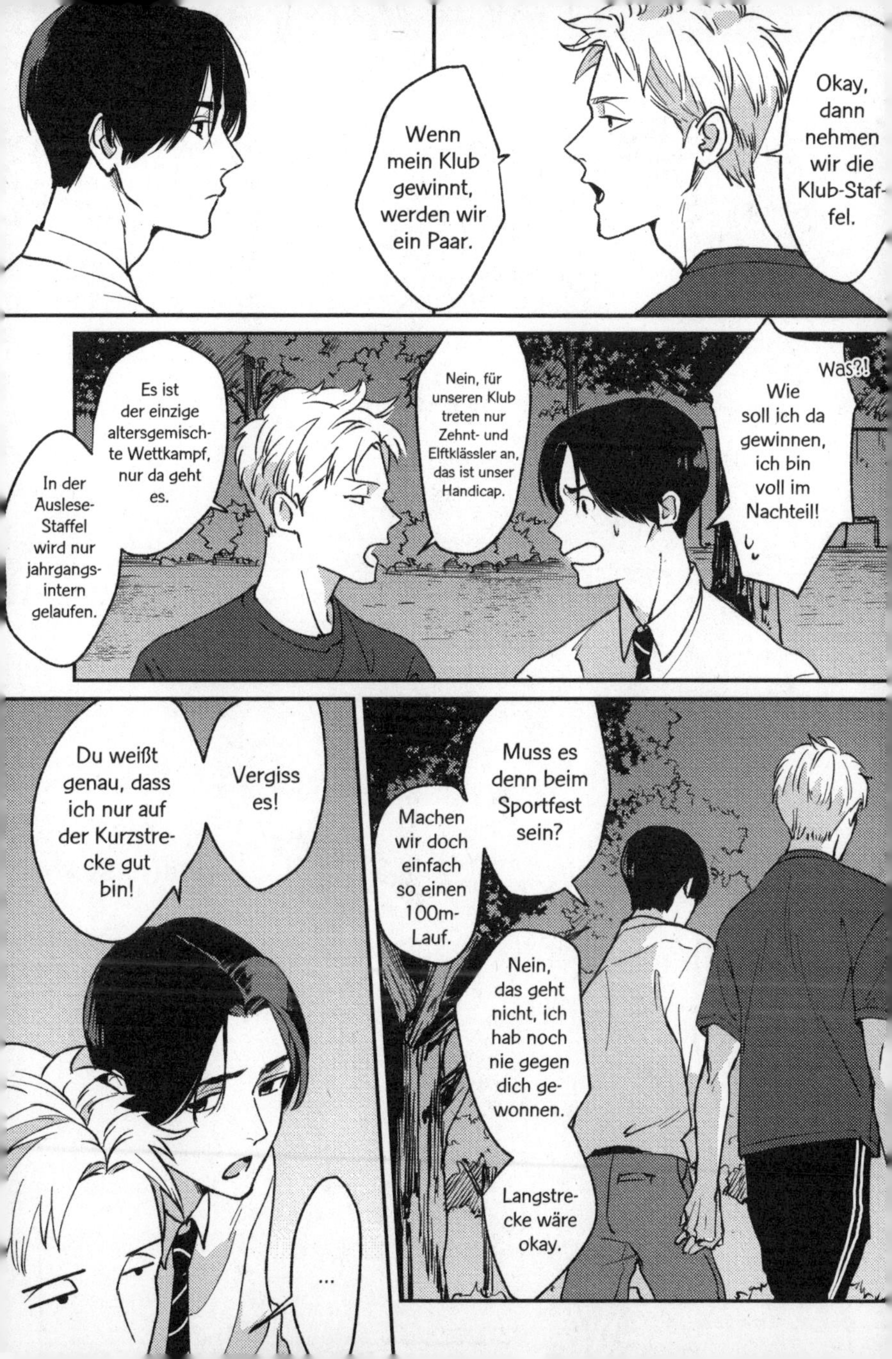
Okay, dann nehmen wir die Klub-Staffel.
Wenn mein Klub gewinnt, werden wir ein Paar.
Was?!
Wie soll ich da gewinnen, ich bin voll im Nachteil!
Nein, für unseren Klub treten nur Zehnt- und Elftklässler an, das ist unser Handicap.
Es ist der einzige altersgemischte Wettkampf, nur da geht es.
In der Auslese-Staffel wird nur jahrgangsintern gelaufen.
Muss es denn beim Sportfest sein?
Machen wir doch einfach so einen 100m-Lauf.
Nein, das geht nicht, ich hab noch nie gegen dich gewonnen.
Langstrecke wäre okay.
Vergiss es!
Du weißt genau, dass ich nur auf der Kurzstrecke gut bin!
...

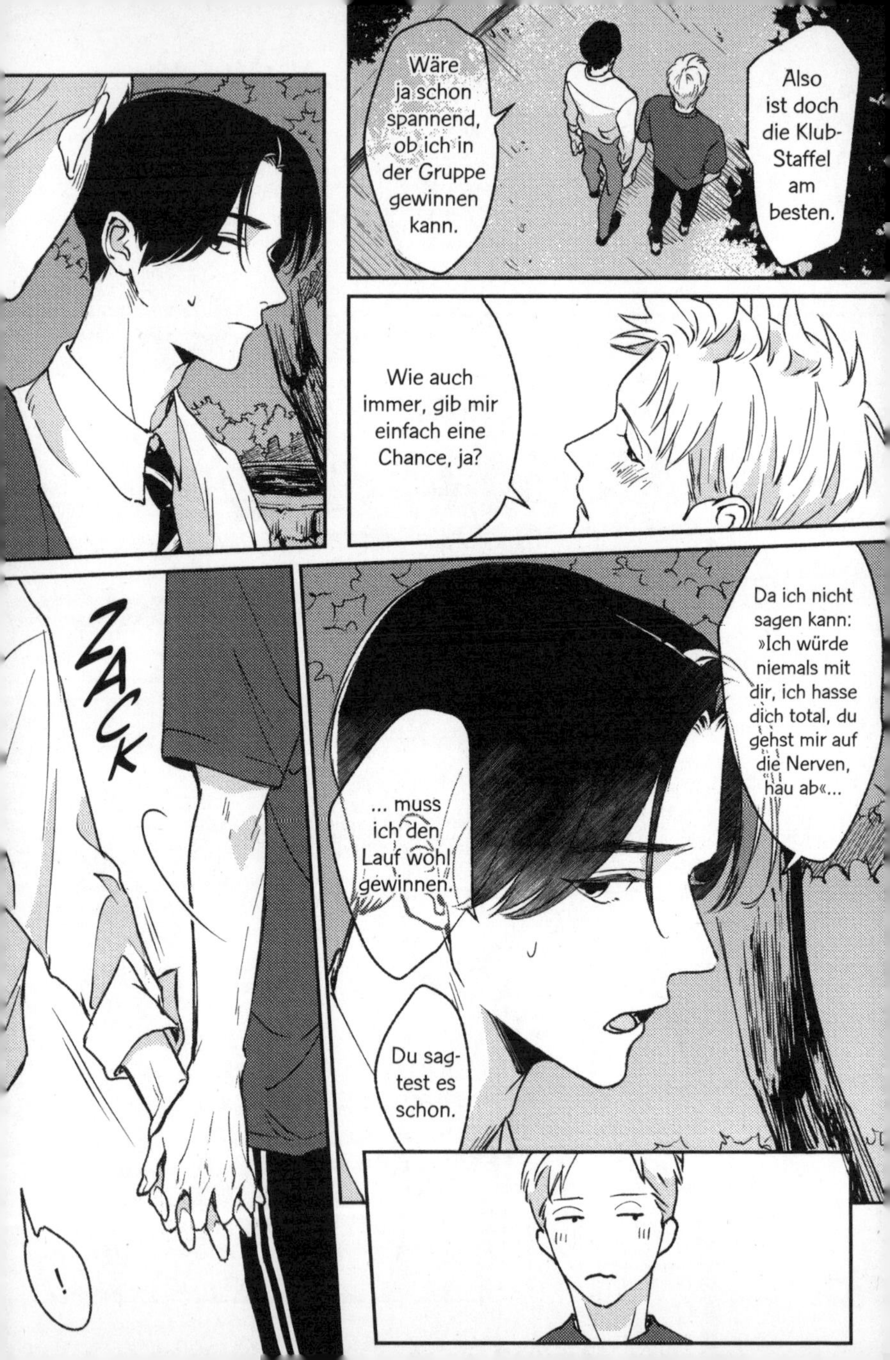
Also ist doch die Klub-Staffel am besten.
Wäre ja schon spannend, ob ich in der Gruppe gewinnen kann.
Wie auch immer, gib mir einfach eine Chance, ja?
Da ich nicht sagen kann: »Ich würde niemals mit dir, ich hasse dich total, du gehst mir auf die Nerven, hau ab«...
... muss ich den Lauf wohl gewinnen.
Du sag-test es schon.
ZACK
!

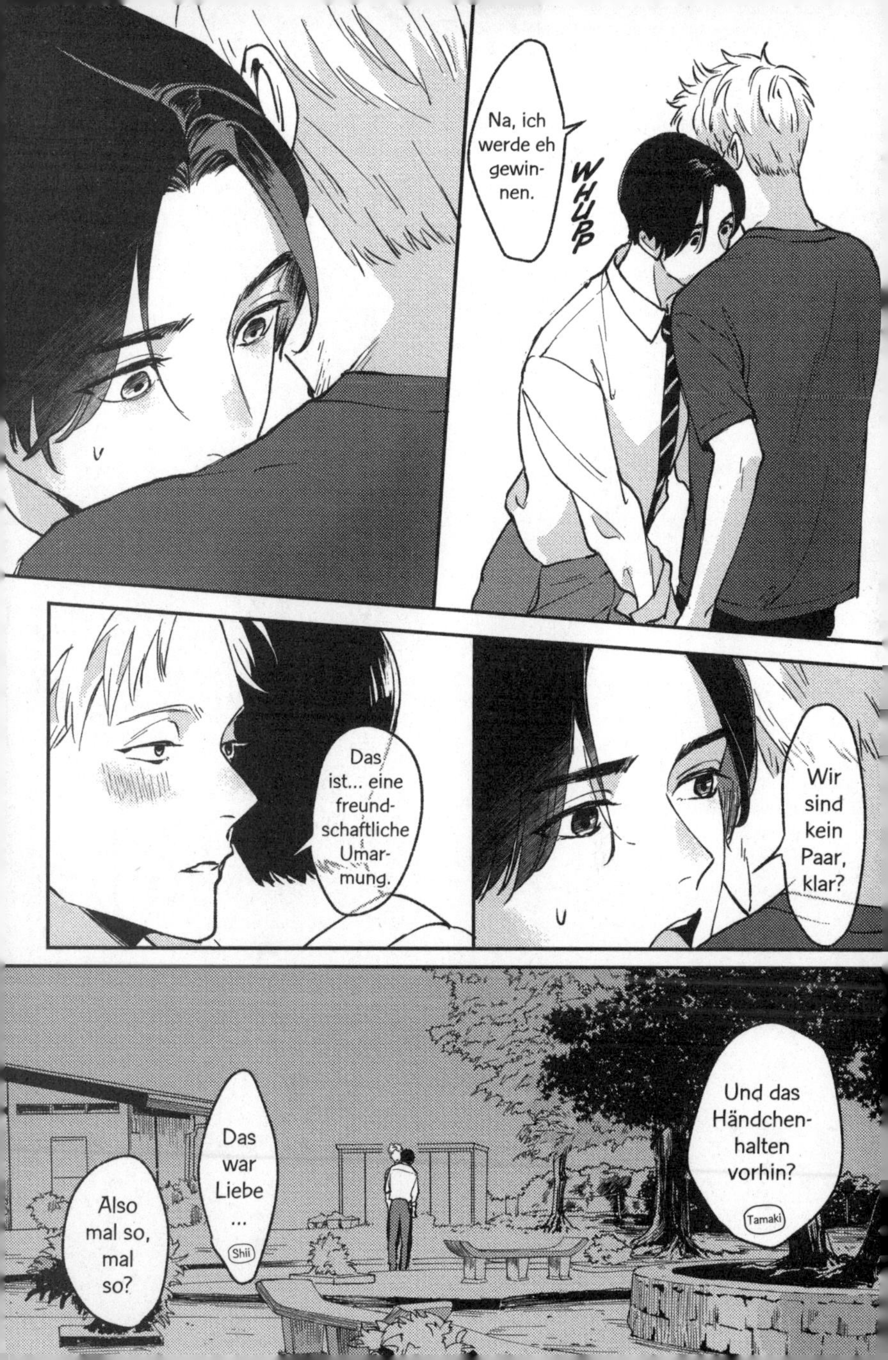

Na, ich werde eh gewinnen.
WHUPP
Wir sind kein Paar, klar?
Das ist... eine freundschaftliche Umarmung.
Und das Händchenhalten vorhin?
Tamaki
Das war Liebe ...
Shii
Also mal so, mal so?

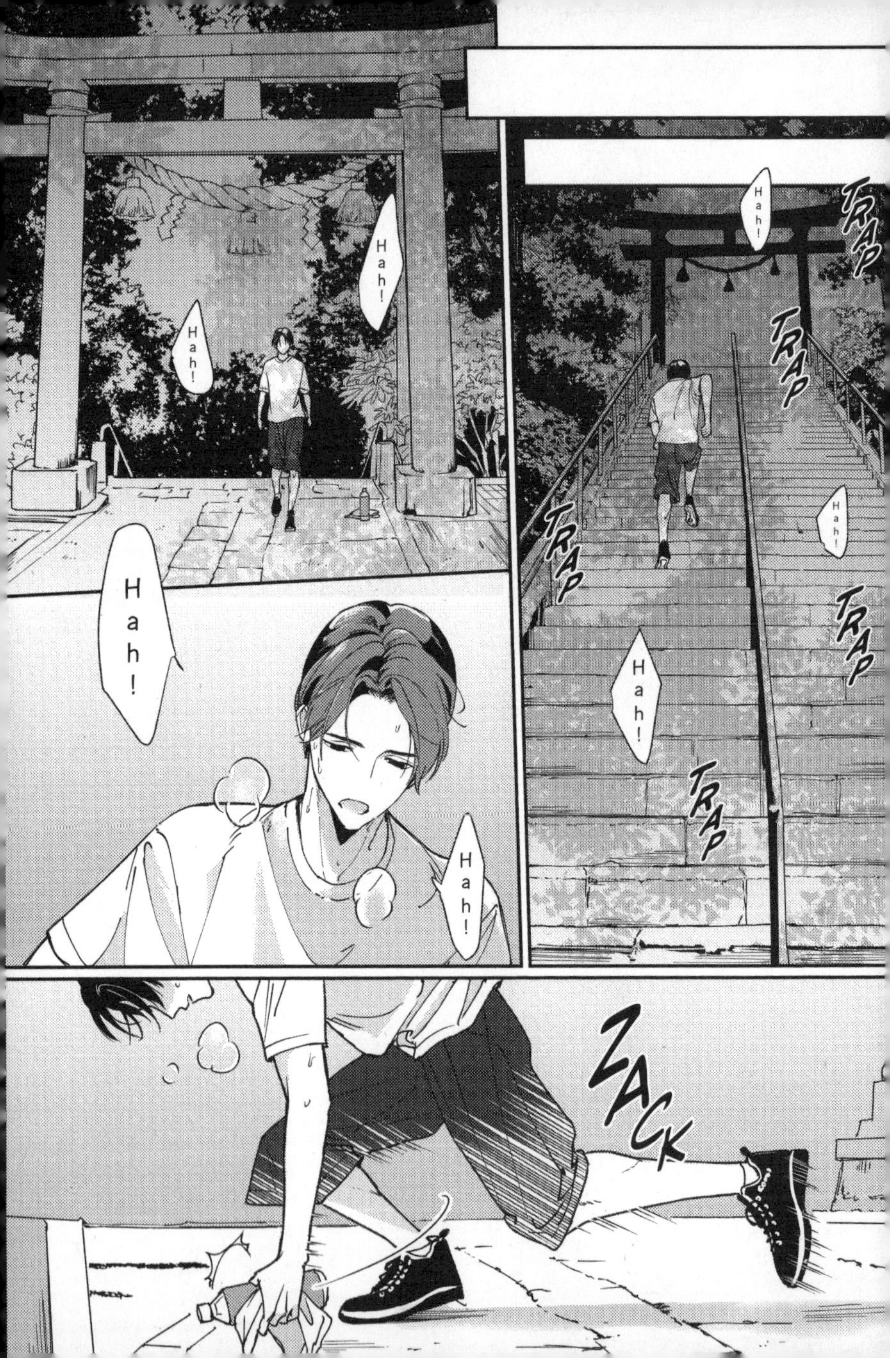

Hah!
TRAP
TRAP
TRAP
TRAP
Hah!
TRAP
TRAP
Hah!
TRAP
Hah!
Hah!
Hah!
Hah!
ZACK

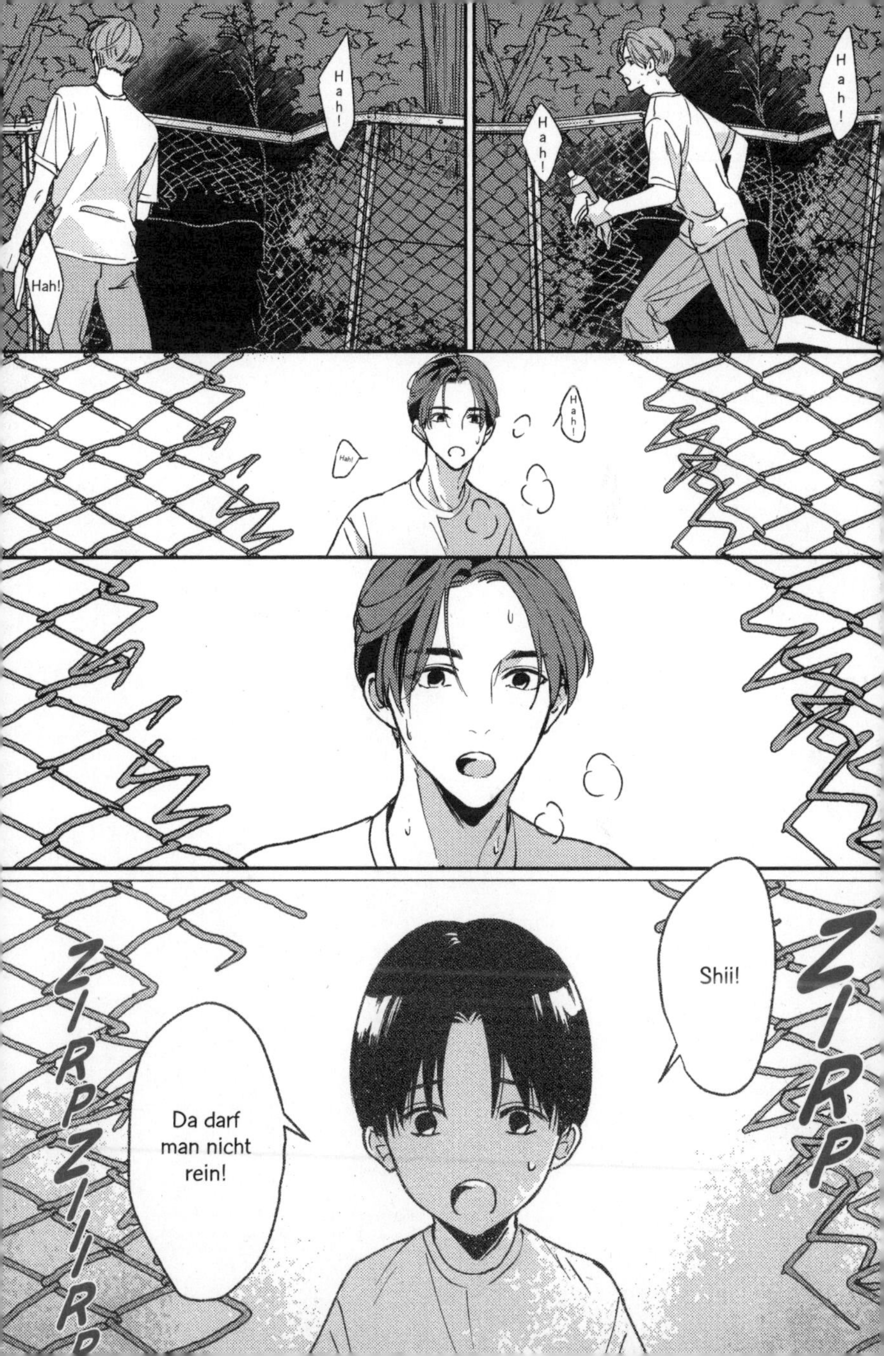
Hah!
Hah!
Hah!
Hah!
Hah!
Hah!
Shii!
Da darf man nicht rein!
ZIRP
ZIRP
ZIRP
ZIRP

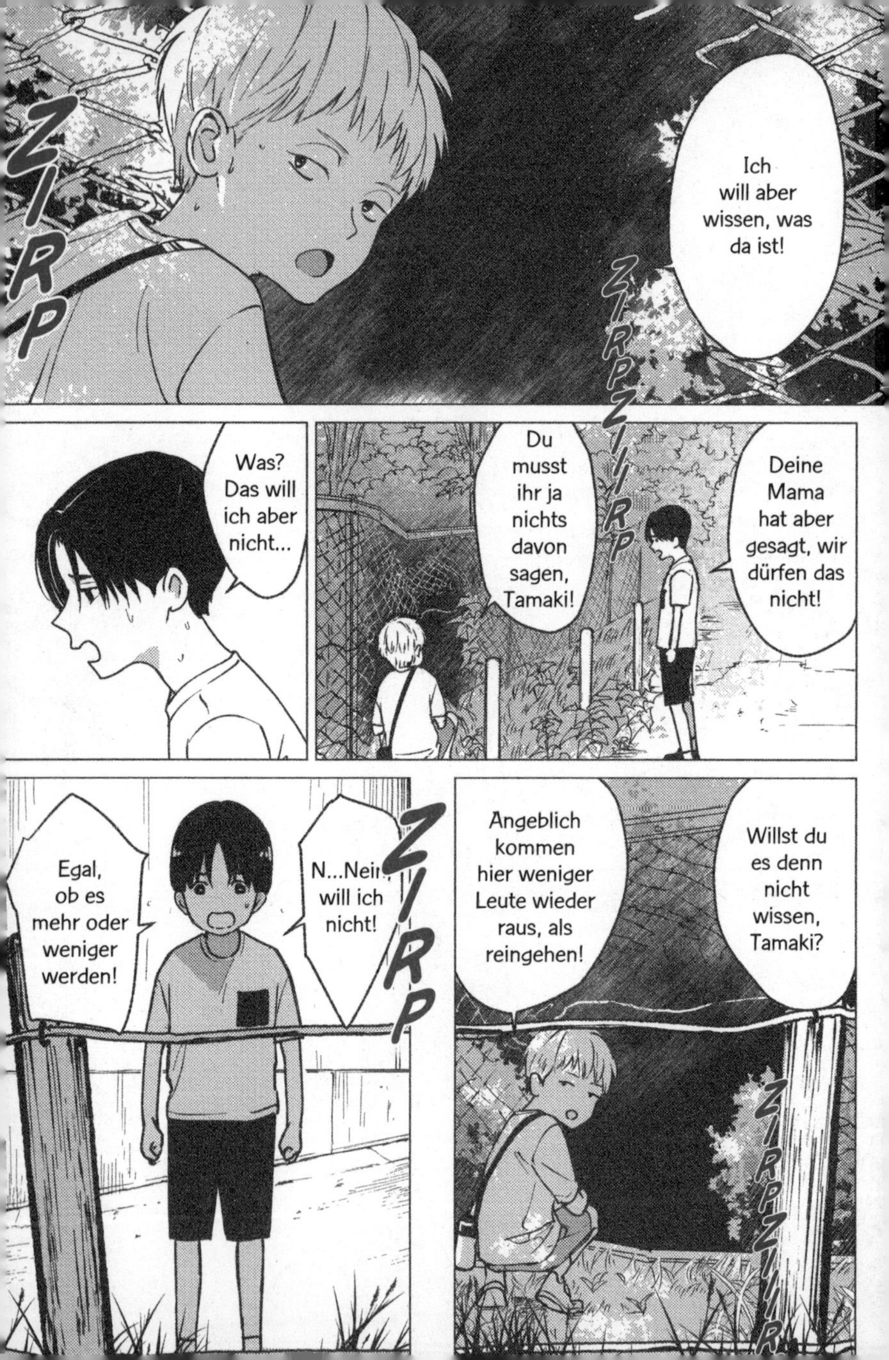
Ich will aber wissen, was da ist!
ZIRP
ZIRPZIRP
Deine Mama hat aber gesagt, wir dürfen das nicht!
Du musst ihr ja nichts davon sagen, Tamaki!
Was? Das will ich aber nicht...
Willst du es denn nicht wissen, Tamaki?
Angeblich kommen hier weniger Leute wieder raus, als reingehen!
ZIRPZIRP
N...Nein, will ich nicht!
Egal, ob es mehr oder weniger werden!
ZIRP

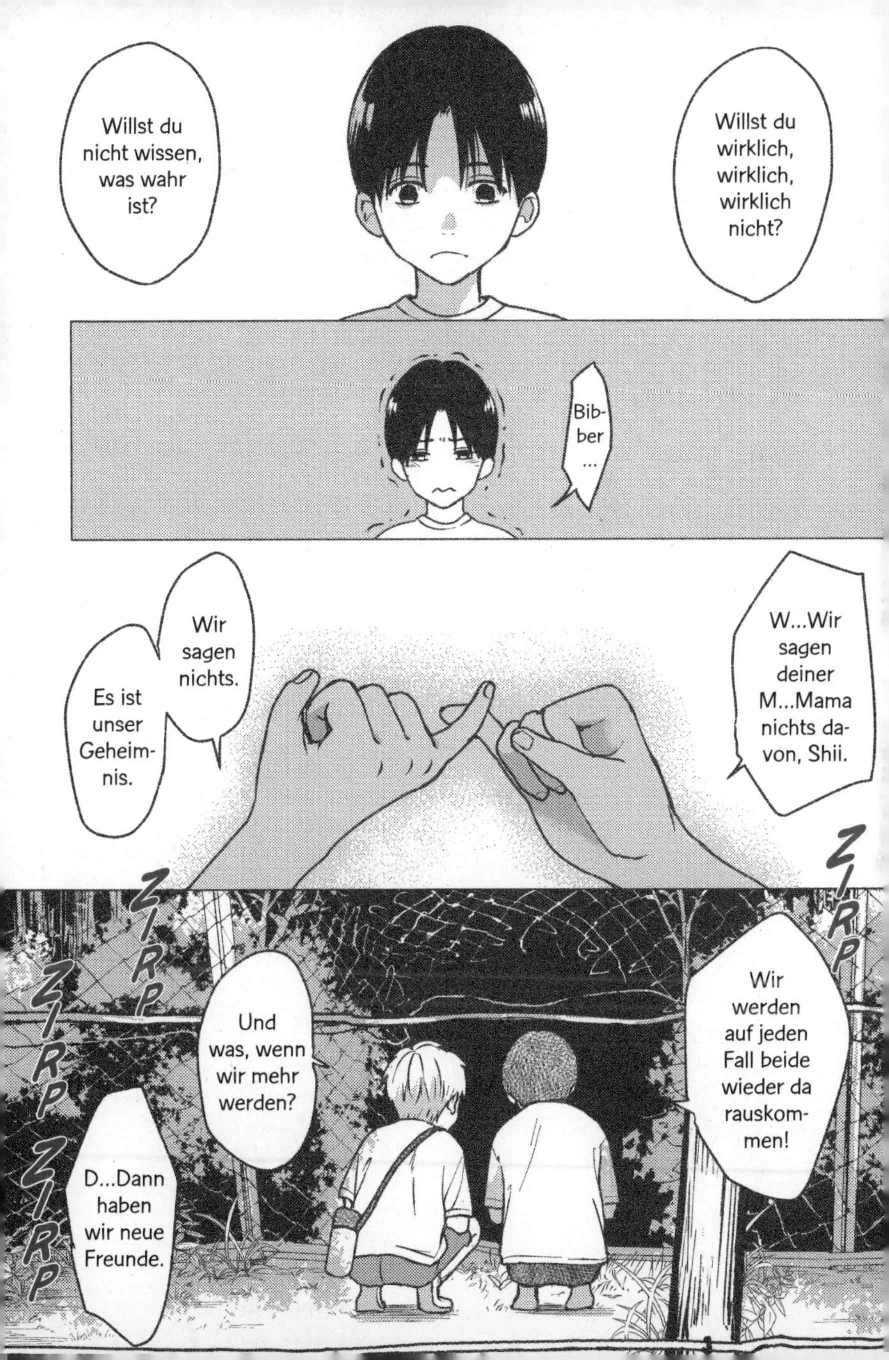
Willst du wirklich, wirklich, wirklich nicht?
Willst du nicht wissen, was wahr ist?
Bibber …
W…Wir sagen deiner M…Mama nichts davon, Shii.
Wir sagen nichts.
Es ist unser Geheimnis.
ZIRP
Wir werden auf jeden Fall beide wieder da rauskommen!
Und was, wenn wir mehr werden?
ZIRP
D…Dann haben wir neue Freunde.
ZIRP
ZIRP

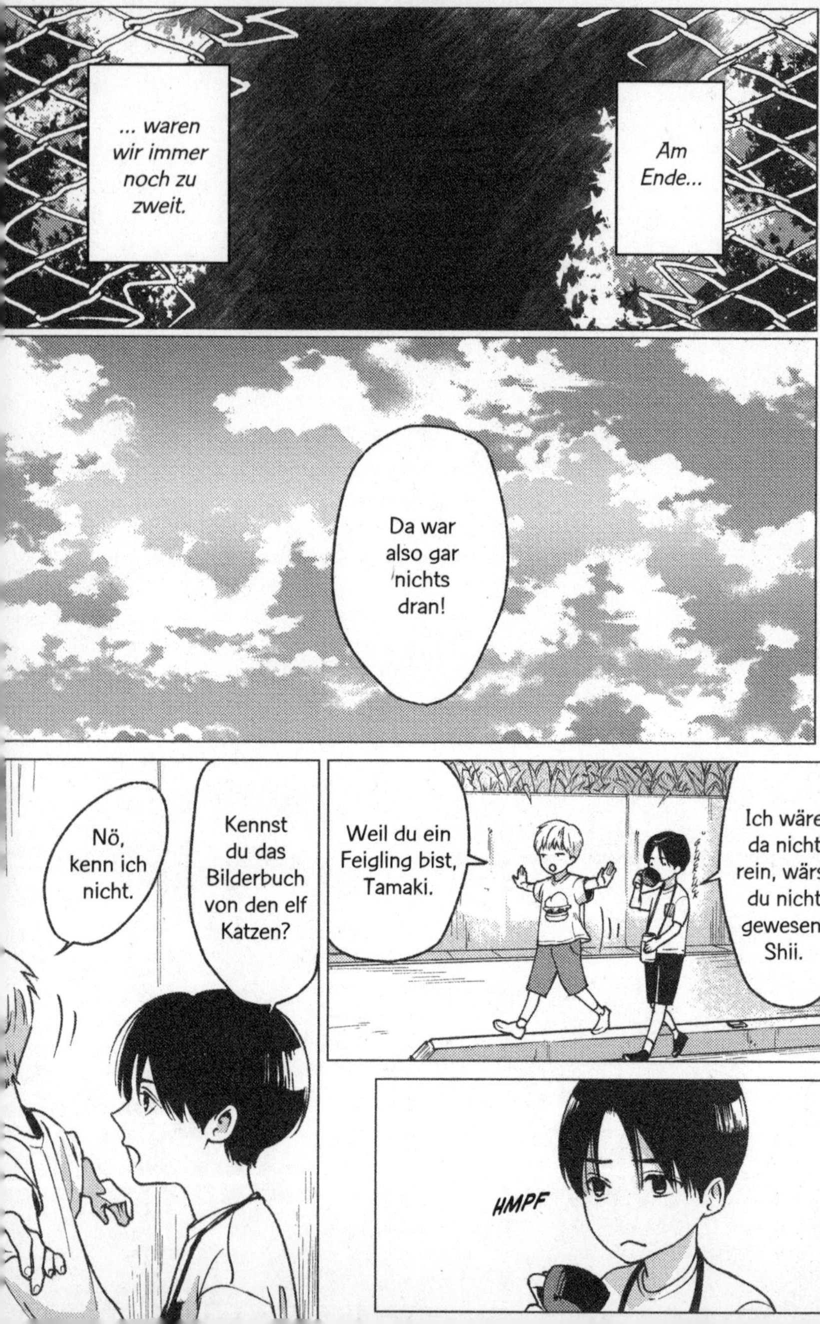
Am Ende...
... waren wir immer noch zu zweit.
Da war also gar nichts dran!
Ich wäre da nicht rein, wärst du nicht gewesen, Shii.
Weil du ein Feigling bist, Tamaki.
Kennst du das Bilderbuch von den elf Katzen?
Nö, kenn ich nicht.
HMPF

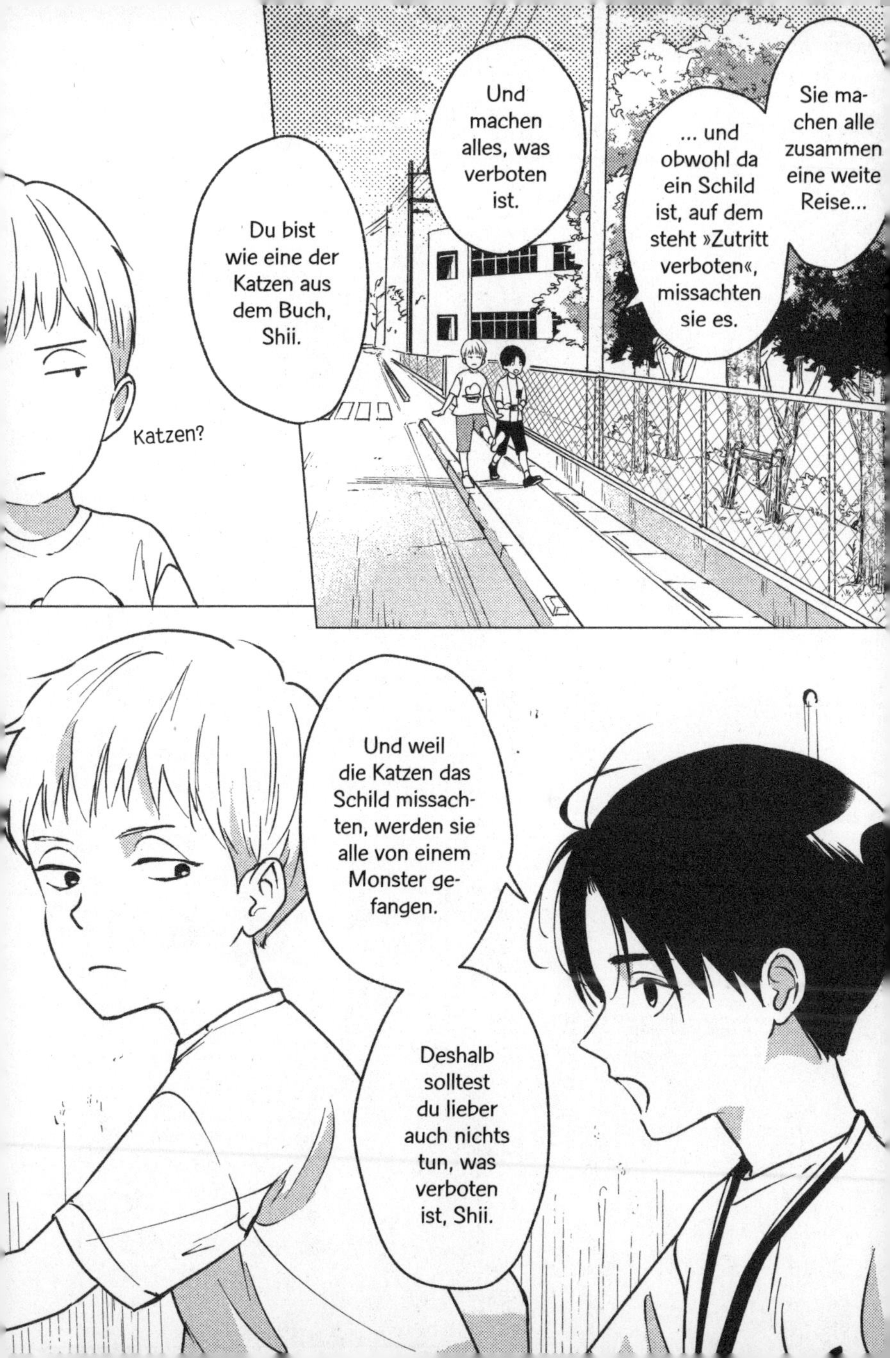
Sie machen alle zusammen eine weite Reise...
... und obwohl da ein Schild ist, auf dem steht »Zutritt verboten«, missachten sie es.
Und machen alles, was verboten ist.
Du bist wie eine der Katzen aus dem Buch, Shii.
Katzen?
Und weil die Katzen das Schild missachten, werden sie alle von einem Monster gefangen.
Deshalb solltest du lieber auch nichts tun, was verboten ist, Shii.

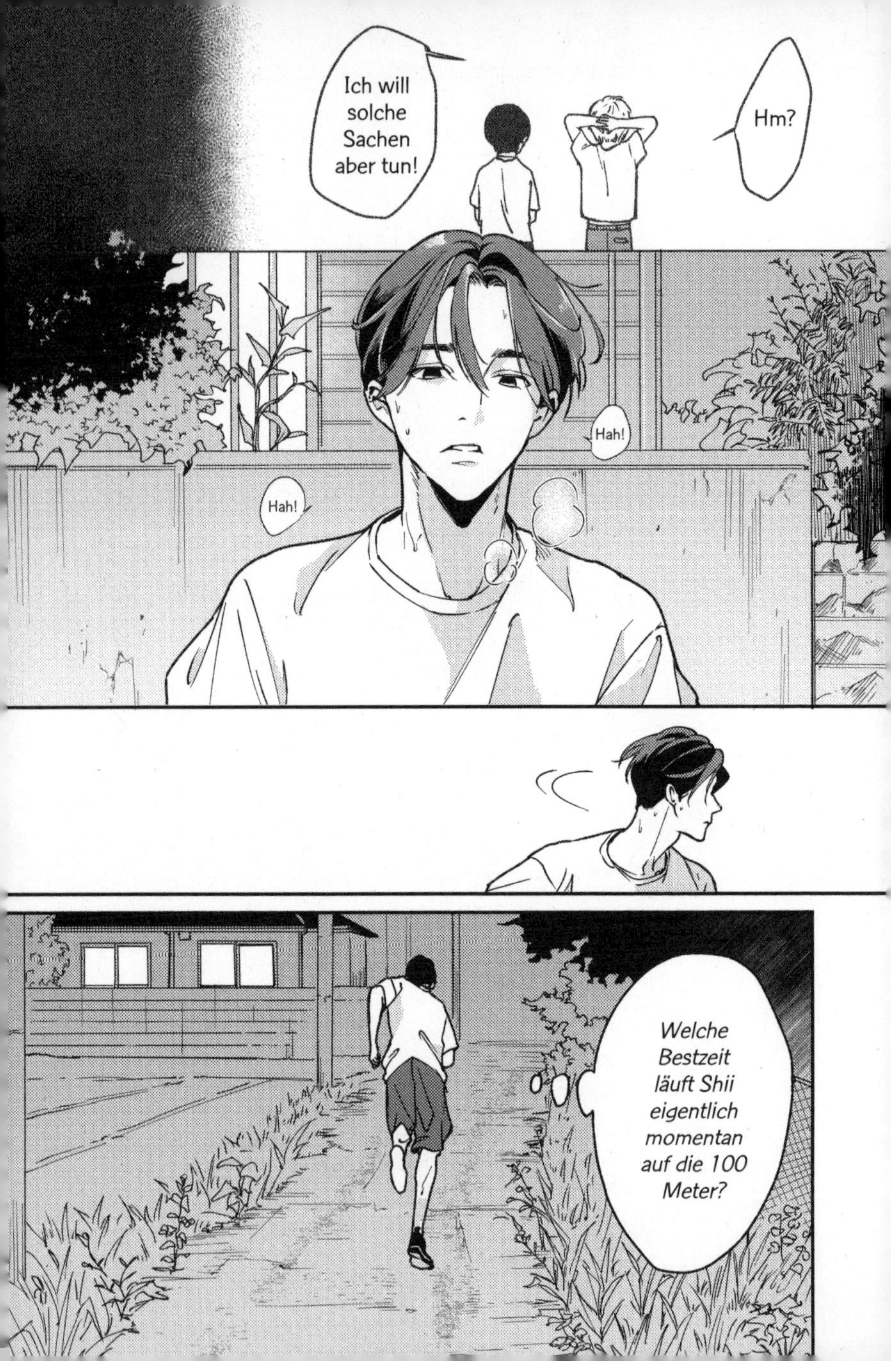
Hm?
Ich will solche Sachen aber tun!
Hah!
Hah!
Welche Bestzeit läuft Shii eigentlich momentan auf die 100 Meter?

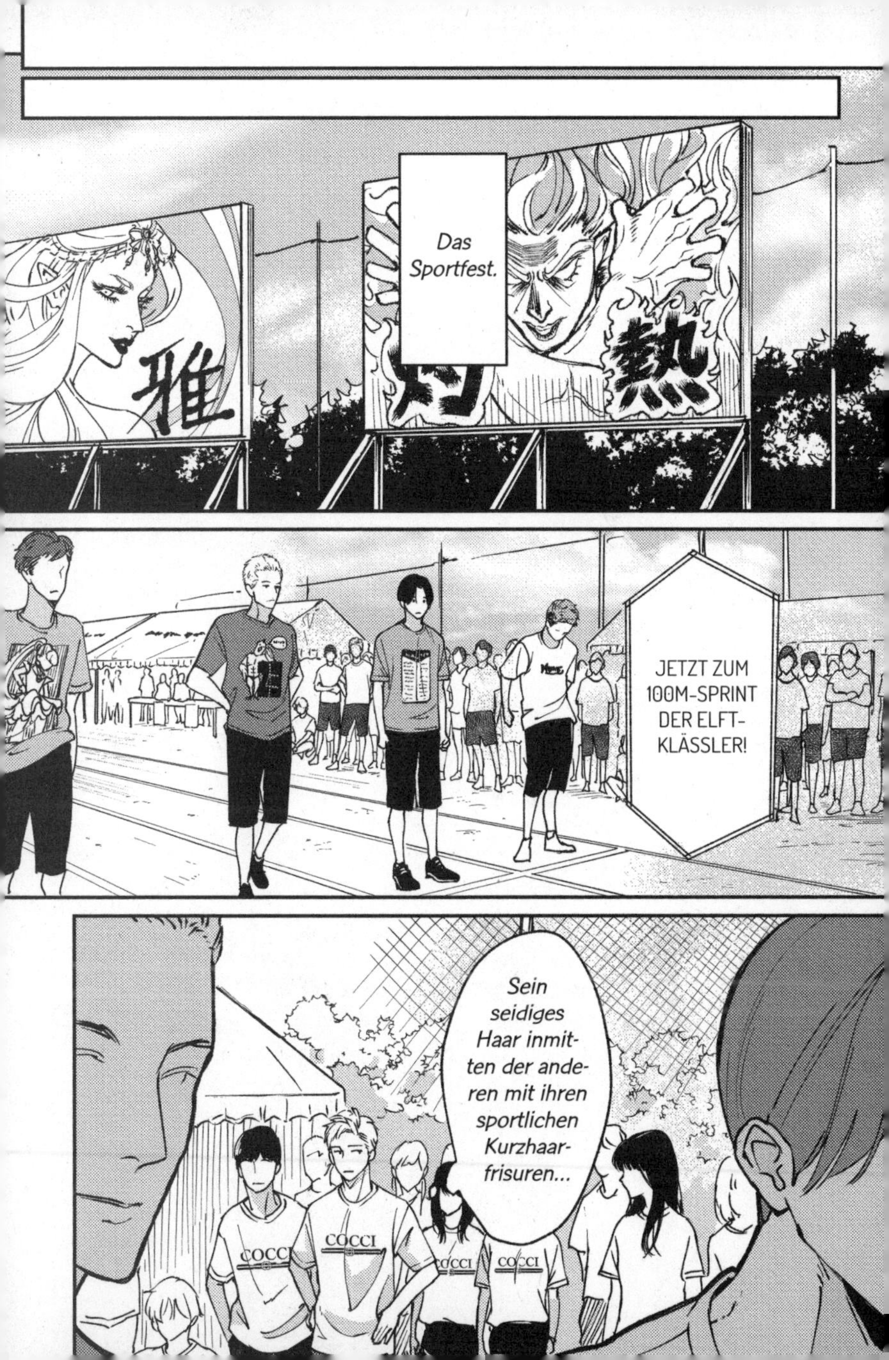
Das Sportfest.
JETZT ZUM 100M-SPRINT DER ELFT-KLÄSSLER!
Sein seidiges Haar inmitten der anderen mit ihren sportlichen Kurzhaarfrisuren...
雅
熱
COCCI
COCCI
COCCI
COCCI

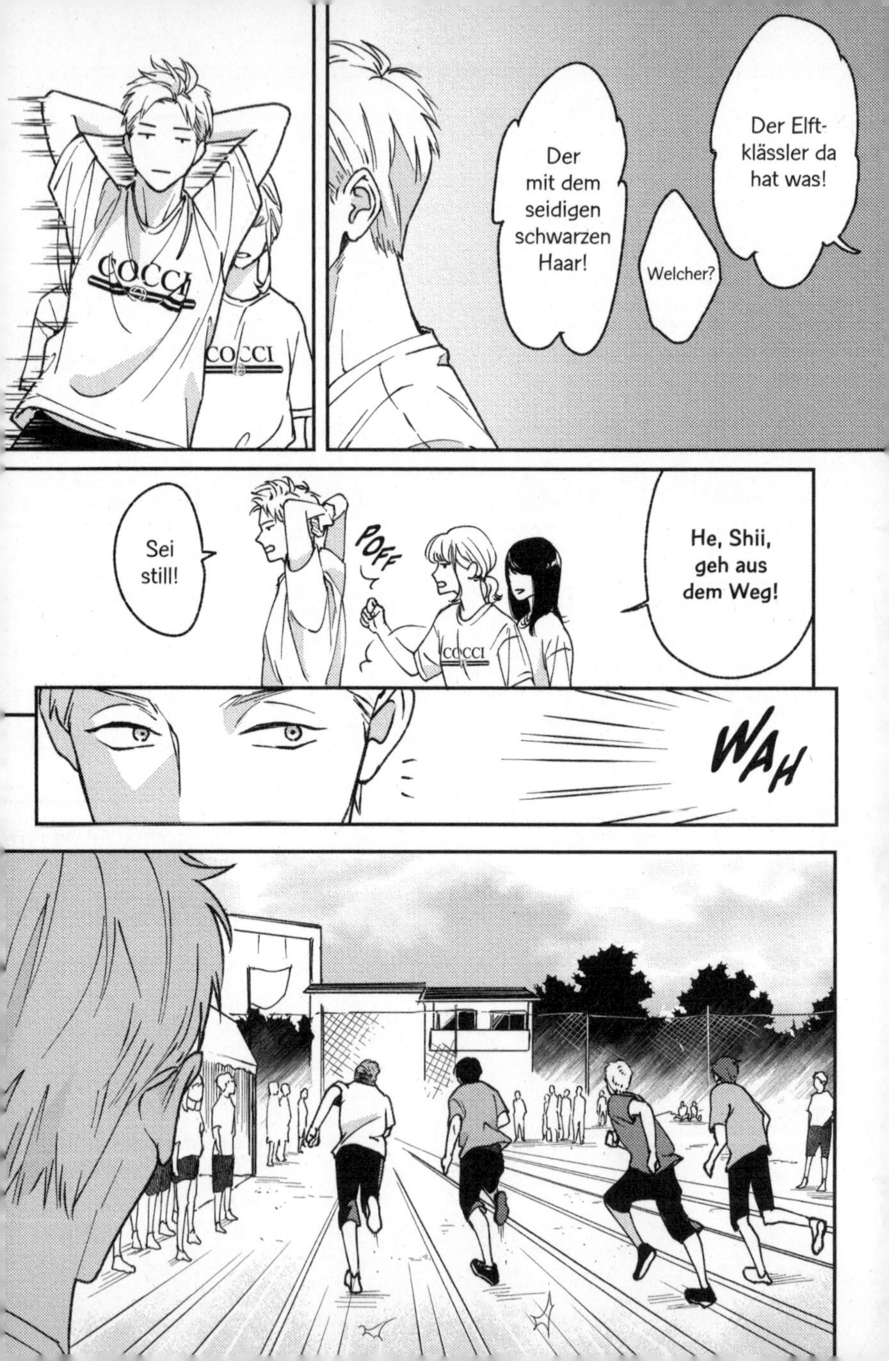
Der Elftklässler da hat was!
Welcher?
Der mit dem seidigen schwarzen Haar!
He, Shii, geh aus dem Weg!
POFF
Sei still!
WAH

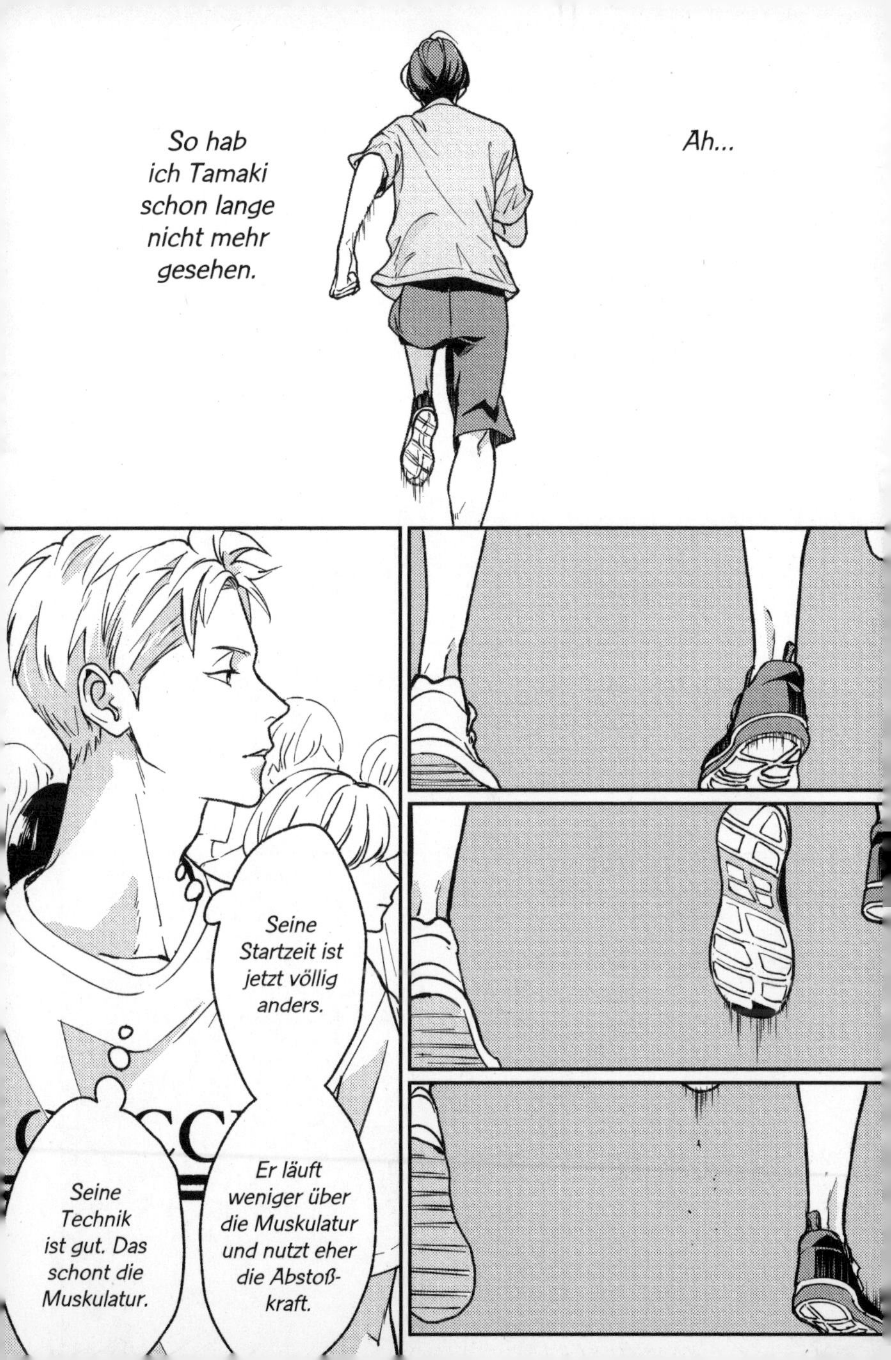
Ah…
So hab ich Tamaki schon lange nicht mehr gesehen.
Seine Startzeit ist jetzt völlig anders.
Er läuft weniger über die Muskulatur und nutzt eher die Abstoß-kraft.
Seine Technik ist gut. Das schont die Muskulatur.

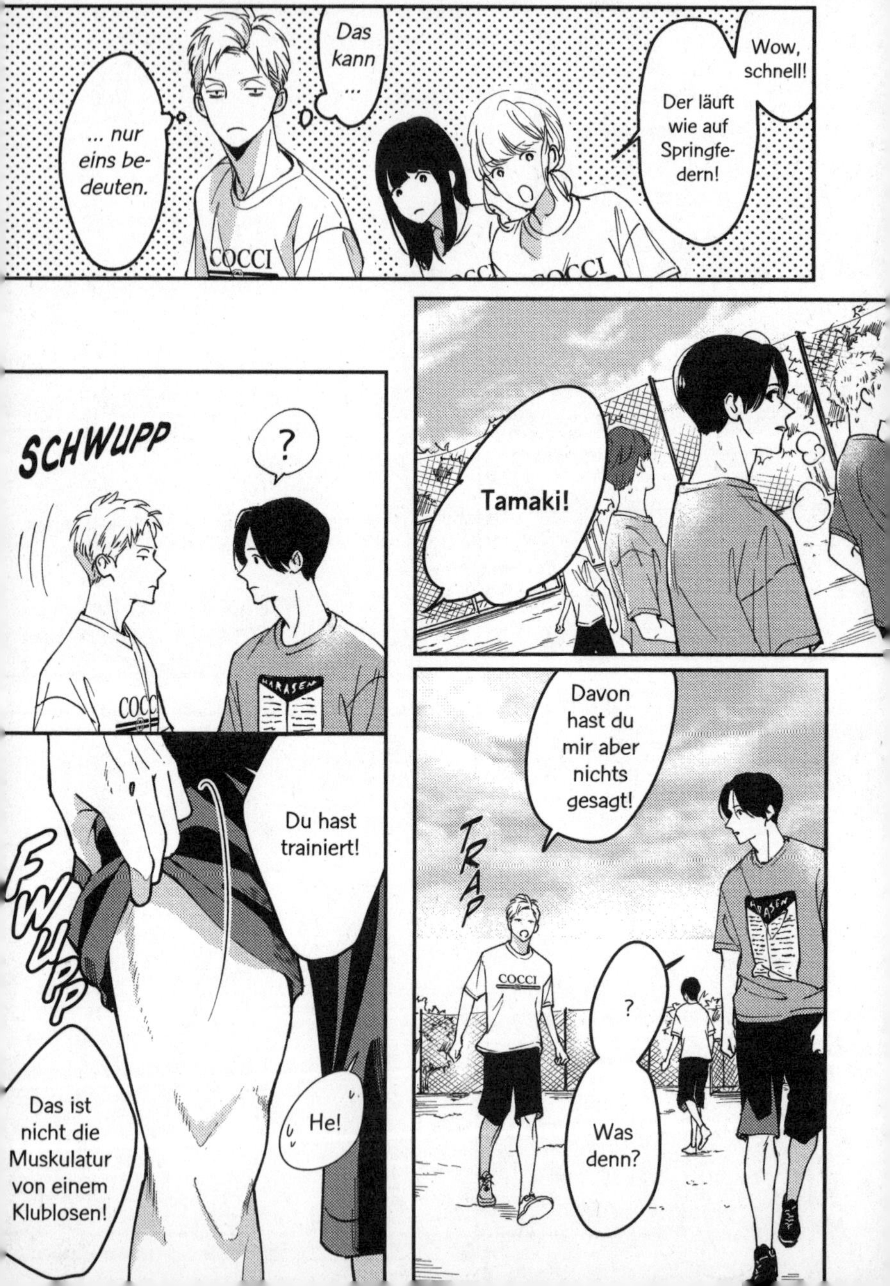
Wow, schnell!
Der läuft wie auf Springfedern!
Das kann ...
... nur eins bedeuten.
Tamaki!
SCHWUPP
?
Davon hast du mir aber nichts gesagt!
TRAP
?
Was denn?
Du hast trainiert!
FWUPP
He!
Das ist nicht die Muskulatur von einem Klublosen!

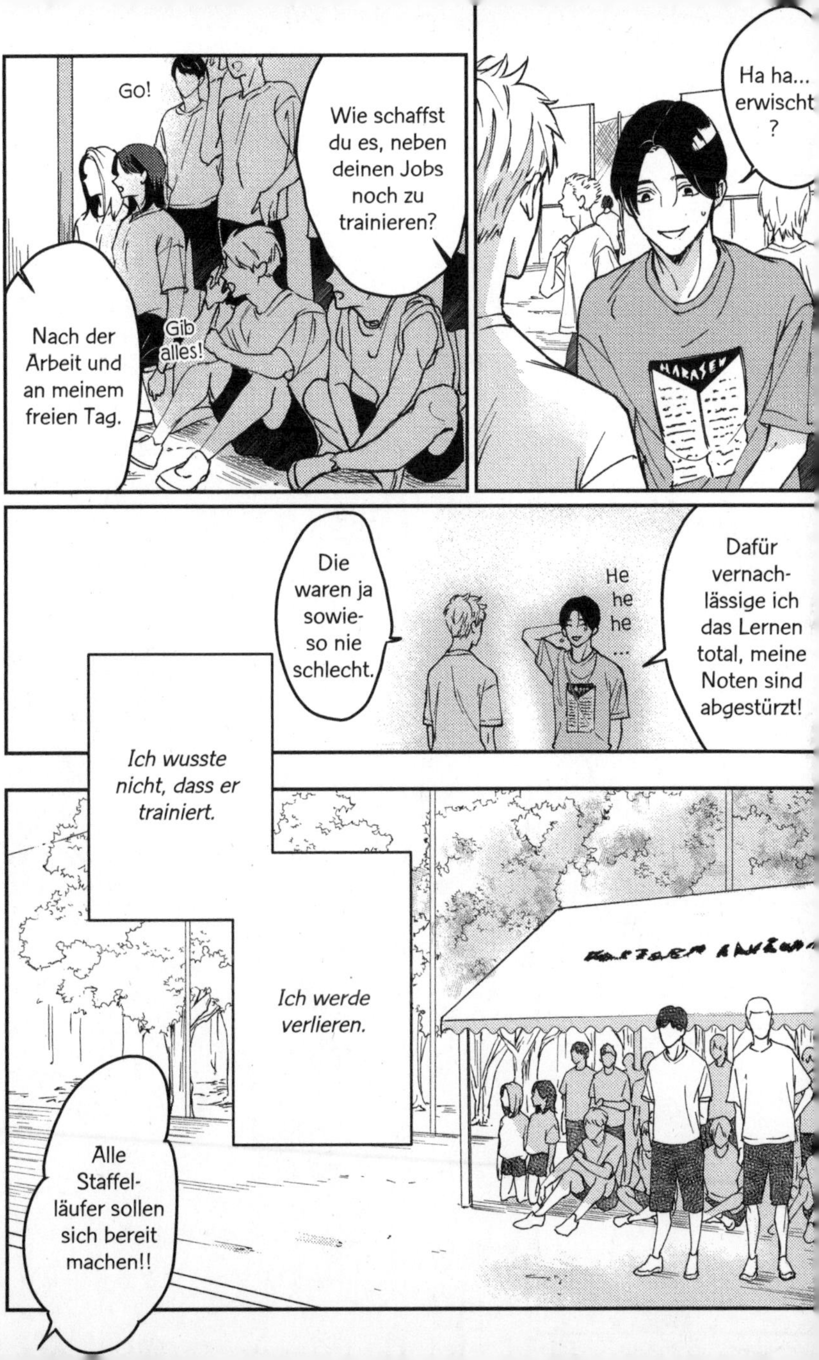
Ha ha... erwischt?
Wie schaffst du es, neben deinen Jobs noch zu trainieren?
GO!
Gib alles!
Nach der Arbeit und an meinem freien Tag.
Dafür vernach-lässige ich das Lernen total, meine Noten sind abgestürzt!
He he he ...
Die waren ja sowie-so nie schlecht.
Ich wusste nicht, dass er trainiert.
Ich werde verlieren.
Alle Staffel-läufer sollen sich bereit machen!!

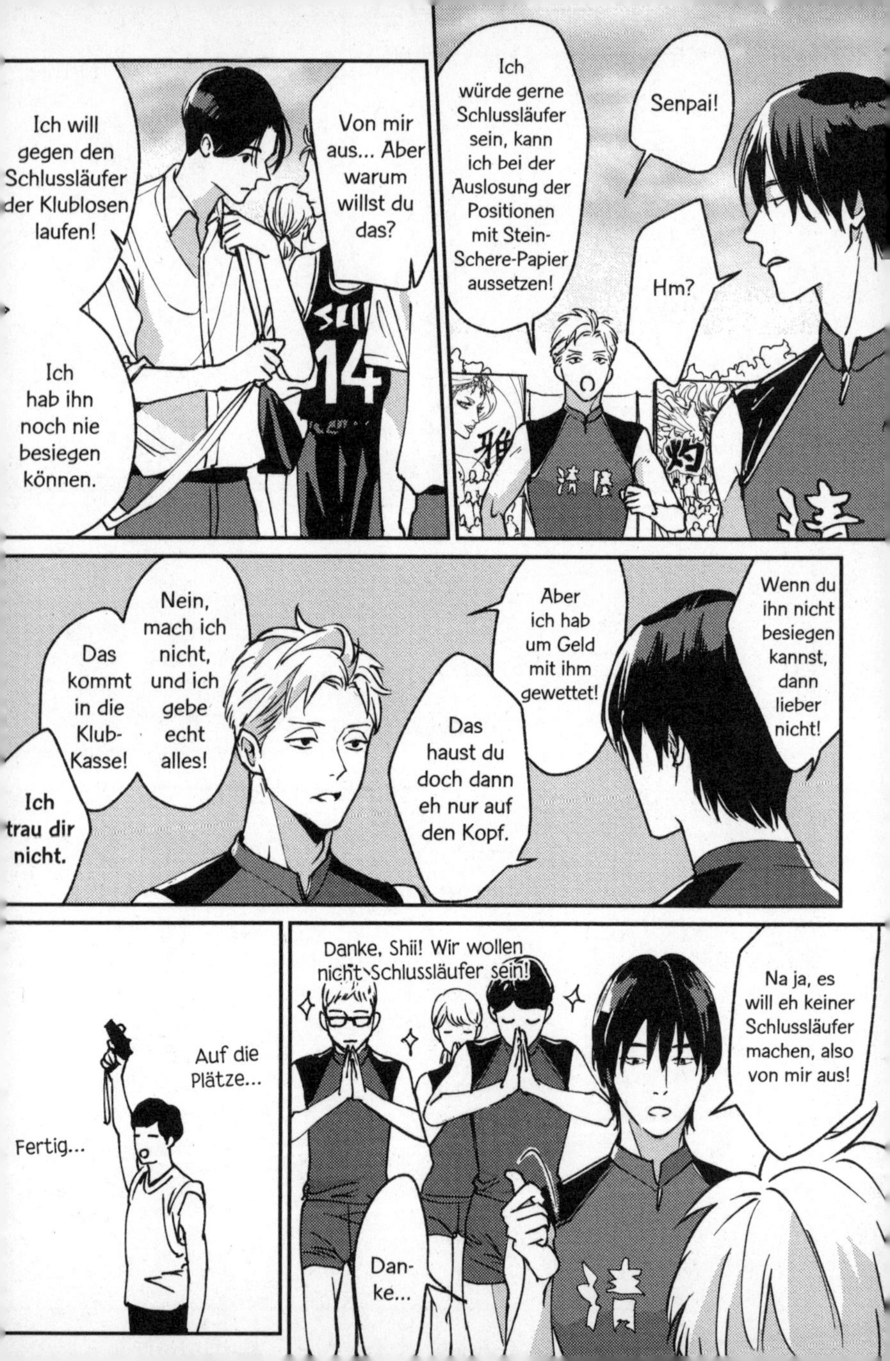

Senpai!
Hm?
Ich würde gerne Schlussläufer sein, kann ich bei der Auslosung der Positionen mit Stein-Schere-Papier aussetzen!
Von mir aus... Aber warum willst du das?
Ich will gegen den Schlussläufer der Klublosen laufen!
Ich hab ihn noch nie besiegen können.
Wenn du ihn nicht besiegen kannst, dann lieber nicht!
Aber ich hab um Geld mit ihm gewettet!
Das haust du doch dann eh nur auf den Kopf.
Nein, mach ich nicht, und ich gebe echt alles!
Das kommt in die Klub-Kasse!
Ich trau dir nicht.
Na ja, es will eh keiner Schlussläufer machen, also von mir aus!
Danke, Shii! Wir wollen nicht Schlussläufer sein!
Dan-ke...
Auf die Plätze...
Fertig...

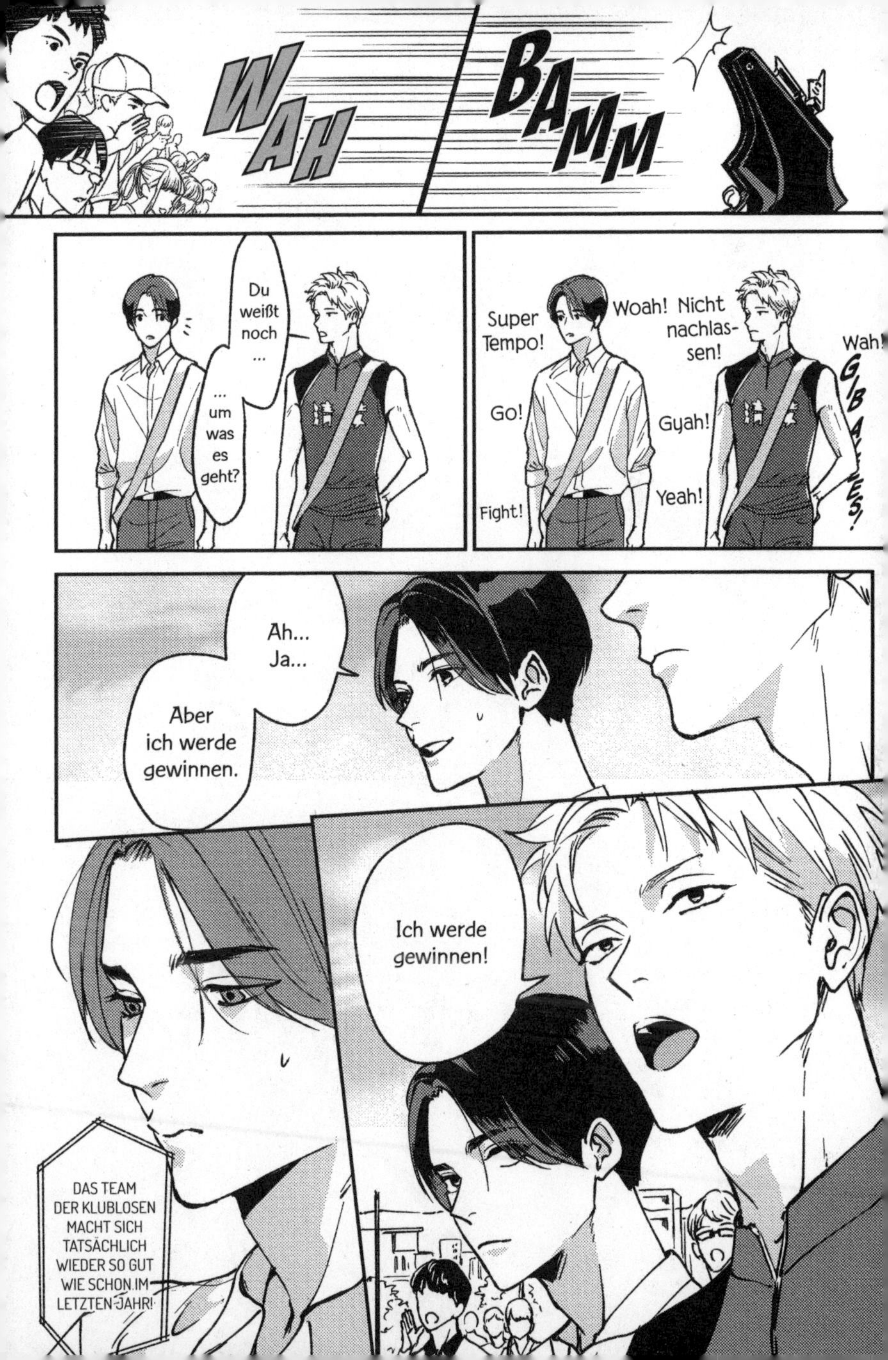
BAMM
WAH
Wah!
Woah! Nicht nachlassen!
Super Tempo!
Gyah!
Go!
Yeah!
Fight!
Du weißt noch ...
... um was es geht?
Ah... Ja...
Aber ich werde gewinnen.
Ich werde gewinnen!
DAS TEAM DER KLUBLOSEN MACHT SICH TATSÄCHLICH WIEDER SO GUT WIE SCHON IM LETZTEN JAHR!

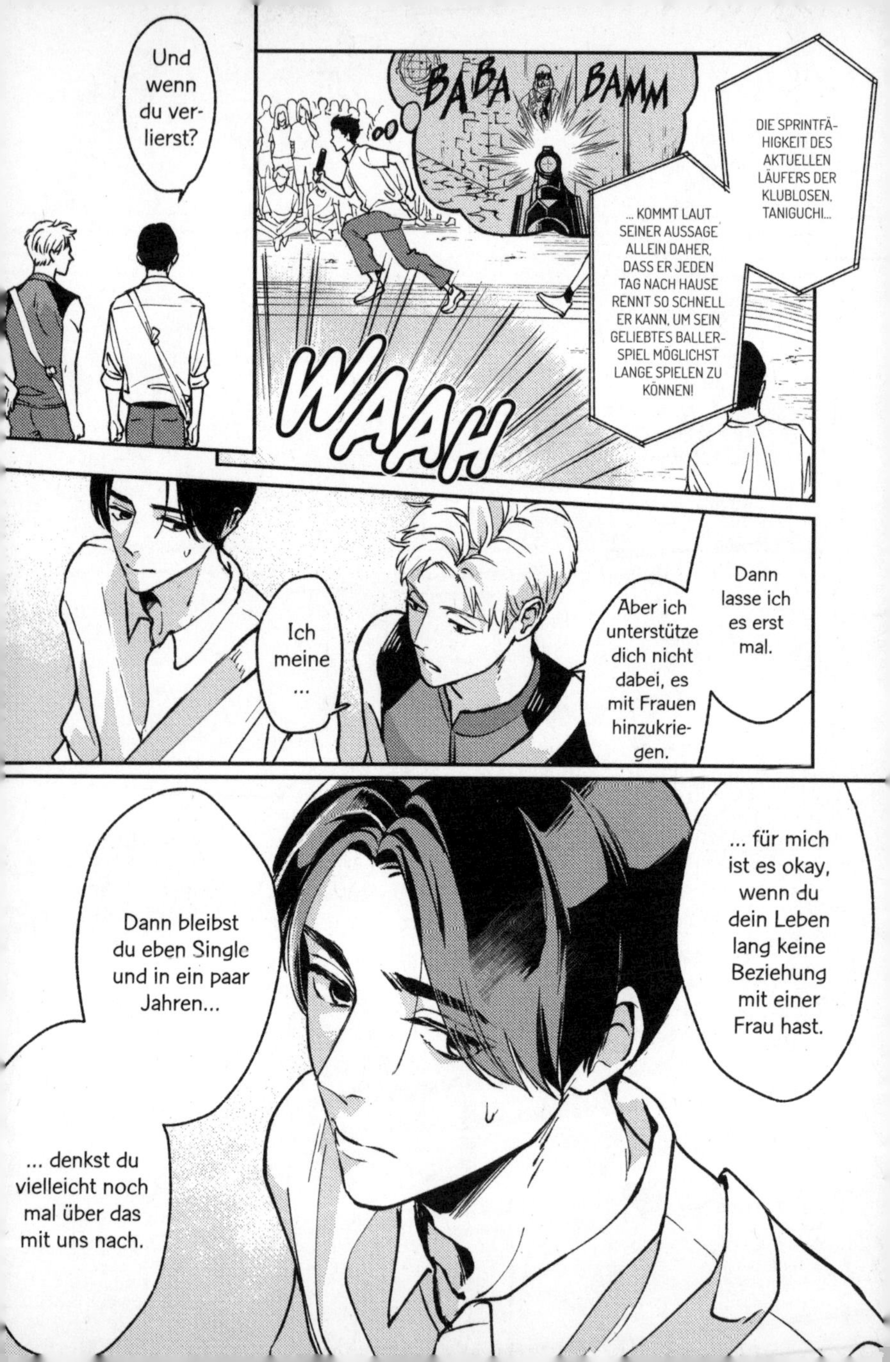
DIE SPRINTFÄHIGKEIT DES AKTUELLEN LÄUFERS DER KLUBLOSEN, TANIGUCHI...
... KOMMT LAUT SEINER AUSSAGE ALLEIN DAHER, DASS ER JEDEN TAG NACH HAUSE RENNT SO SCHNELL ER KANN, UM SEIN GELIEBTES BALLERSPIEL MÖGLICHST LANGE SPIELEN ZU KÖNNEN!
BAMM
BABA
WAAH
Und wenn du verlierst?
Dann lasse ich es erst mal.
Aber ich unterstütze dich nicht dabei, es mit Frauen hinzukriegen.
Ich meine ...
... für mich ist es okay, wenn du dein Leben lang keine Beziehung mit einer Frau hast.
Dann bleibst du eben Single und in ein paar Jahren...
... denkst du vielleicht noch mal über das mit uns nach.

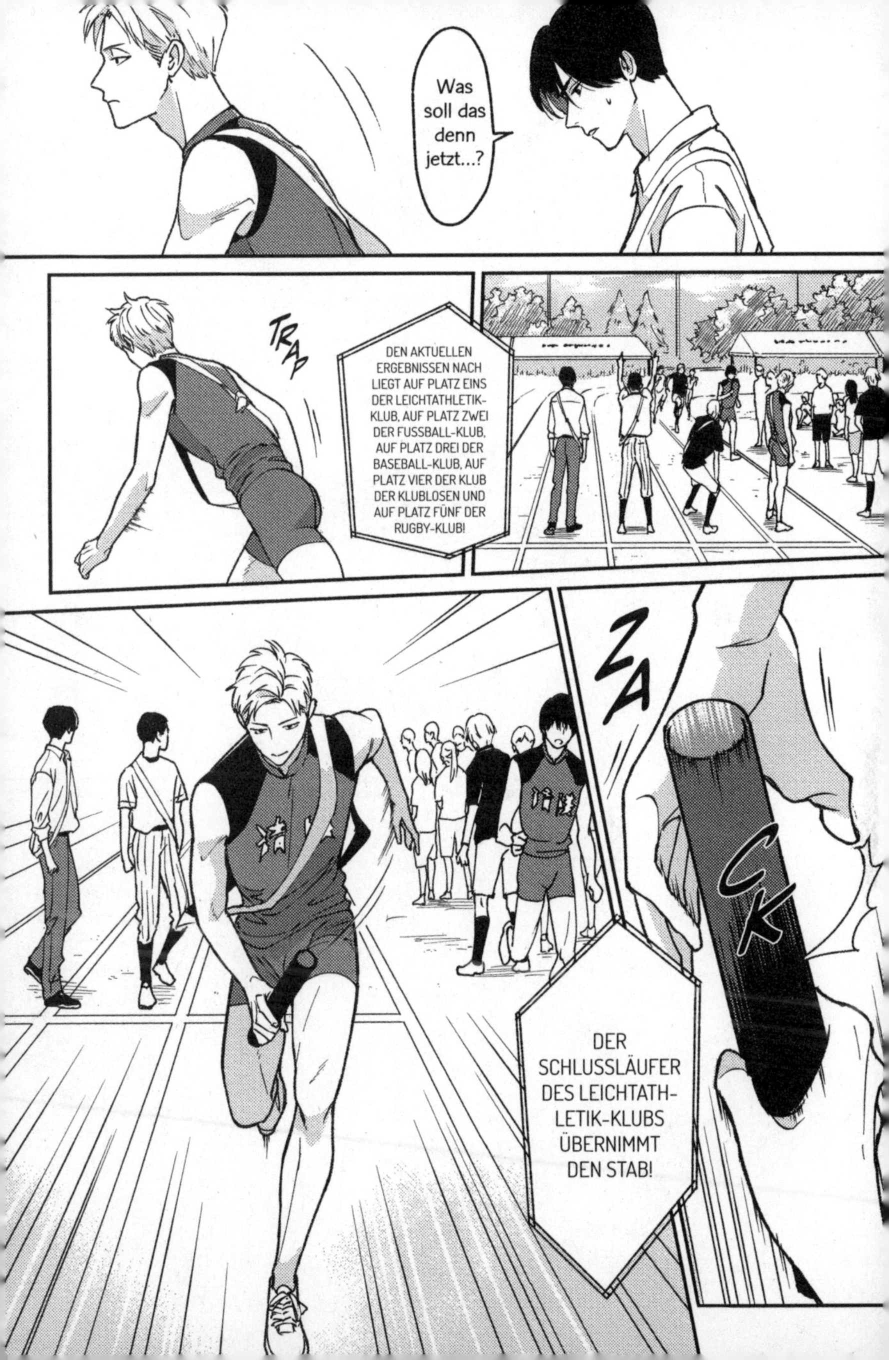
Was soll das denn jetzt...?
TRAP
DEN AKTUELLEN ERGEBNISSEN NACH LIEGT AUF PLATZ EINS DER LEICHTATHLETIK-KLUB, AUF PLATZ ZWEI DER FUSSBALL-KLUB, AUF PLATZ DREI DER BASEBALL-KLUB, AUF PLATZ VIER DER KLUB DER KLUBLOSEN UND AUF PLATZ FÜNF DER RUGBY-KLUB!
ZA
CK
DER SCHLUSSLÄUFER DES LEICHTATH-LETIK-KLUBS ÜBERNIMMT DEN STAB!

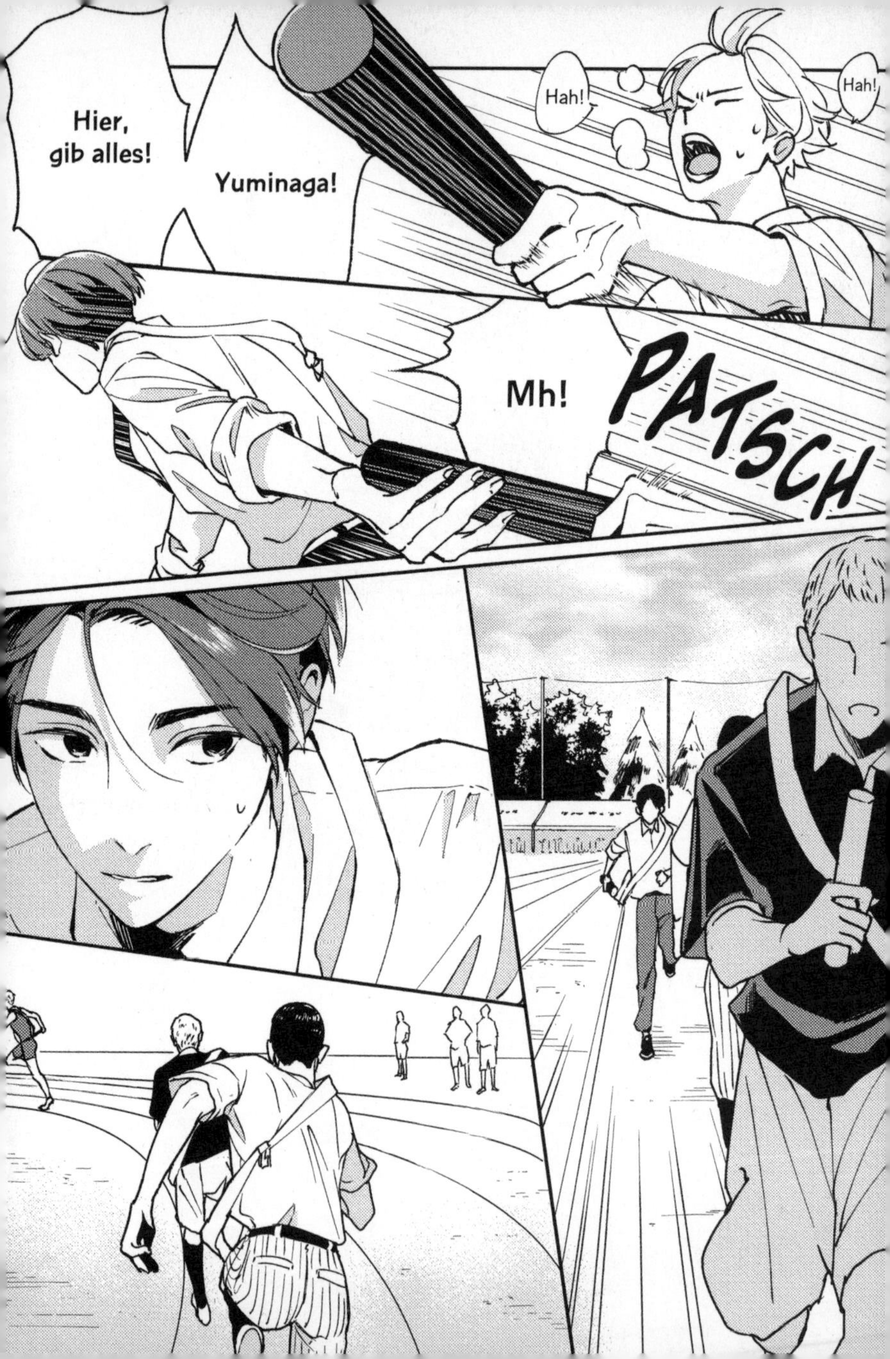
Hah!
Hah!
Yuminaga!
Hier, gib alles!
PATSCH
Mh!

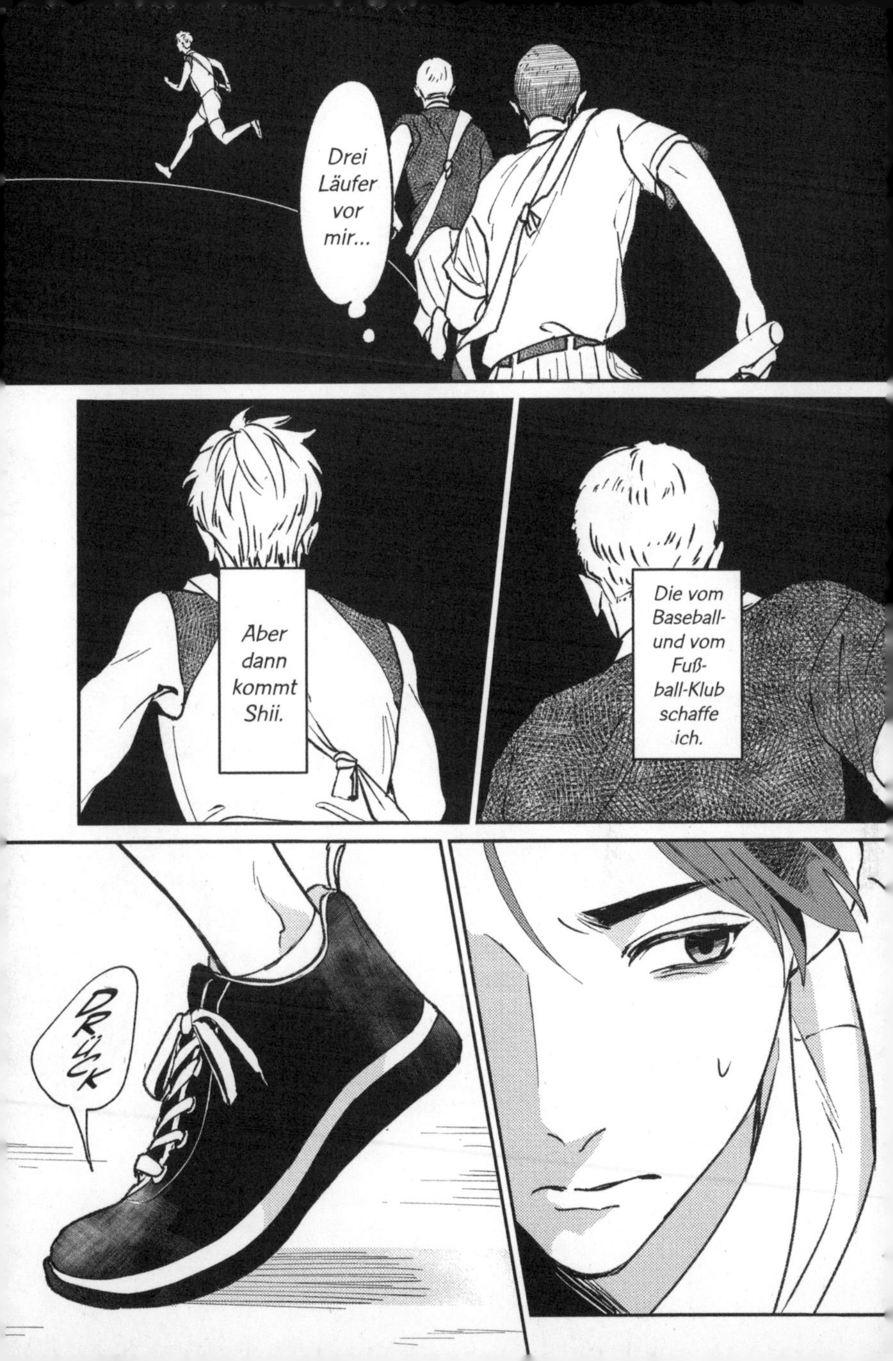
Drei Läufer vor mir...
Die vom Baseball- und vom Fuß-ball-Klub schaffe ich.
Aber dann kommt Shii.
DRÜCK

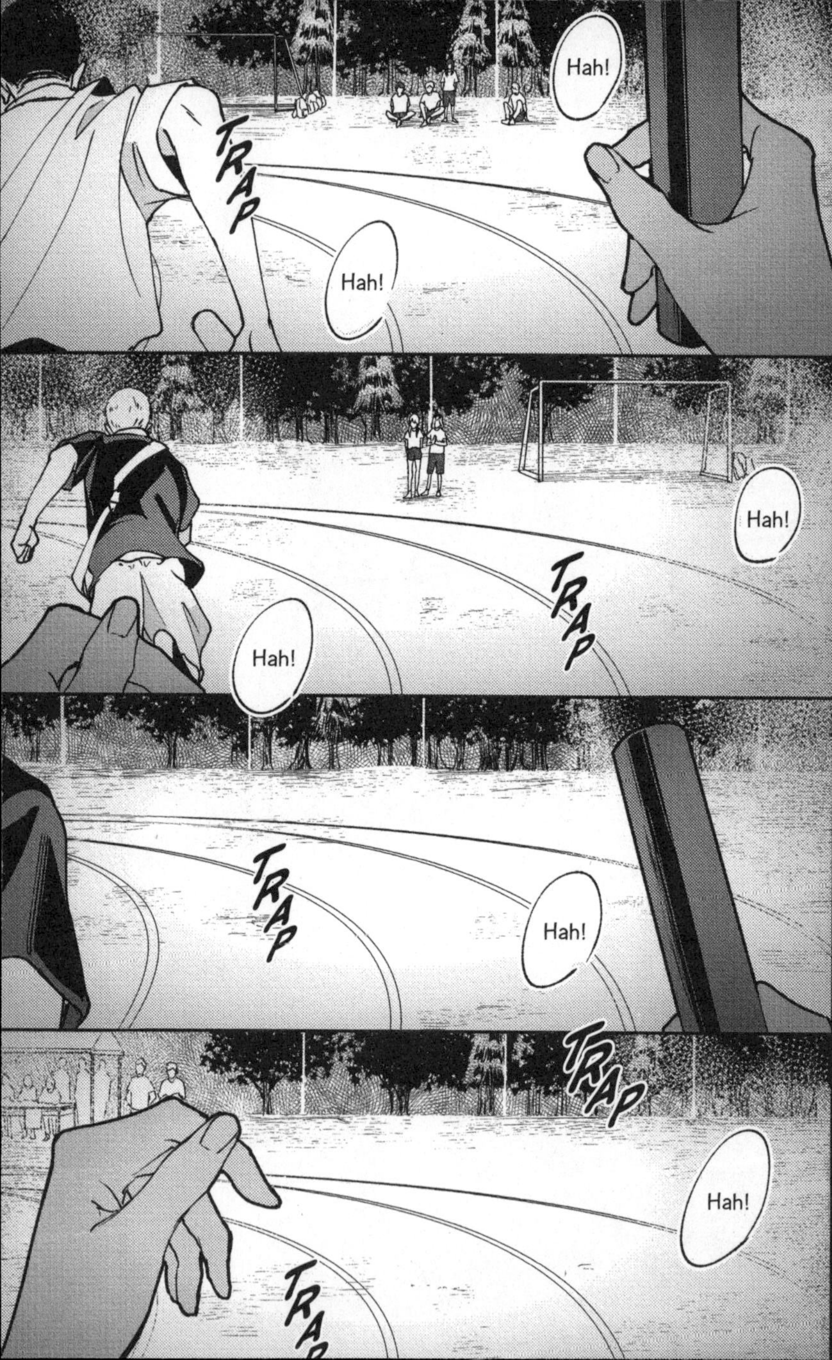
Hah!
TRAP
Hah!
Hah!
TRAP
Hah!
TRAP
Hah!
TRAP
Hah!

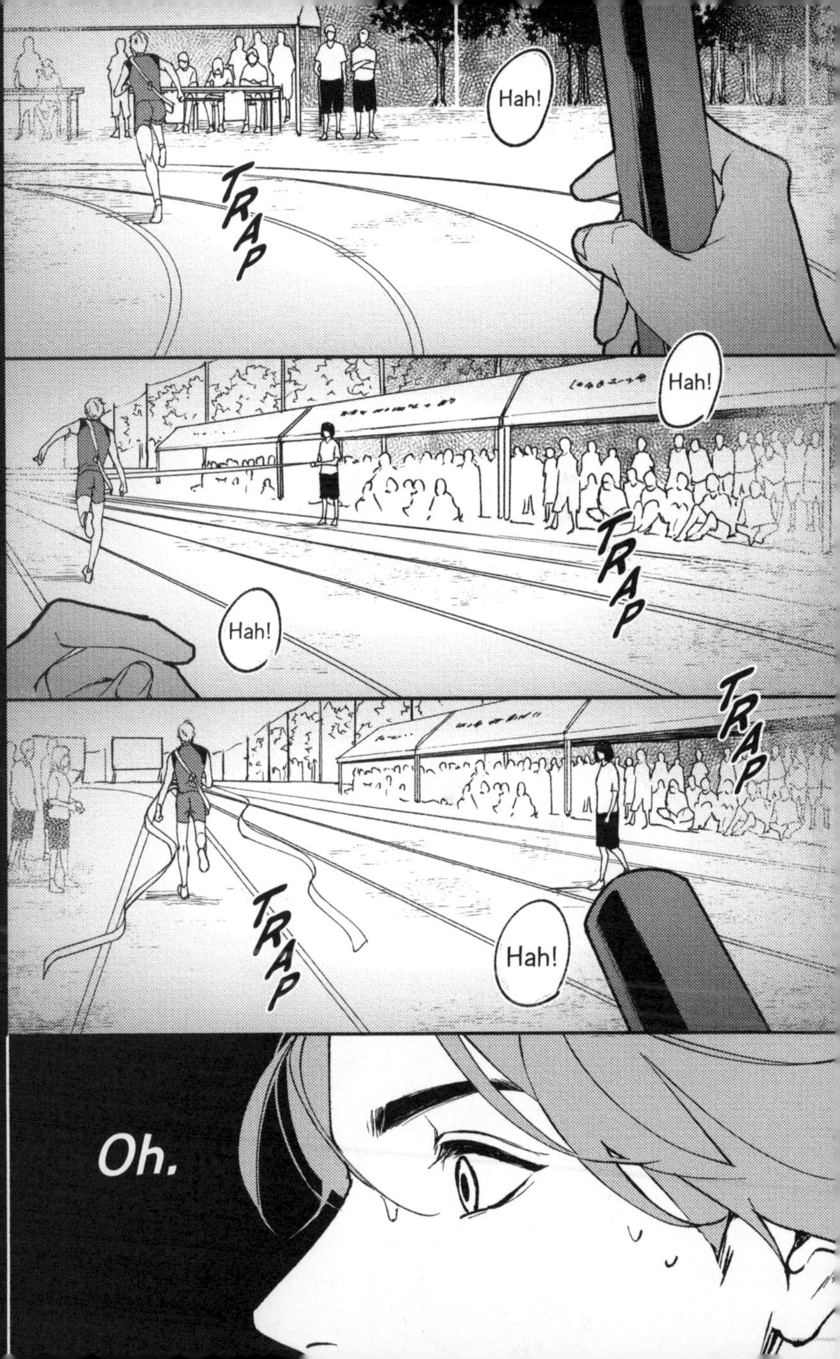
Hah!
TRAP
Hah!
TRAP
Hah!
TRAP
Hah!
TRAP
Oh.

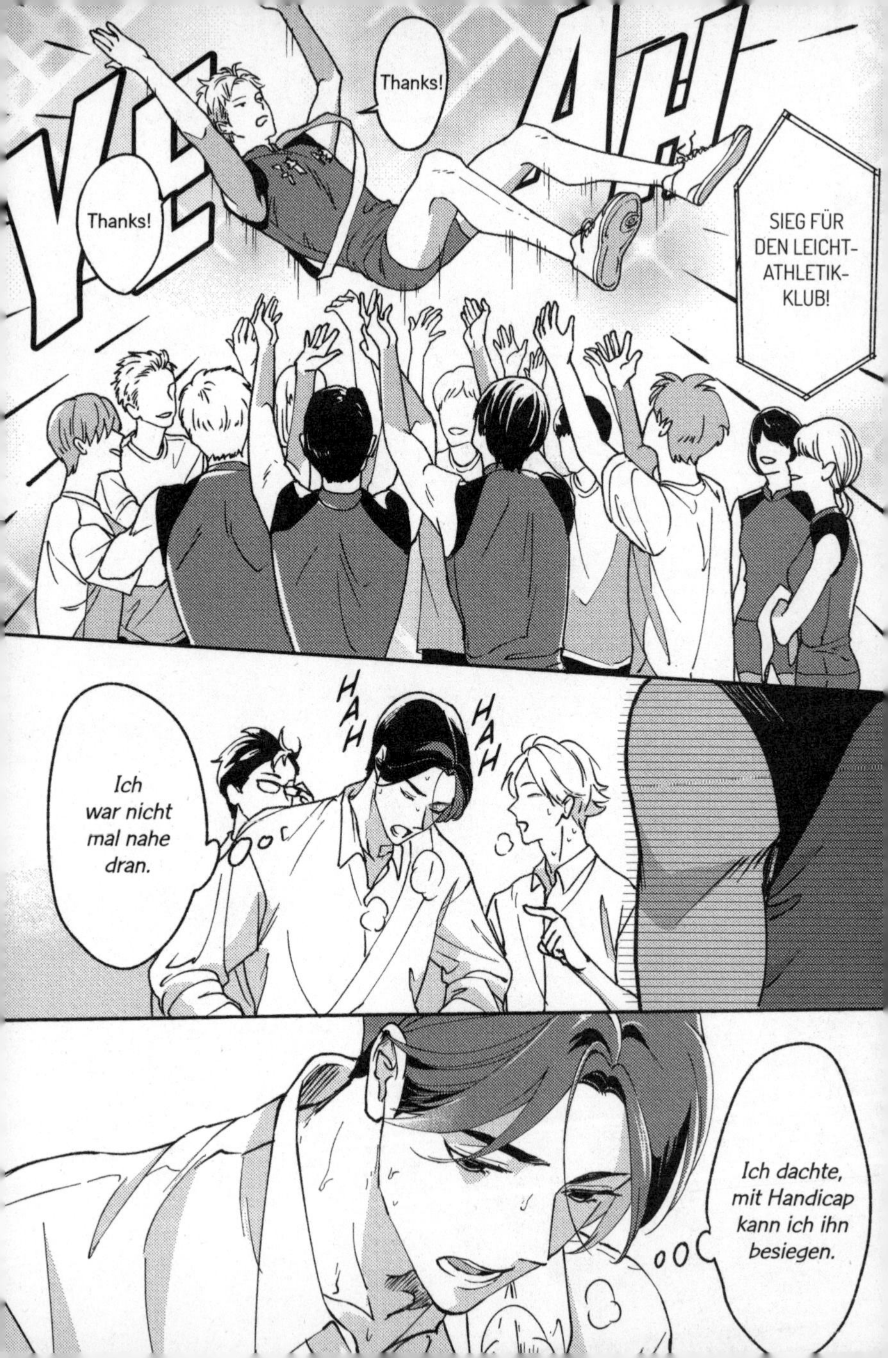
YEAH
SIEG FÜR DEN LEICHT-ATHLETIK-KLUB!
Thanks!
Thanks!
HAH HAH
HAH HAH
Ich war nicht mal nahe dran.
Ich dachte, mit Handicap kann ich ihn besiegen.

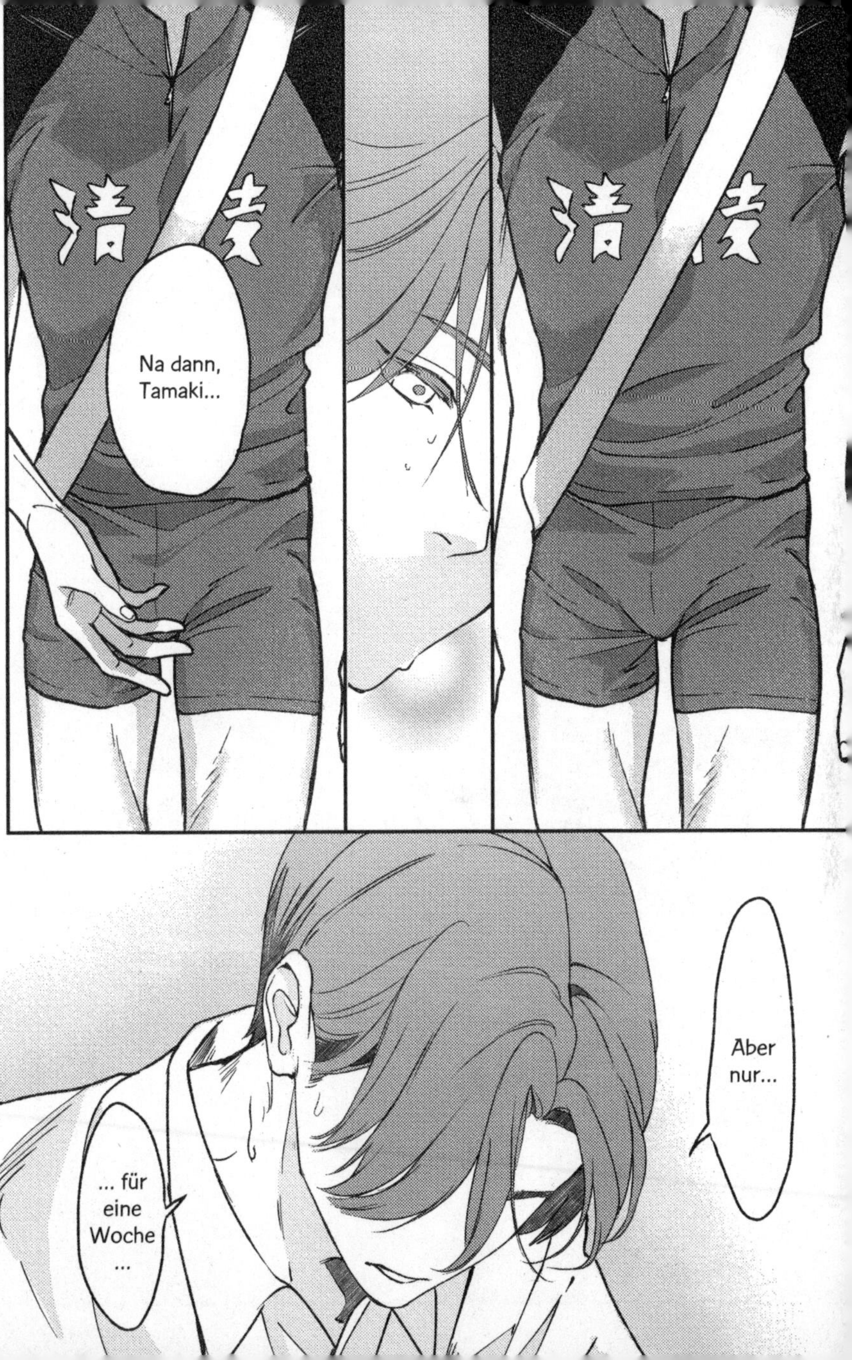
Na dann, Tamaki...
Aber nur...
... für eine Woche ...

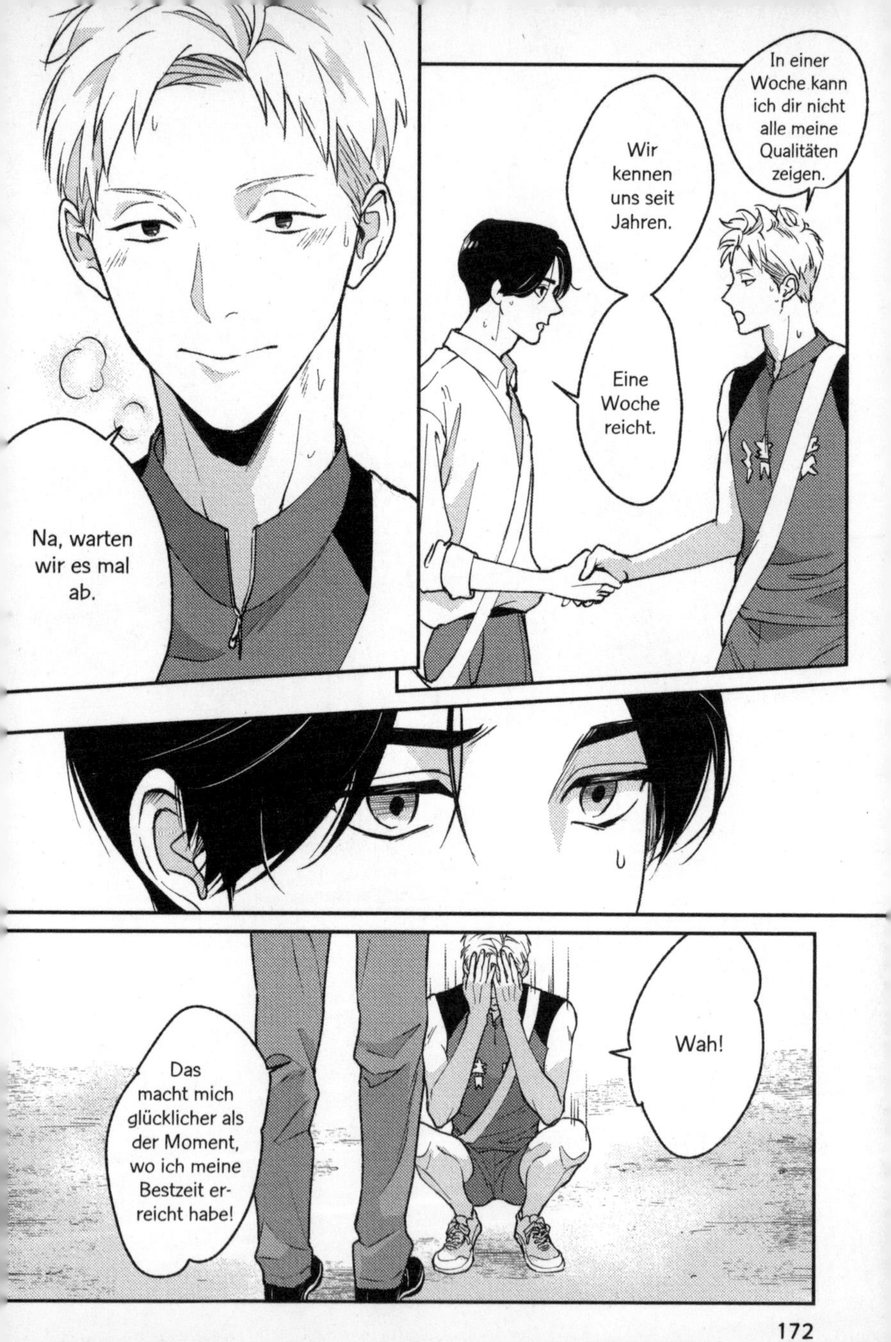
In einer Woche kann ich dir nicht alle meine Qualitäten zeigen.
Wir kennen uns seit Jahren.
Eine Woche reicht.
Na, warten wir es mal ab.
Wah!
Das macht mich glücklicher als der Moment, wo ich meine Bestzeit erreicht habe!

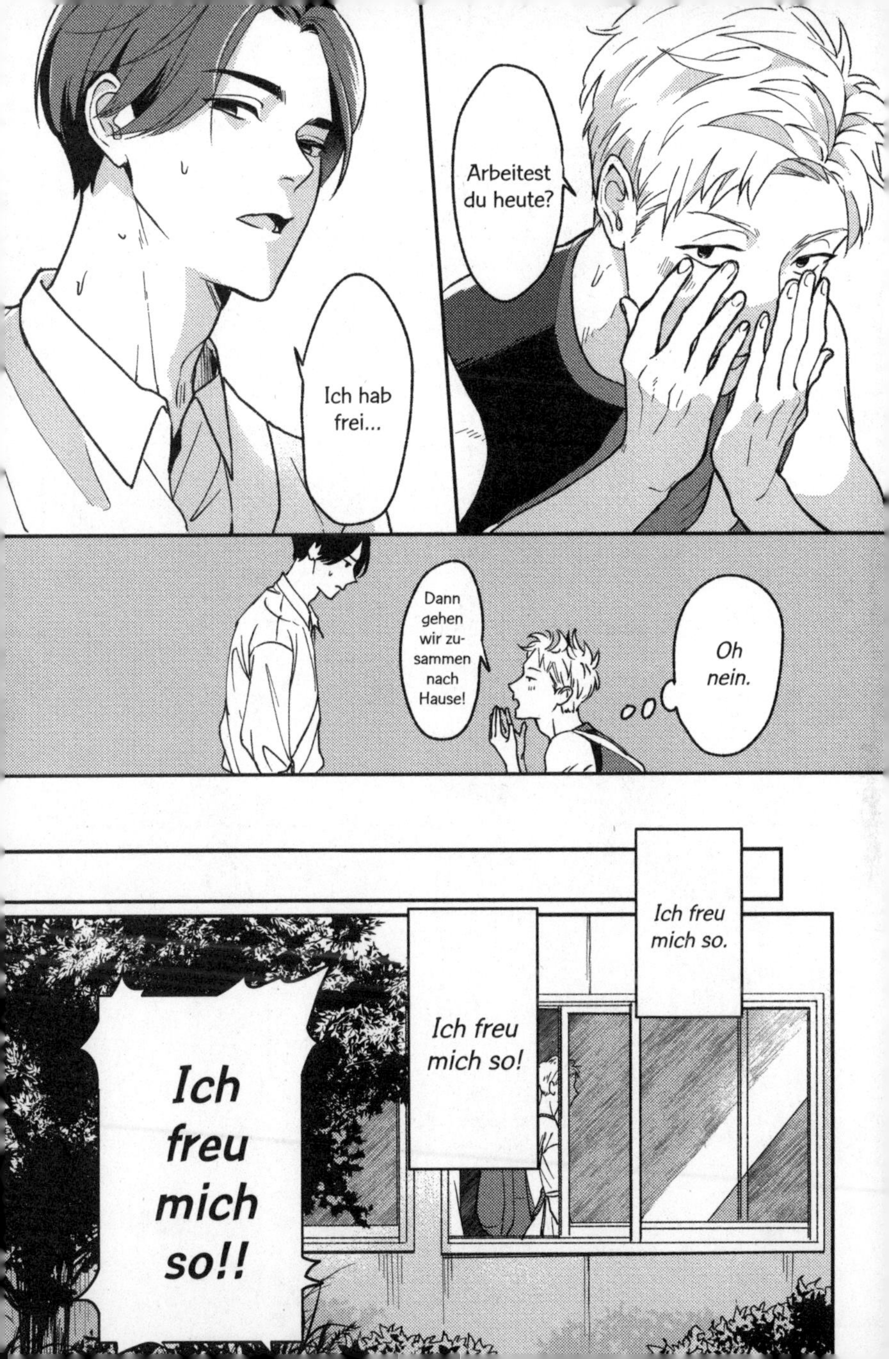
Arbeitest du heute?
Ich hab frei...
Oh nein.
Dann gehen wir zu-sammen nach Hause!
Ich freu mich so.
Ich freu mich so!
Ich freu mich so!!

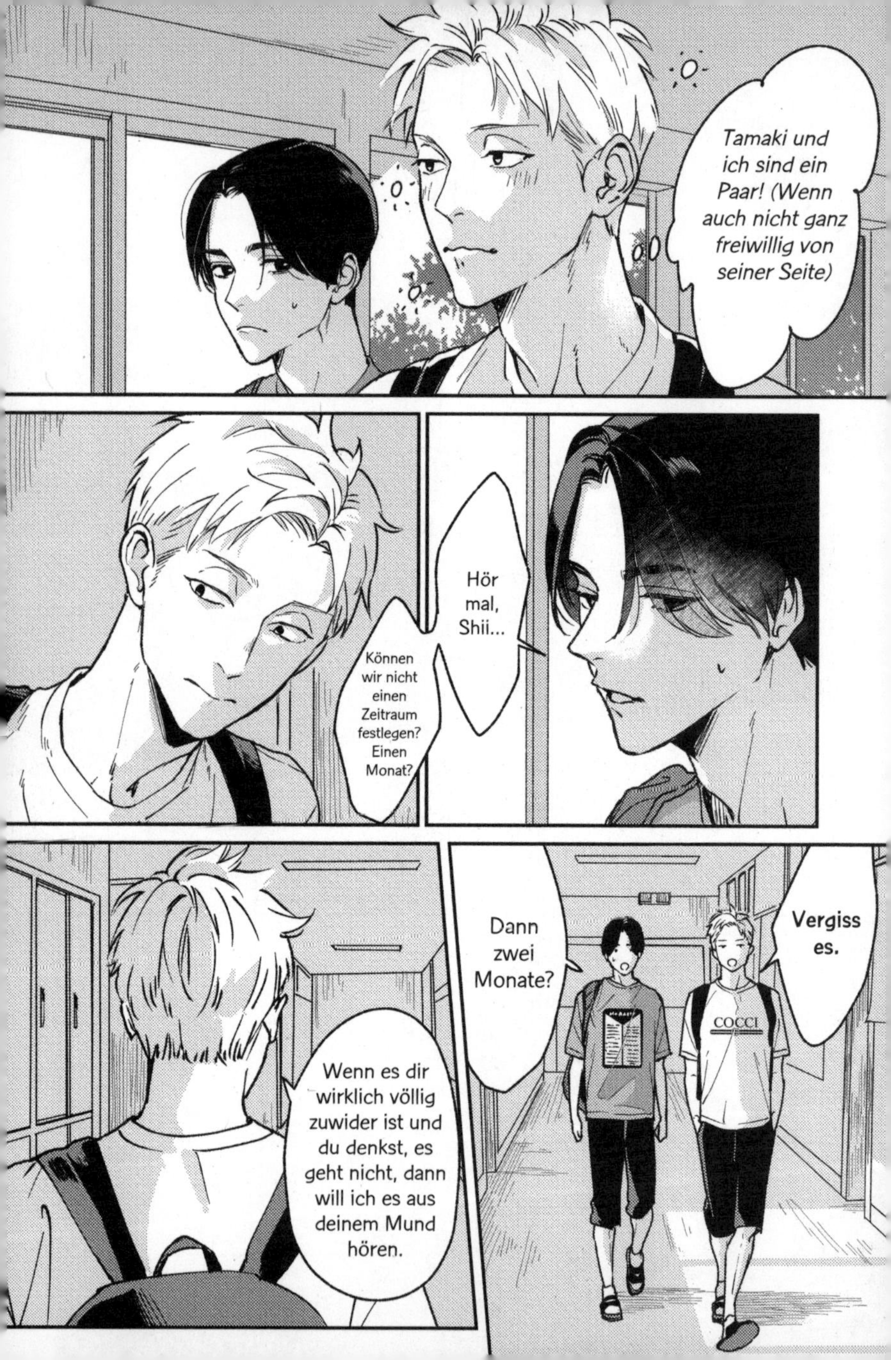
Tamaki und ich sind ein Paar! (Wenn auch nicht ganz freiwillig von seiner Seite)
Hör mal, Shii...
Können wir nicht einen Zeitraum festlegen? Einen Monat?
Vergiss es.
Dann zwei Monate?
COCCI
Wenn es dir wirklich völlig zuwider ist und du denkst, es geht nicht, dann will ich es aus deinem Mund hören.

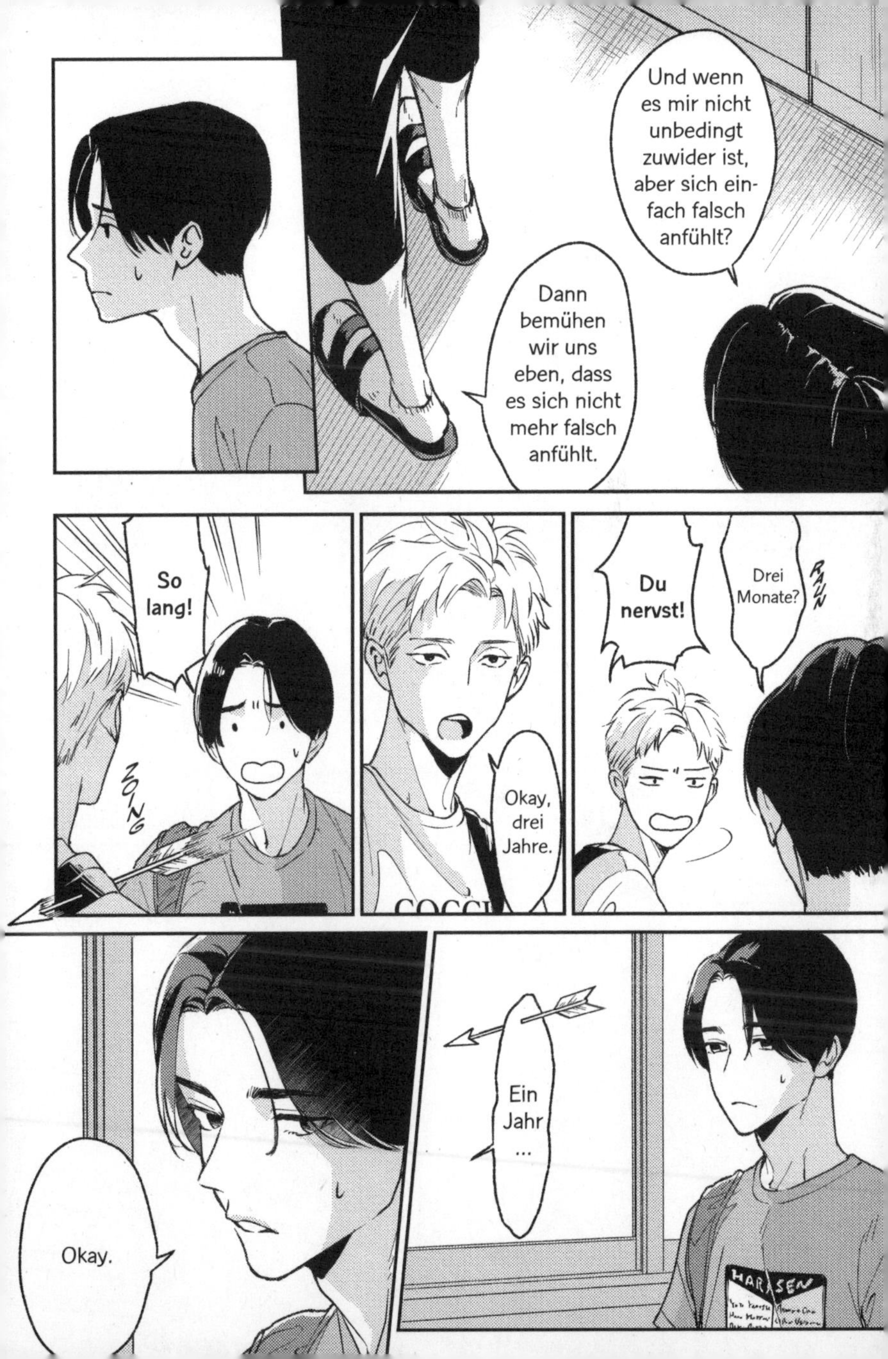
Und wenn es mir nicht unbedingt zuwider ist, aber sich ein-fach falsch anfühlt?
Dann bemühen wir uns eben, dass es sich nicht mehr falsch anfühlt.
RAUN
Drei Monate?
Du nervst!
Okay, drei Jahre.
So lang!
ZOING
Ein Jahr ...
Okay.
HARASEN

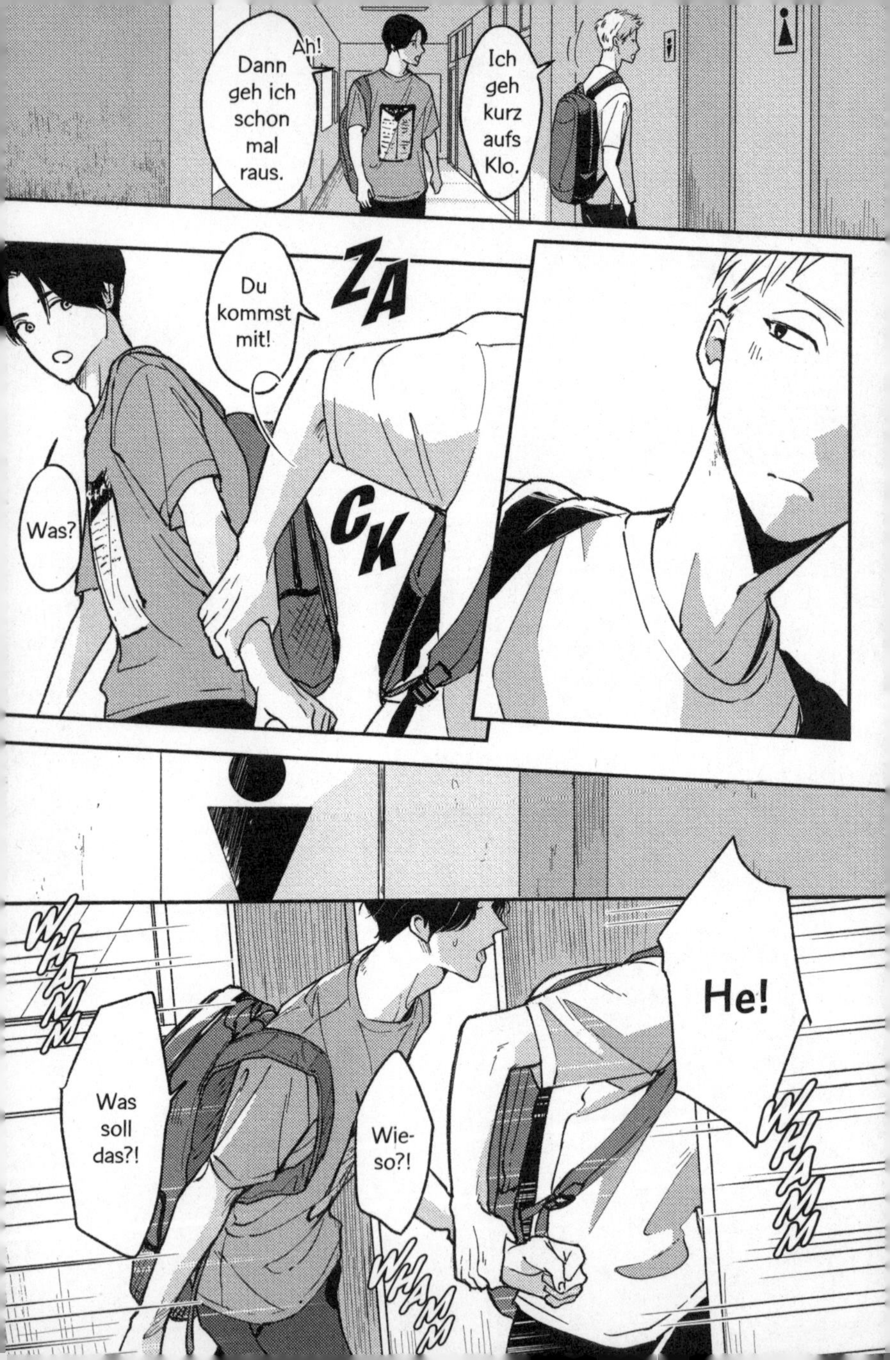
Ich geh kurz aufs Klo.
Ah! Dann geh ich schon mal raus.
Du kommst mit!
ZACK
Was?
He!
WHAMM
Wie-so?!
Was soll das?!
WHAMM
WHAMM

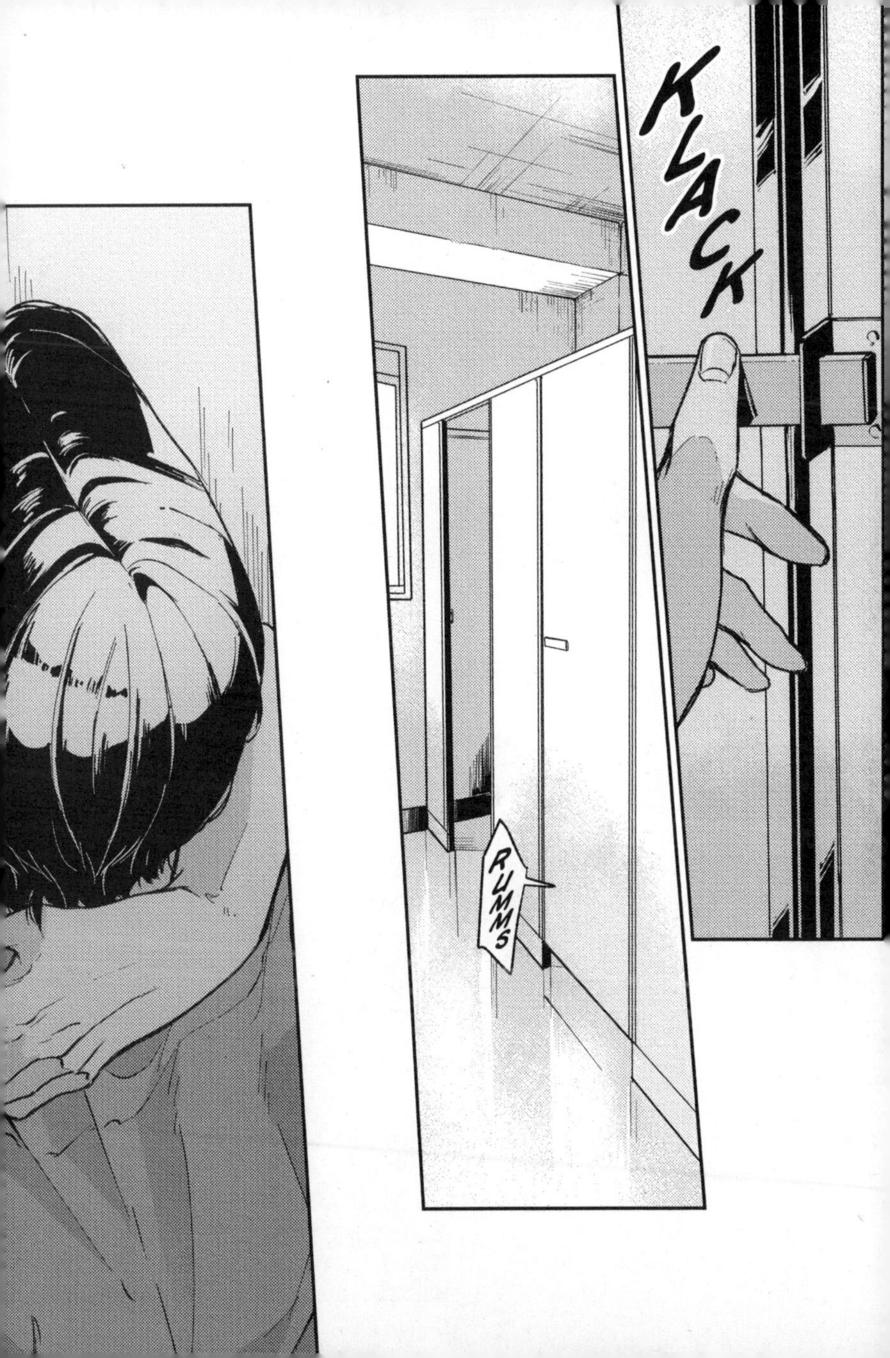
KLACK
RUMMS

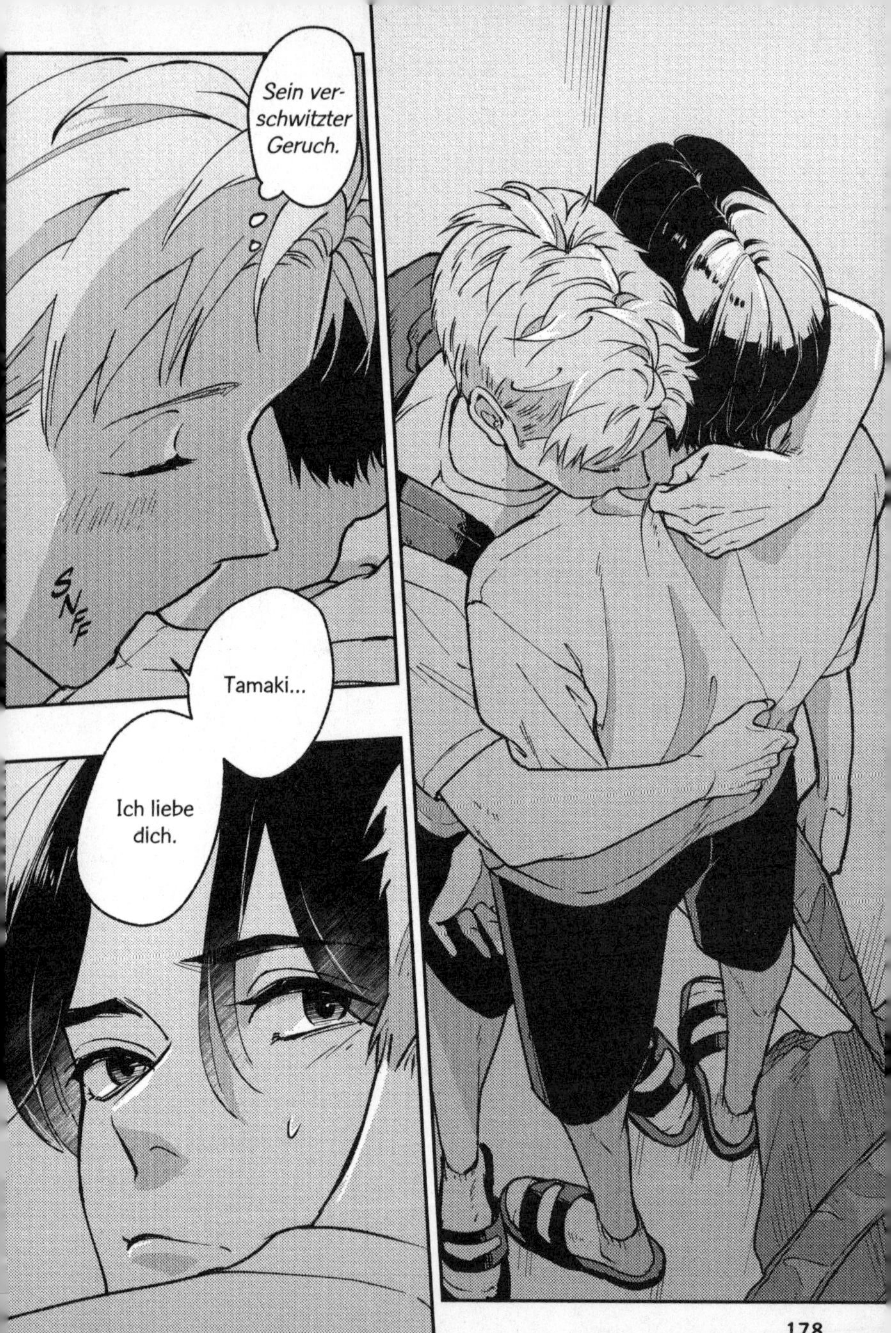

Sein verschwitzter Geruch.
SNFF
Tamaki...
Ich liebe dich.

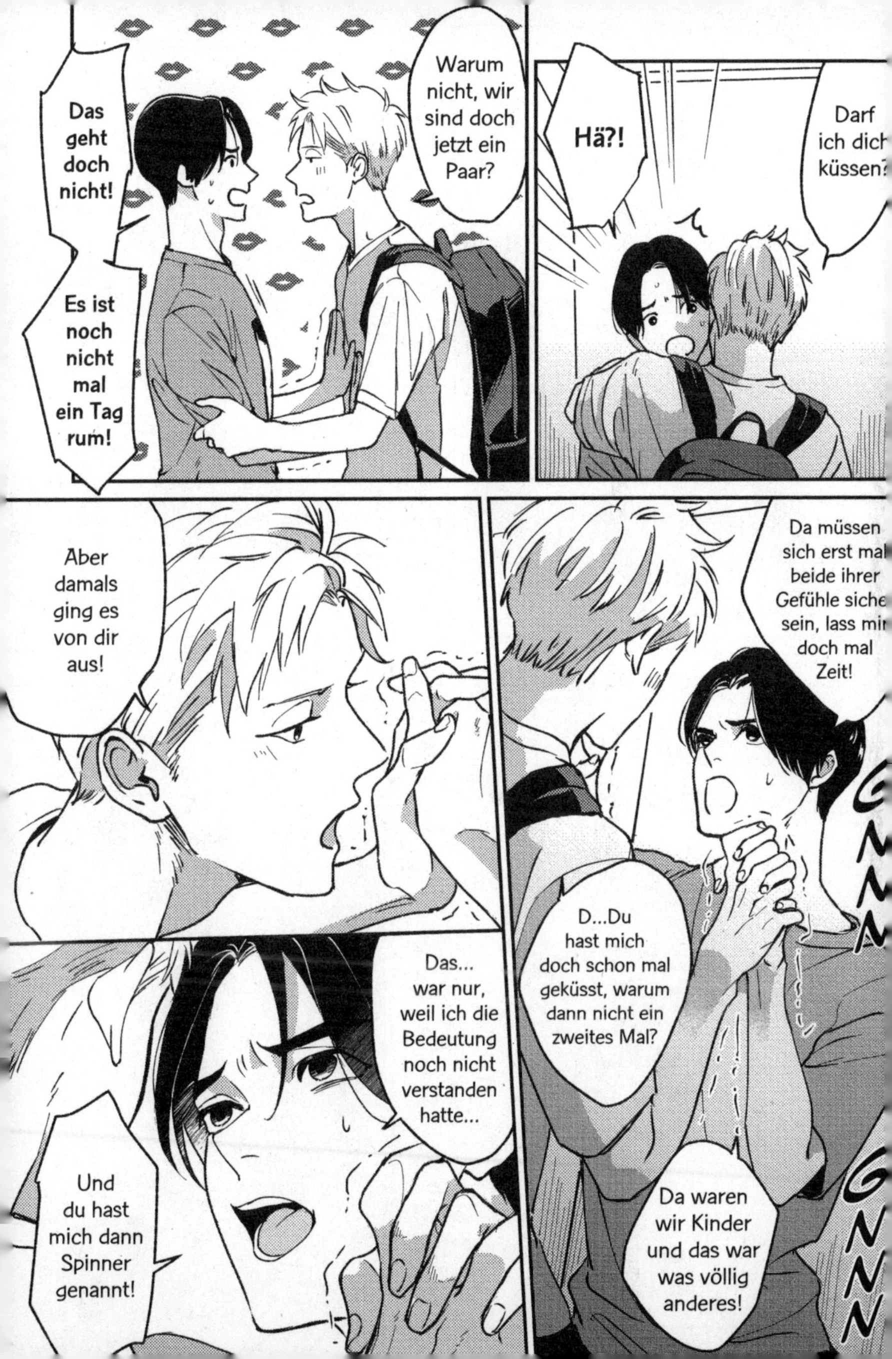
Darf ich dich küssen?
Hä?!
Warum nicht, wir sind doch jetzt ein Paar?
Das geht doch nicht!
Es ist noch nicht mal ein Tag rum!
Da müssen sich erst mal beide ihrer Gefühle sicher sein, lass mir doch mal Zeit!
D...Du hast mich doch schon mal geküsst, warum dann nicht ein zweites Mal?
GNNN
Da waren wir Kinder und das war was völlig anderes!
GNNN
Aber damals ging es von dir aus!
Das... war nur, weil ich die Bedeutung noch nicht verstanden hatte...
Und du hast mich dann Spinner genannt!

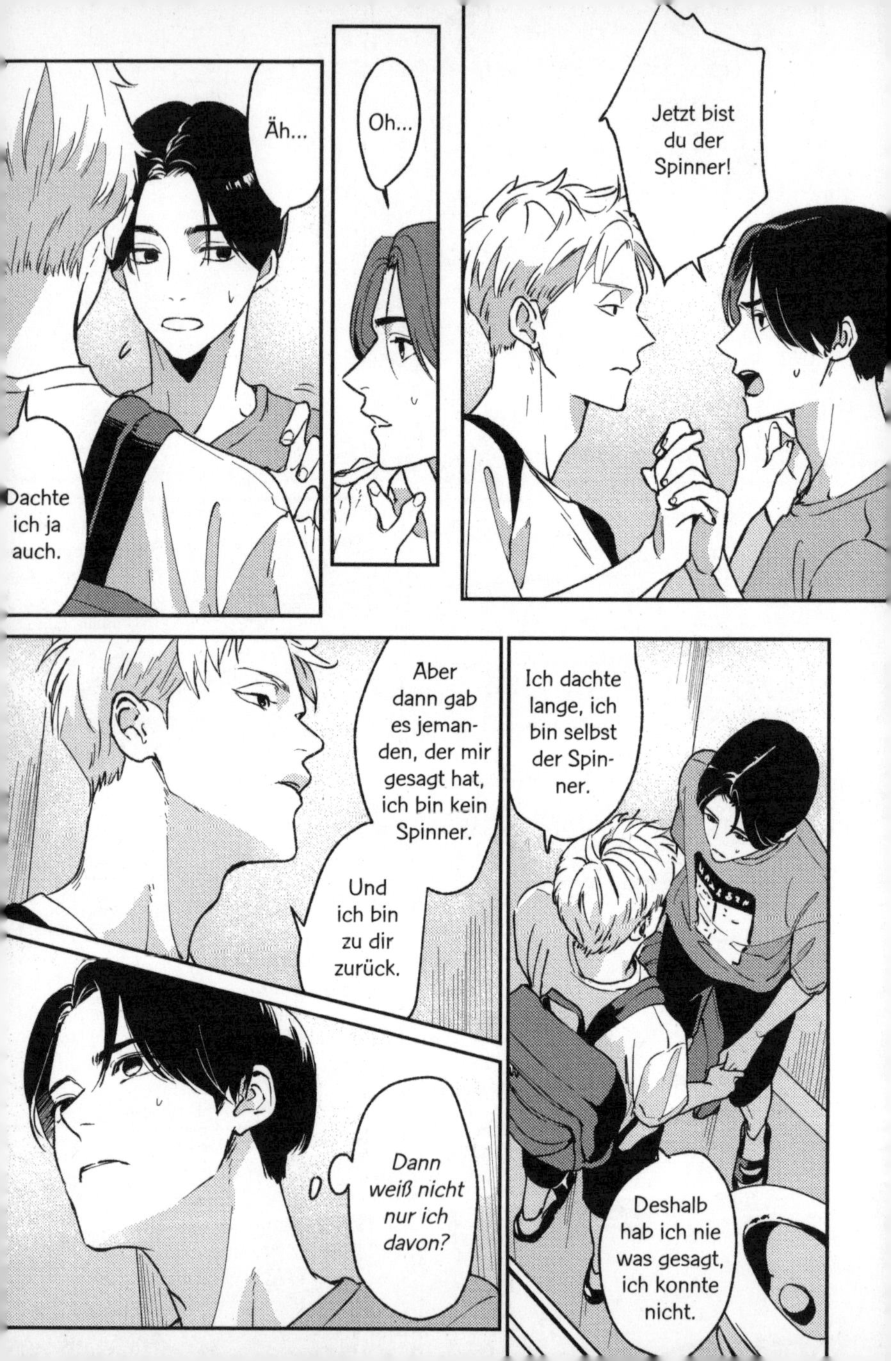

Jetzt bist du der Spinner!
Oh...
Äh...
Dachte ich ja auch.
Ich dachte lange, ich bin selbst der Spinner.
Deshalb hab ich nie was gesagt, ich konnte nicht.
Aber dann gab es jemanden, der mir gesagt hat, ich bin kein Spinner.
Und ich bin zu dir zurück.
Dann weiß nicht nur ich davon?

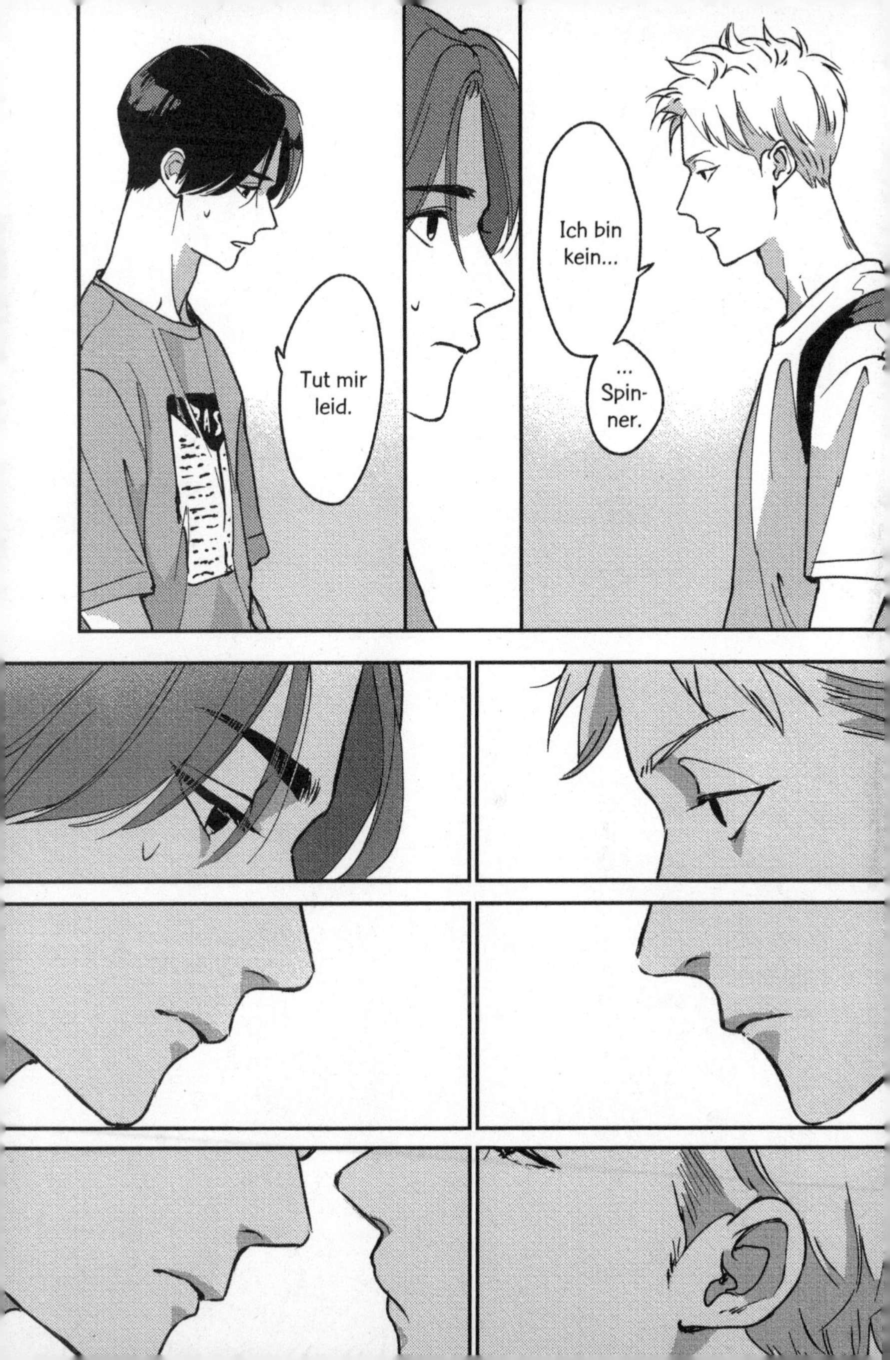
Ich bin kein...
... Spinner.
Tut mir leid.

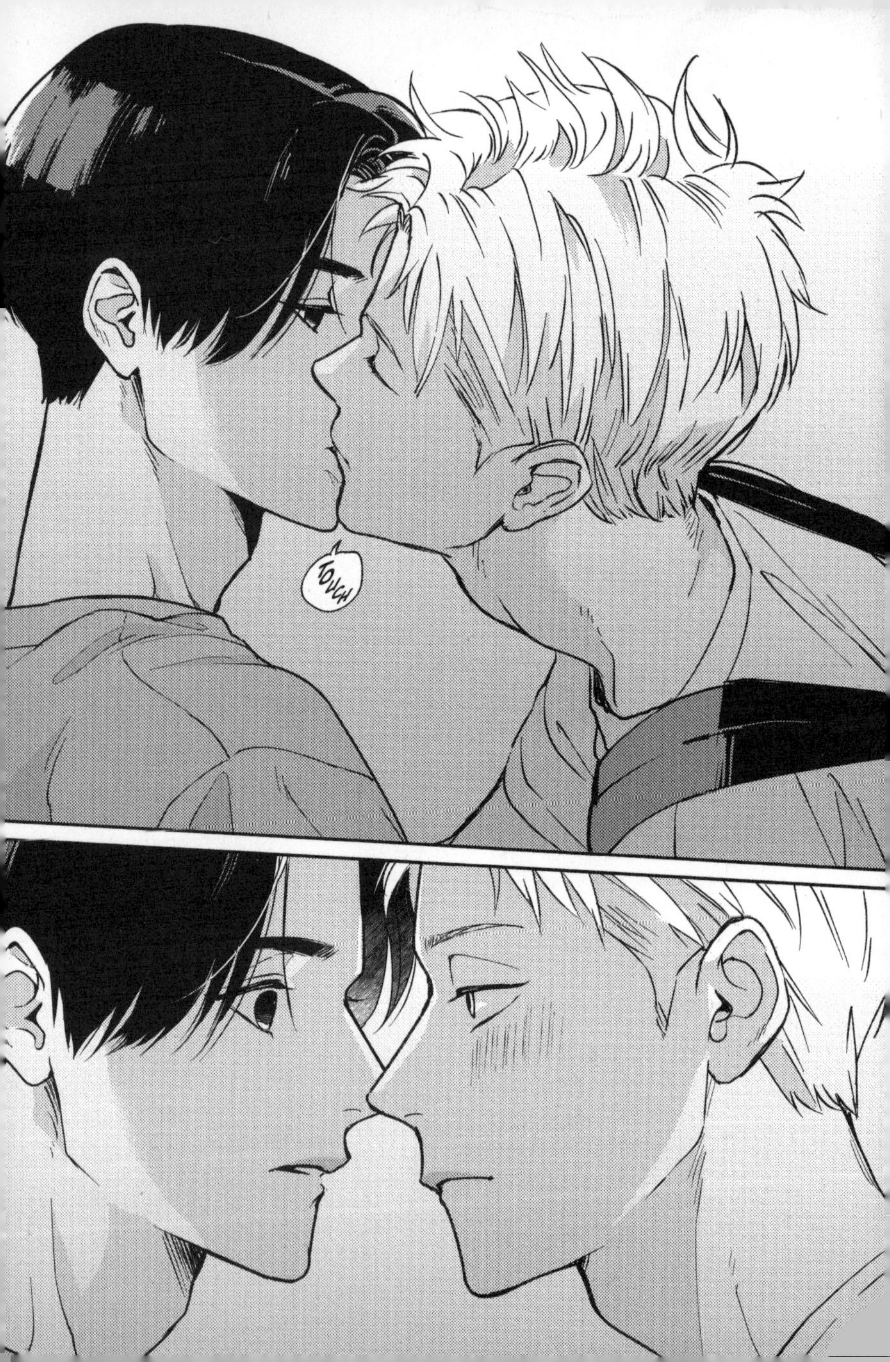
TOUCH

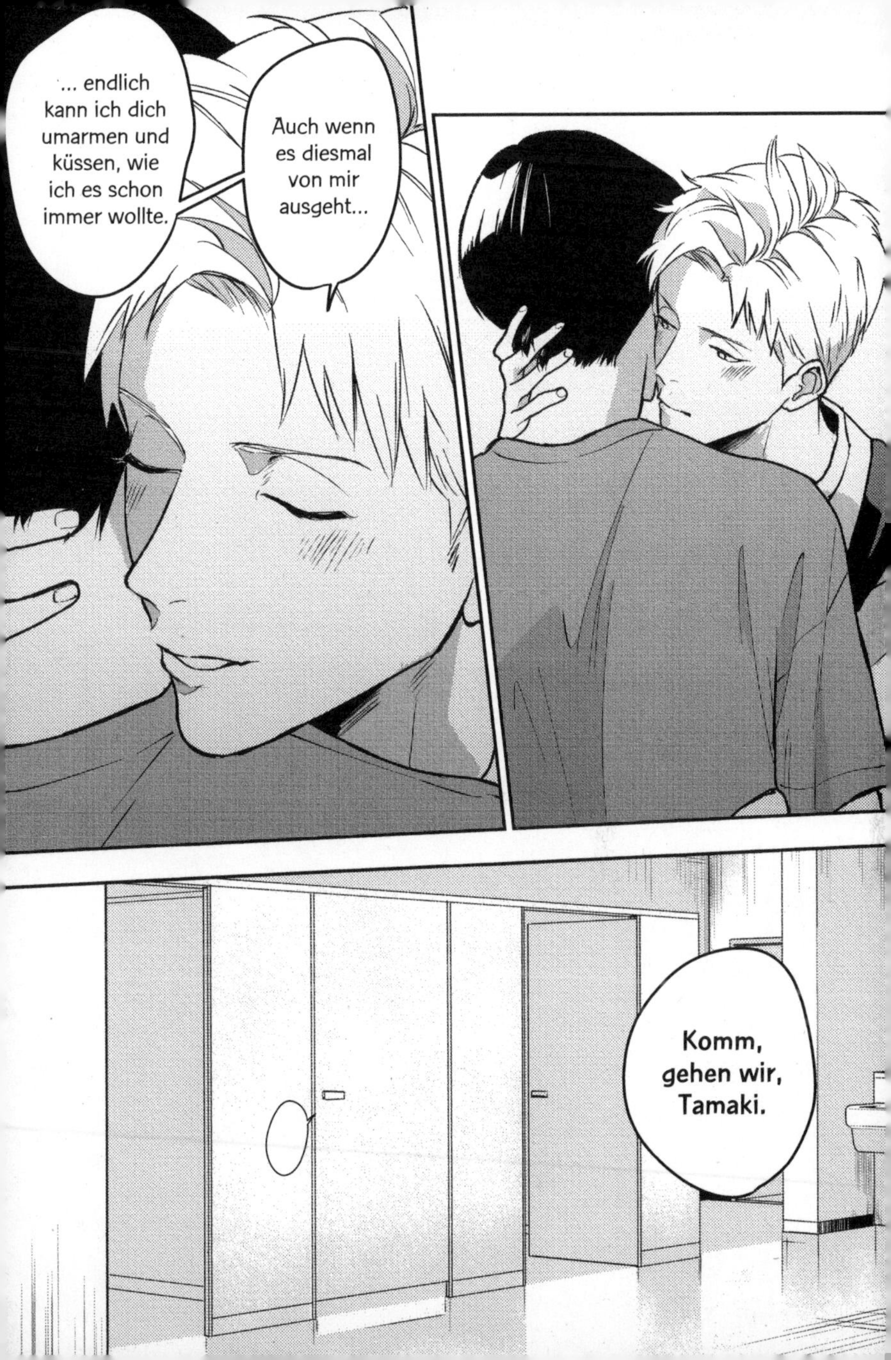
Auch wenn es diesmal von mir ausgeht...
... endlich kann ich dich umarmen und küssen, wie ich es schon immer wollte.
Komm, gehen wir, Tamaki.

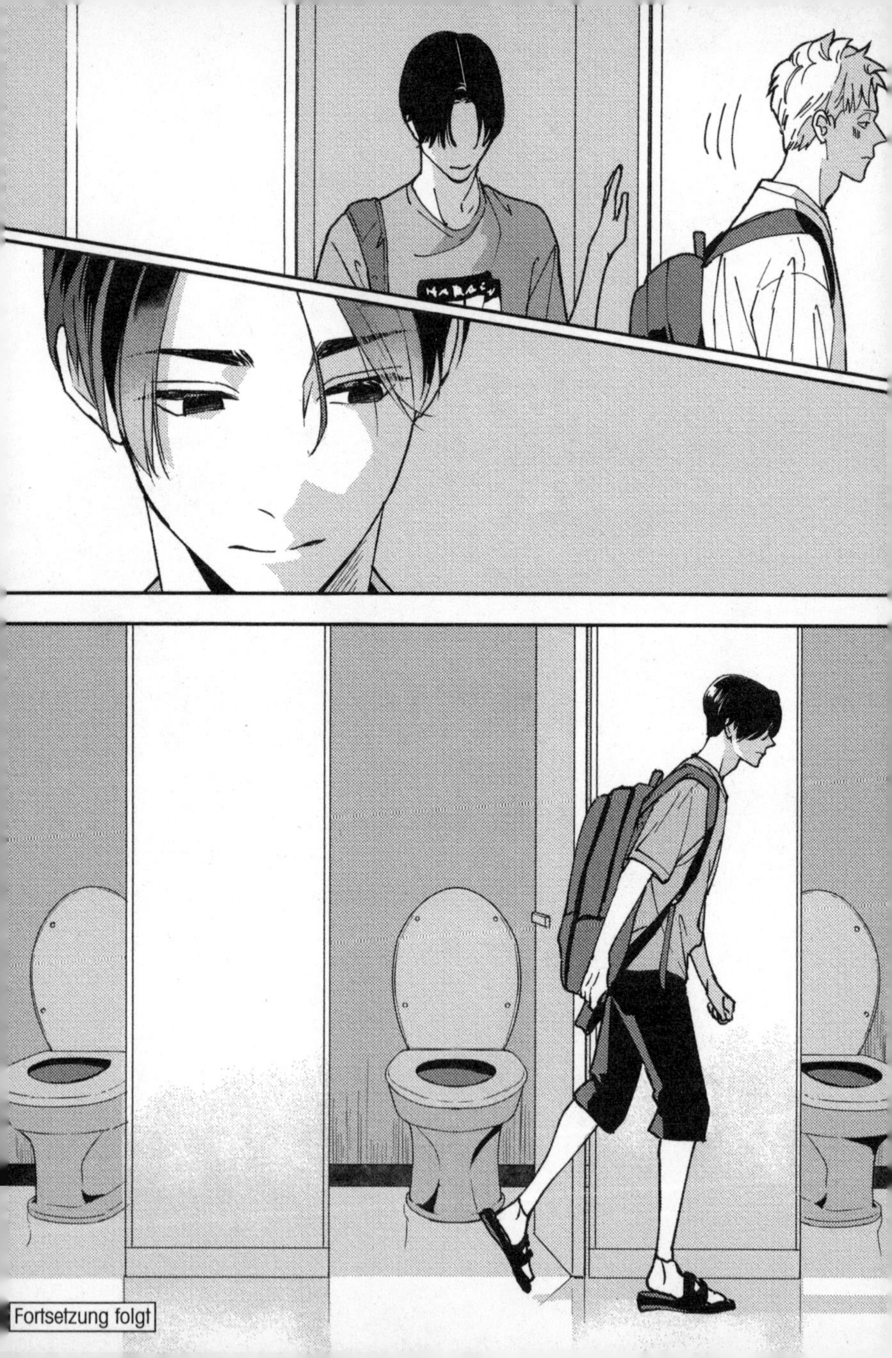
Fortsetzung folgt

Special: Die einzig wahre Wichsvorlage!

Im Sommer des zweiten Mittelschuljahres...

... war Tamaki schon wieder etwas größer...

... und seine Stimme war eigenartig tief geworden.

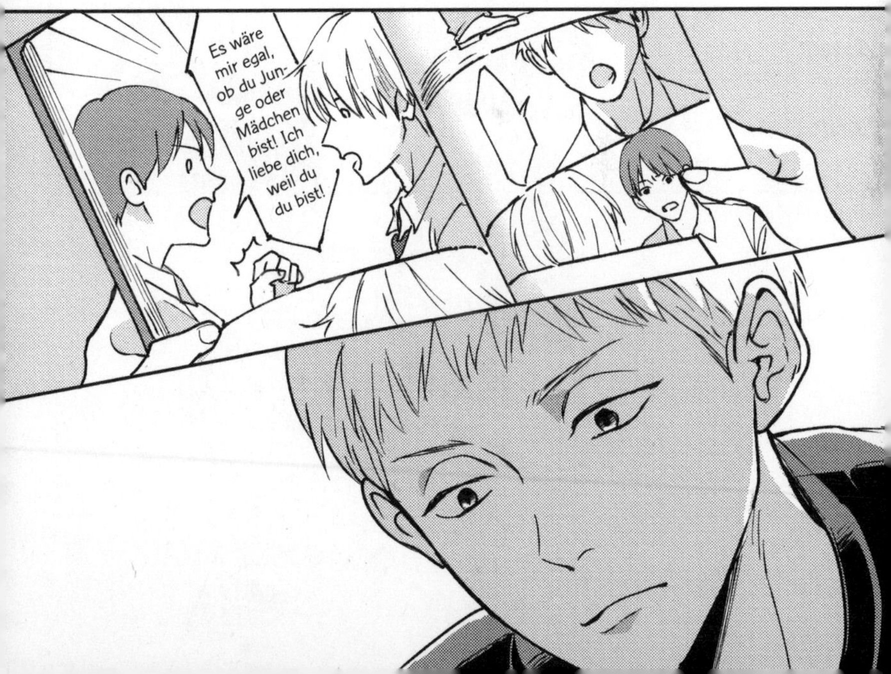

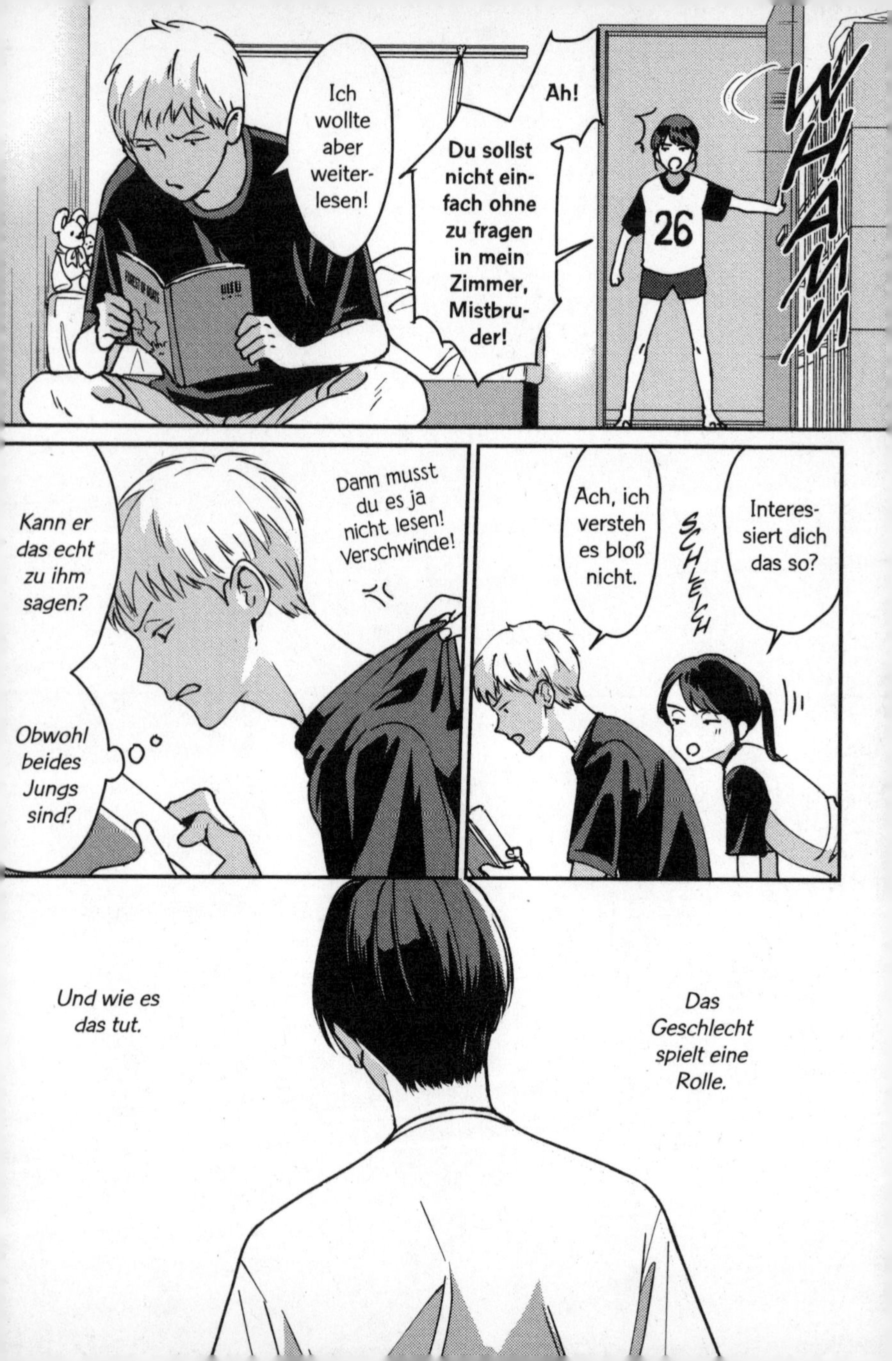

Ah!
Du sollst nicht einfach ohne zu fragen in mein Zimmer, Mistbruder!
WHAMM
Ich wollte aber weiterlesen!
Dann musst du es ja nicht lesen! Verschwinde!
Kann er das echt zu ihm sagen?
Obwohl beides Jungs sind?
Interessiert dich das so?
SCHLEICH
Ach, ich versteh es bloß nicht.
Das Geschlecht spielt eine Rolle.
Und wie es das tut.

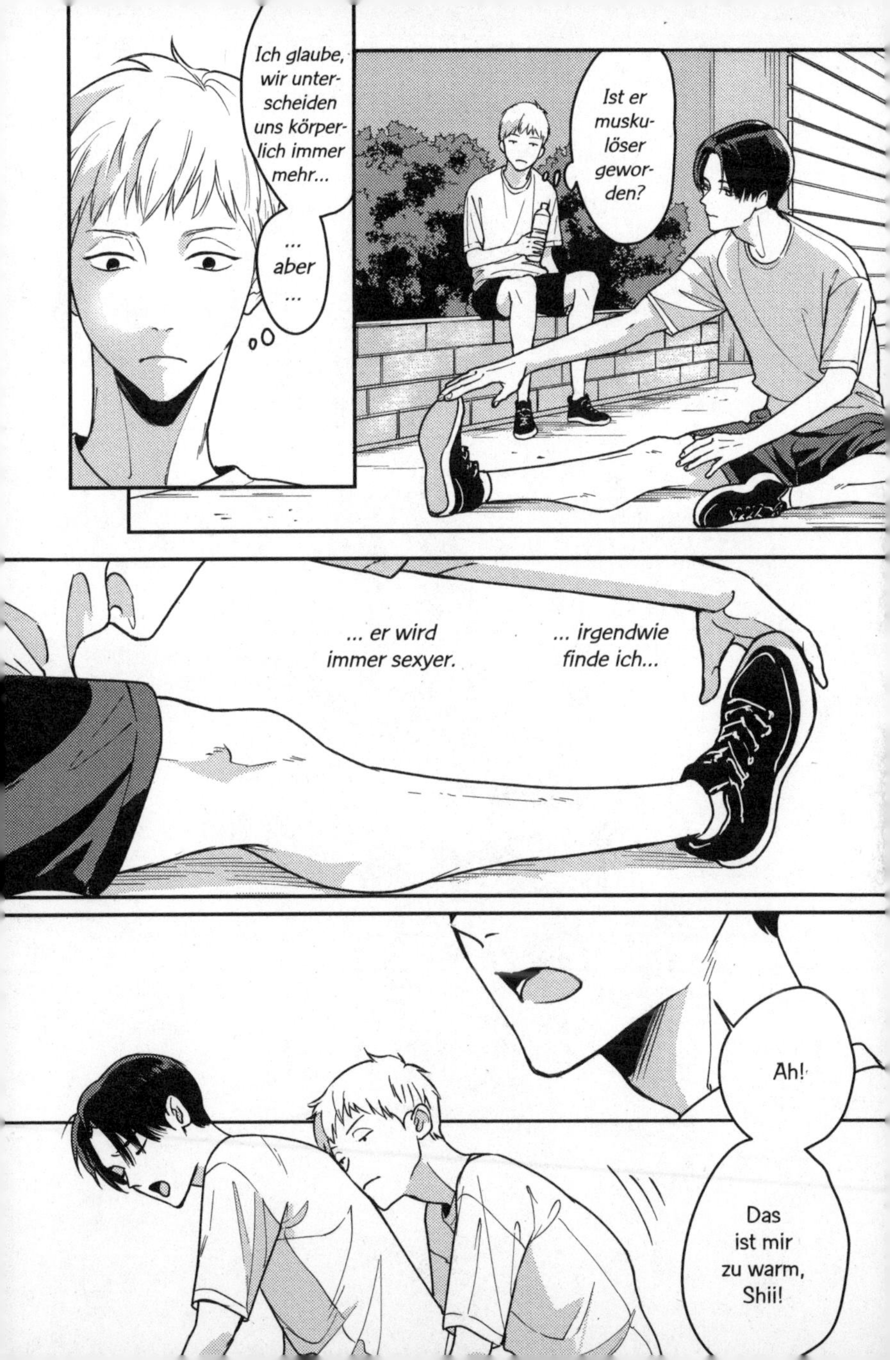
Ist er musku-löser gewor-den?
Ich glaube, wir unter-scheiden uns körper-lich immer mehr...
... aber ...
... irgendwie finde ich...
... er wird immer sexyer.
Ah!
Das ist mir zu warm, Shii!

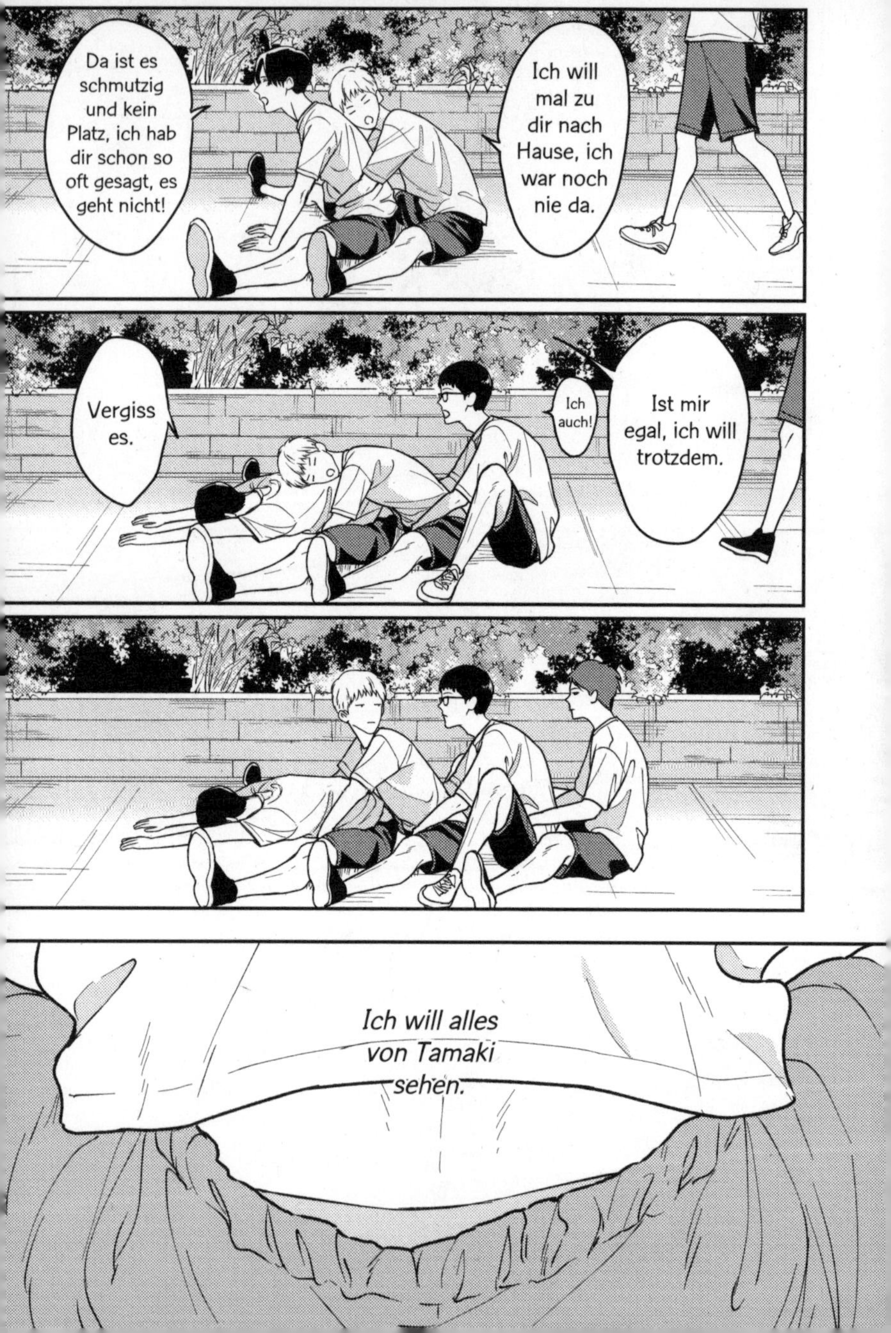
Ich will mal zu dir nach Hause, ich war noch nie da.
Da ist es schmutzig und kein Platz, ich hab dir schon so oft gesagt, es geht nicht!
Ist mir egal, ich will trotzdem.
Ich auch!
Vergiss es.
Ich will alles von Tamaki sehen.

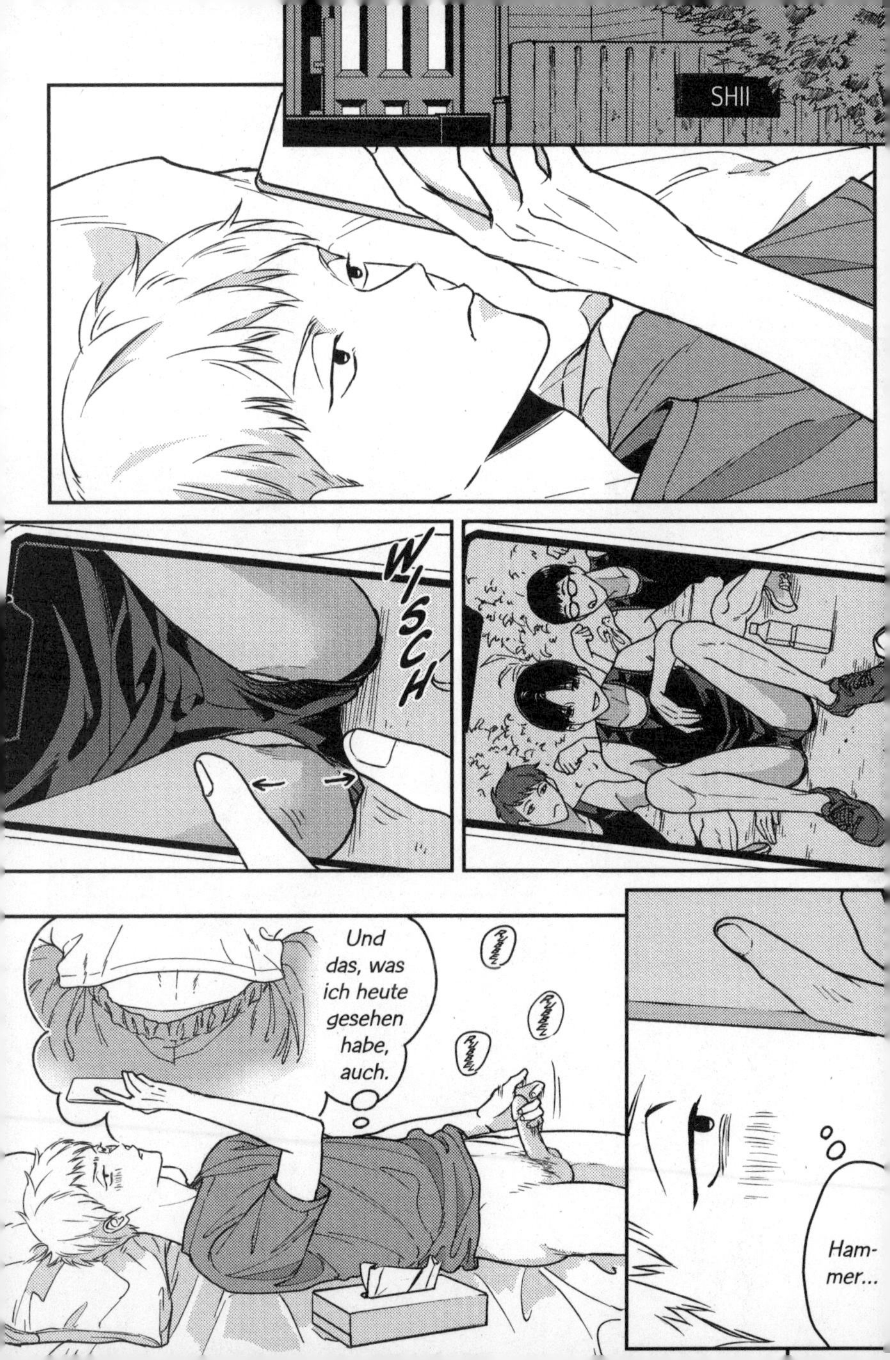
SHII
WISCH
Ham-mer...
Und das, was ich heute gesehen habe, auch.

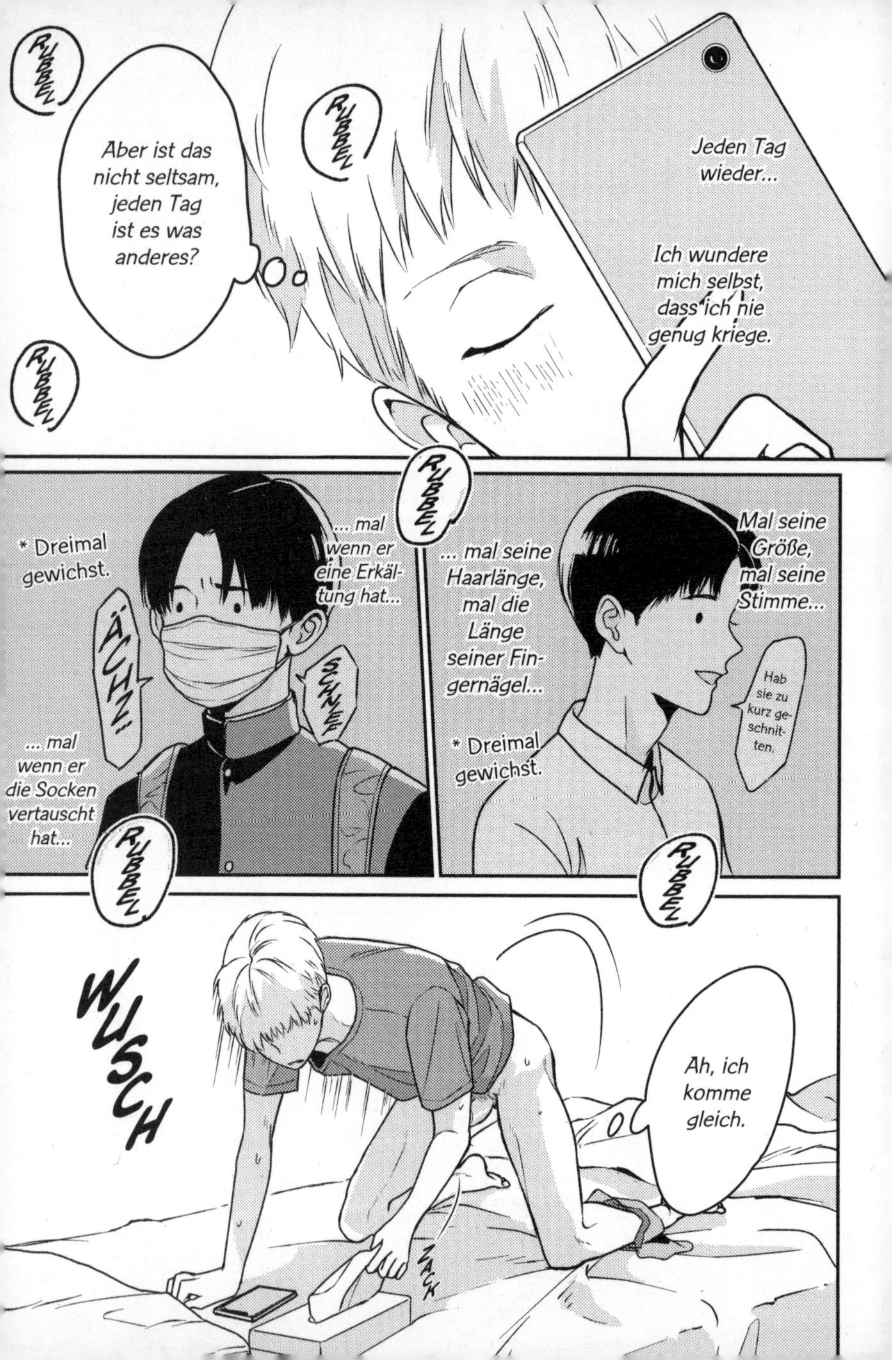
Jeden Tag wieder...
Ich wundere mich selbst, dass ich nie genug kriege.
Aber ist das nicht seltsam, jeden Tag ist es was anderes?
RUBBEL
RUBBEL
RUBBEL
RUBBEL
Mal seine Größe, mal seine Stimme...
Hab sie zu kurz geschnitten.
... mal seine Haarlänge, mal die Länge seiner Fingernägel...
* Dreimal gewichst.
RUBBEL
... mal wenn er eine Erkältung hat...
SCHNIEF
ÄCHZ
* Dreimal gewichst.
... mal wenn er die Socken vertauscht hat...
RUBBEL
Ah, ich komme gleich.
WUSCH
ZACK

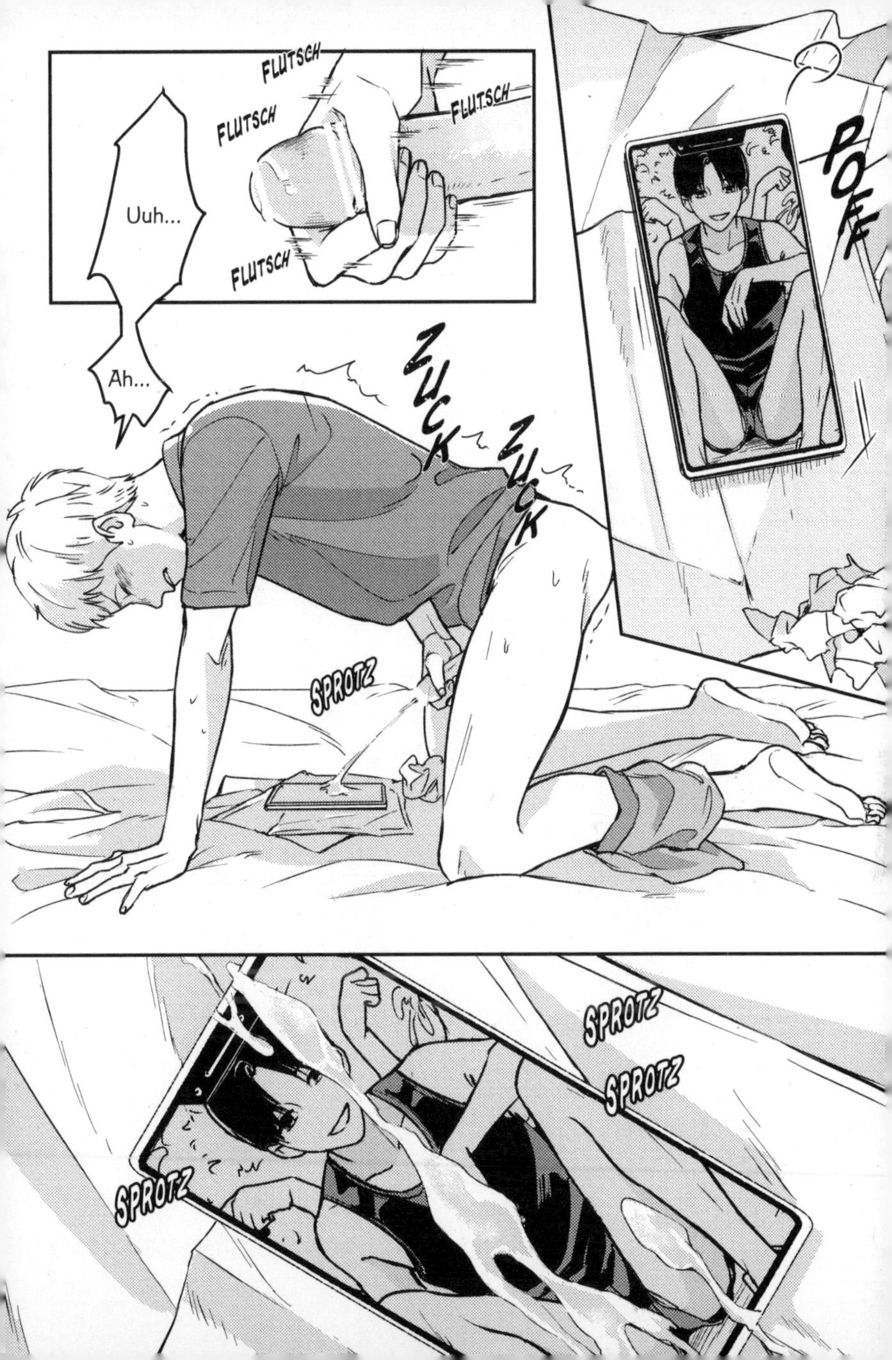
POFF
FLUTSCH
FLUTSCH
FLUTSCH
FLUTSCH
Uuh...
Ah...
ZUCK
ZUCK
SPROTZ
SPROTZ
SPROTZ
SPROTZ

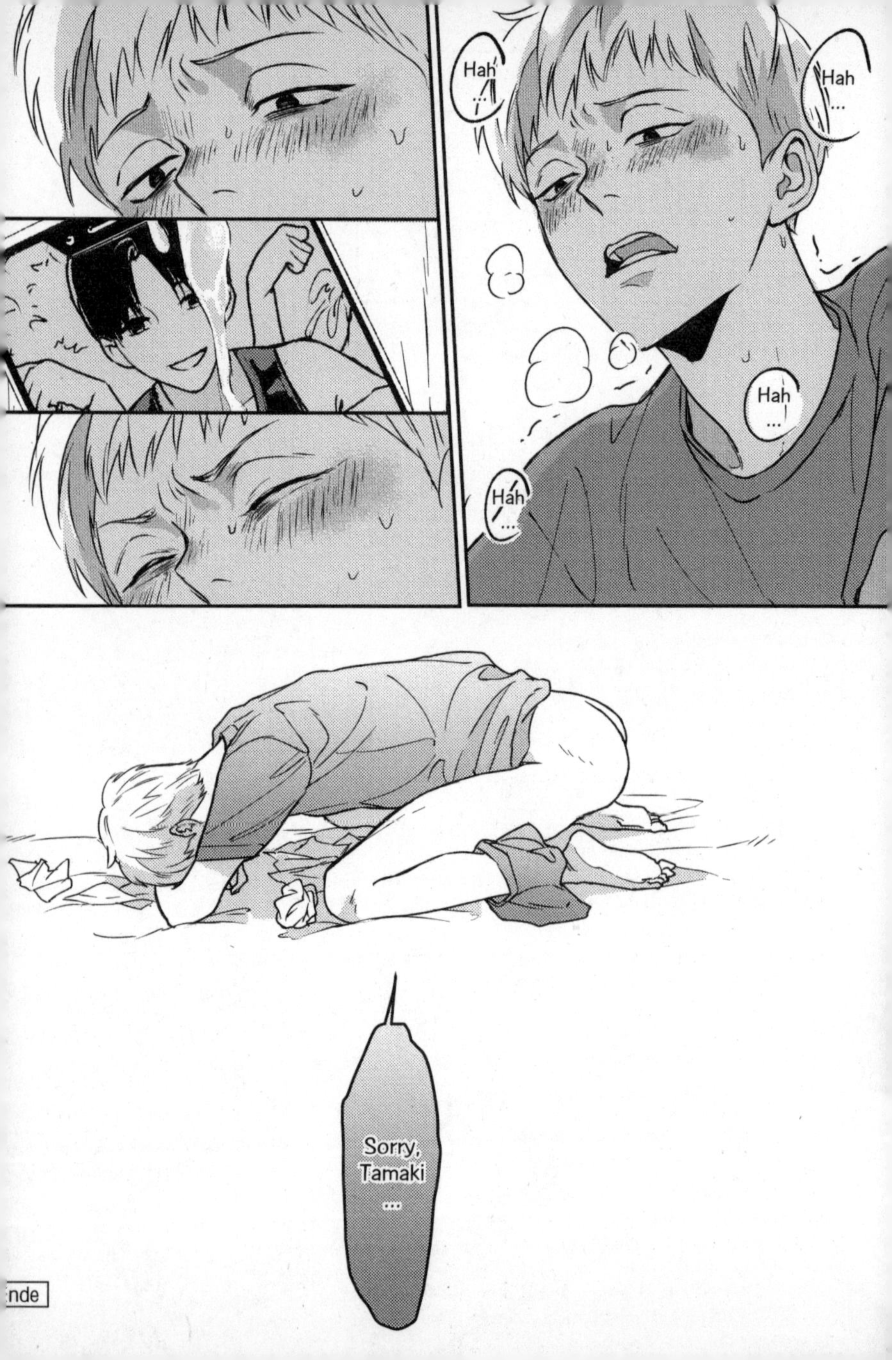

Hah ...
Hah ...
Hah ...
Hah ...
Sorry, Tamaki ...
nde